매체언어 교수학습연구의 전략과 실제

Strategy and Practice of Media Language Class Study

문 자 와 영 상 의 공 존
디 지 털 스 토 리 텔 링

매체언어
교수학습연구의
전략과 실제

이채연

경진출판

머리말

　필자가 매체언어교육에 관심을 가지게 된 것은 20년 전인 1994년 여름 무렵이다. 소위 386이라고 불리던 컴퓨터가 등장해 도스에서 윈도우로 운영체계가 바뀌던 시기로 기억된다. 어릴 적부터 기계와는 친숙하지 않았지만 그땐 무슨 이유인지 몰라도 컴퓨터에 깊이 빠져들었다. 며칠 밤을 지새워 컴퓨터를 조립해 부팅에 성공한 후 혼자 환호성을 질렀던 기억이 아직도 생생하다. 그 뒤 한동안 내 연구실은 컴퓨터 주변기기와 부품, 그리고 각종 컴퓨터 언어와 관련된 자료들로 채워졌다. 때마침 비록 128케이비피에스(kbps)의 느린 속도였지만 인터넷 전용선이 설치되었고, 그것은 바로 새로운 세계로 향하는 문이라는 것을 직감할 수 있었다. 동료인 컴퓨터공학과 김충석 교수로부터 에이치티엠엘(HTML)과 펄(Perl) 프로그래밍 언어, 유닉스(Unix) 운영체계에 대해 배우게 되면서 인터넷을 활용한 교수체제설계(Instruction System Design)에 눈 뜨게 되었다.

　그때부터 10년간은 주 전공과는 다른 외도의 길로 빠져들었다. 교육 관련 벤처기업 설립을 추진해보기도 하고, 학과 교육과정을 개편해 국내 사범대학 처음으로 국어교육공학론, 매체언어교육론이란 과목을 신설하기도 했다.

　그 동안 두 번의 출판 기회가 있었다. 2000년 최병우(강릉원주대), 최지현(서원대) 교수와 서울대 국어교육연구소 지원으로 「매체언어와 국어교육」이란 연구보고서를 발표한 이후 바로 책으로 출판하고자 했으나 뜻대로 되지 못했다. 그 뒤 2009년, 최지현 교수와 다시 한 번 공동 저술의 계획을 세웠지만 각자 바쁜 이런저런 이유들로 인하여 또 한 번 뜻을 이루지 못했다. 그러던 차에 동료이자 제자인 김라연 교수의 성원도 있고 해서 혼자서 만이라도 책을 완성시켜 보기로 했다. 책의 주제를 평소 관심 분야였던 '매체언어 교수학습'으로 좁게 잡고 그동안 발표하였던 글들을 중심으로 나름대로의 체계를 세워 깁고 메워 보았다. 하지만 마치 미뤄 두었던 숙제를 매 맞고 난 뒤 어쩔 수 없이 하게 되는 것 같은 느낌과, 단독 작업이라 부족한 부분이 많음을 고백하지 않을 수 없다. 때를 놓치면 후회만 따른다는 엄연한 이치를 지천명을 한참 넘기고서야 깨닫게 되었다.

내 젊은 시절의 거친 강의를 열정이라 생각하고 들어 주었던 중년이 다 된 옛 제자들과, 돋보기 없이는 출석부 이름조차 불러주지 못함에도 여전히 강의실을 찾아주는 젊은 제자들. 교육 현장에서 뜨거운 열정으로 함께 수업 개선에 앞장섰던 공명철, 이상복, 유동기, 이상현 선생님. 그들이 있어 이 책이 있다고 말하고 싶다.

이 책의 출간을 타산 따지지 않고 기꺼운 마음으로 맡아주신 도서출판 경진의 양정섭 대표님과 편집부 직원들, 그리고 바쁠 때 눈이 되어 준 조은정 선생, 김동현 군에게도 감사드린다.

끝으로, 25년 한결같은 마음으로 길벗이 되어 준 승숙인 님께도 그 동안의 고마움을 이 글로 대신 표하고자 한다.

2015. 2.
이채연

이 책을 30여 년 교직에 계시면서 많은 후학을 양성하셨고,
아직도 추상같은 위엄으로
저에게 채찍질을 아끼지 않으시는 존경하는 아버님과
그 곁에서 자애로 감싸주시는 어머님께 헌사한다.

차례

2부 매체언어 교수학습 자료 개발과 실천

제1부
국어교육과
매체언어 교수학습

1. 매체와 매체언어교육

1.1. 매체언어의 개념과 특성

국어교과는 학습자들에게 한글이라는 언어 기호를 통해 사고 활성화 방식과 사람들 사이에서의 소통양식 그리고 문예물에 대한 미학적 수용 태도 등을 갖도록 가르쳐 왔다. 국어교과라는 특성 상 교수학습은 언어를 중심으로 이루어졌고, 교육적 보편성에 바탕을 둔 수단으로서의 언어보다는 과목의 독자성이 강조되는 대상으로서의 언어에 초점 맞추어졌다. 모국어 화자라면 누구나 사용하는 수단으로서의 언어보다는 대상으로서의 고급 언어에 대한 지식, 기능, 태도 등이 강조되다 보니 자연히 메타언어능력을 강조할 수밖에 없었다. 메타언어능력은 시대 상황의 변화나 테크놀로지의 변화에 따라 점점 더 강조될 수밖에 없는 실정이다.

언어는 인간이 만든 상징체계 중 가장 규범적이고 체계적이며 과학적인 기호이다. 언어는 인간이 의사소통, 논리적 사고, 과학적 탐구, 미학적 가치에 대한 판단 등을 하는 데 있어서 그 어떤 기호보다도 중요한 기여를 해 왔다. 인류의 역사는 언어를 통해 구성되어져 왔고, 언어를 구현하는 다양한 방식들이 매체라는 도구를 통해 실현되었다. 인류는 언어를 사용하고, 도구라는 것을 발명함으로써 자신들이 만든 문명을 오늘에 이르기까지 전수할 수 있었다. 인간에게 있어 언어와 매체는 불가불의 관계인 셈이다. 매체는 초기 음성언어 시대의 몸에서 비롯하여 5000여 년 전 문자가 발명되면서 이를 기록할 서판(진흙, 파피루스, 돌판, 양피)이 사용된 이후 종이의 시대를 거쳐 오늘날 전자기기에까지 이르고 있다.

지식과 정보의 발달 관점에서 보면, 일류는 네 번의 혁명을 거쳐 오늘에 이르렀다. 첫 번째가 언어혁명이요, 둘째가 문자혁명, 셋째가 인쇄혁명, 넷째가 정보통신혁명이다. 그 어느 것 하나 인류발달에 큰 영향을 끼치지 않은 것이 없지만, 전자통신기기는 앞선 모든 매체의 특성을 포괄하고 있다는 점에서 보편성을 가지고 있으면서도 새로운 학습에 대한 낯설음을 제공하기도 한다.

여기서 보편성이라 함은 문자 중심의 이성적 사고가 가능한 전통적 언어관이고, 새로움에 의한 낯설음은 탈문자(영상, 사진, 그림, 합성 기호 등) 중심의 감성적 언어관이라고 할 수 있다. 전자가 이해를 중시한다면 후자는 느낌을 중시한다.

최근 뉴미디어의 등장으로 인해 언어는 그 절대적인 자리를 다른 기호들에 의해 일부 침식당하거나 수용 혹은 공존해야 하는 상황에 놓이게 되었다. 이모티콘, 아바타, 플래시팅 등과 같은 새로운 기호의 등장은 의사전달이 문자 중심의 이성적 의미전달에서 이미지 중심의 감성적 의미전달로 자연스럽게 변화하는 것을 보여주는 상징적인 예이다. 심지어 기록에 있어서도 문자를 통한 기록과 병행하여 사진 및 영상을 통한 소위 '디지털 스토리텔링' 방식이 새로 등장함으로써 지식과 경험의 축적이 문자에서 영상으로 이동되고 있다. 일반 개인들이 직접 동영상을 만들어 인터넷에서 공유하는 방식의 UCC(User Created Contents), PCC(Proteur Created Contents: 프로튜어(프로+아마추어) 제작 콘텐츠) 형태가 대표적인 경우인데, UCC와 PCC는 텍스트를 바탕으로 했던 인터넷 소통 시대를 넘어 동영상 이미지 전달 시대로 콘텐츠로 이동하고 있음을 보여준다. 영상은 완벽한 재생이 가능한 실존적 증거주의에 바탕을 두고 있다. 특히, 영상·오디오·문자가 결합된 디지털 스토리 방식은 문자 중심의 텍스트에 비해 입체적 소통체계를 가졌다고 평가된다.

이와 같은 현상은 매체 추수적인 결과의 부산물이긴 하지만 매체 환경의 변화로 인해 언어 형상성과 전언성이 변화되고 언어를 통한 소통방식이 다양해졌다는 것을 인정할 수밖에 없게 한다.

국어교육의 입장에서 볼 때, 새로운 매체의 등장은 텍스트가 질적·양적으로 풍부해지는데 기여했다고 해석할 수 있는 반면에 비언어적 요인들이 국어의 영역을 잠식하거나 대체할 것이라고 생각할 수도 있게 한다. 문제는 새로운 매체, 매체언어, 매체언어 활용에 대한 이러한 경계를 어떻게 설정하느냐 하는 것이다.

이제 우리는 이미 생활의 일부가 되어 버린 다양한 정보매체의 편리성을 외면하고 살 수는 없다. 인터넷이 본격적으로 설치되기 시작하던 20여 년 전과 비교해 볼 때, 그 변화의 속도가 우리의 삶을 어떻게 바꾸어 놓았는지는 굳이 자료를 뒤적이지 않아도 생활 속에서 직접적으로 느낄 수 있게 한다. 흔히들 말하는 "물, 공기, 광고"에 인터넷이 추가되어야 할 형국이다. 그러면 교육계에는 어떤 변화가 생겼을까? 우선 생경한 용어들이 논문의 제목을 화려하게 장식했던 기억들을 떠올릴 수 있다. "구성주의, 하이퍼텍스트, WBI, 미디어 리터러시, ICT, 사이버 가정학습, Blended learning, 스마트 러닝"과 같은 낯선 용어들이 등장하면서 매체를 단순한 학습도구의 차원이 아닌 교육 재구조화의 첨병으로 이해하게 했다. 국어교육계에서도 새로운 매체가 파생시키는 언어 형상성에 주목하면서, 이것들을 매체언어라 명명하고 텍스트의 다양성의 차원에서 수용하였다.

다만, 외부적 요인에 의한 수동적 자세를 취할 수밖에 없던 관계로 매체 혹은 매체를 둘러싼 제반 요건들에 대한 성격규정, 내용 요소, 교수학습목표 등과 같은 본질적인 부분에 대한 정리가 채 되기도 전에 활용이란 실천들이 먼저 추진될 수밖에 없었다.

그런 까닭에 국가수준 교육과정에서조차 엄밀한 개념 규정을 하지 못하고 있다. 국어교육의 대상이 매체가 아니라 매체가 표현하는 그 무엇에 있다는 정도로 표현은 하지만 그 교육의 대상이 매체인지, 매체언어인지, 매체기호인지에 대한 엄밀한 개념 규정이 내려지지 않고 있다. 가장 공신력 있다고 할 수 있는 교육과정(2007년 교육과정, 교육인적자원부 고시 2007-79호, 2007년 2월 26일 발간)에서는 '매체언어'의 성격 규정을 다음과 같이 하고 있다.

> 매체는 일반적으로 사람들이 직접 만나지 않고 간접적으로 생각과 느낌, 정보와 지식을 전달하고 공유할 때 활용하는 것으로, 책, 신문,

잡지, 라디오, 사진, 영화, 텔레비전, 인터넷 등을 포괄한다. 현대 사회에서 매체는 예전에 비해 언어생활에서 매우 큰 비중을 차지하게 되었다. 매체언어 역시 의미 해석이 필요하다는 점에서 광의의 언어로 볼 수 있는데, 이러한 매체언어는 기존의 언어 운용 방식과는 일정한 차이를 지닌다.

이 과목에서는 매체언어의 성격과 사회·문화적 맥락에 대한 이해를 바탕으로 다양한 매체자료를 비판적으로 수용하고 창의적으로 생산하는 능력을 기른다. 나아가 매체를 통해 형성되는 사회적 의사소통에 주체적으로 참여하고, 문학과 예술을 향유하며, 언어문화를 반성적으로 성찰함으로써 창조적인 국어 생활을 하는 데 기여하도록 한다.

국가수준 교육과정의 성격 부분에서는 매체언어에 대한 정의를 내리고 있긴 하지만, 뭔가 애매하고 명료하지 못하다. 매체의 성격은 도구로 규정한 반면, 매체언어는 '의미해석이 필요한 광의의 언어' 정도로 얼버무려 놓고 말았다. 그 뒤 2009년, 2011년 교육과정에서도 명확한 규정을 하지 않고 그 필요성을 강조하는 암묵적 모호성을 견지하고 있다. 이런 까닭에 매체언어의 개념에 대한 논란은 지금도 계속되고 있다.

학자들마다 주의 주장이 다를 뿐 아니라, 같은 현상을 두고도 인접 학문과 서로 다른 주장을 하는 경우도 있다. 필자는 이 분야에 관심을 갖기 시작할 때부터 가져온 논리를 가지고 매체언어교육 학습 방법에 대해 논의하고자 한다.

일반적으로 매체(media)는 고대 희랍어에서 사이(between)의 의미를 가진 단어로부터 유래되었다고 말하는데 이는 송신자와 수

신자 사이에서 정보를 전달하는 수단이나 매개물을 의미하는 것으로 도구(tool)적, 전언(message)적, 상호소통(communication)적인 속성을 가지고 있다고 볼 수 있다.

〈그림 1〉에서 보듯이 Message는 전언성과, Tool은 형상성과, Communication은 상호작용성과 조응된다. 메시지는 문자·비문자로 구성되는 언어적 내용물을 의미하고, 도구는 이를 표현해주는 매개체로서의 물리적 형상체를 의미하며, 커뮤니케이션은 도구에 담겨 있는 전언을 인간들이 상호 교감하게 하는 인간의 의사소통 행위를 말한다. 이런 점에서 매체를 통해 표상되는 언어적 현상들은 당연히 국어교육의 대상이 될 수 있는 것이다. 문제는 그 매체가 책과 같이 단순하지가 않고 컴퓨터, 모바일 폰처럼 복합적인 정보들을 처리하거나, 매체 조작 능력에 따라서 다양한 언어 집적물을 산출할 수 있다는 점이다. 뿐만 아니라 매체의 기기적 특성이 단일·단순한 기능에서 복합·통합적인 것으로 변화되고 있어 매체를 통해 표상되는 언어 산출물이 언어적인 것인지

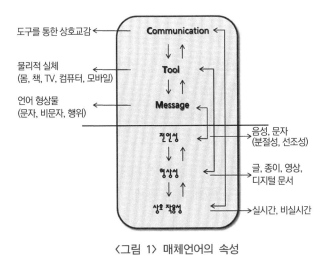

〈그림 1〉 매체언어의 속성

기계적인 것인지 아니면 기계 위에서 구동되는 어플리케이션인지 잘 구별이 잘 되지 않는다는 점 또한 매체와 매체언어를 분리시켜 생각하는데 장애 요인이 된다.

이 점은 이병규(2014)의 매체 분류에서도 잘 나타난다.

- 1차 매체: 음성언어, 문자언어, 그림, 리듬이나 멜로디, 몸짓, 동영상류
- 2차 매체: 인쇄, 방송, 인터넷 게시판, 전자우편, 온라인 소통방식(카톡, 라인, 전자문서), SNS, 인터넷 블로그, 인터넷 카페
- 3차 매체: 책자, 인터넷 시스템, 전화기, 텔레비전, 라디오 등 매체가 구동되는 수단.

이 중에서 국어교육에서 교육대상으로 삼는 것은 1차 매체 중 언어영역과 2차 매체라는 것인데, 필자는 1, 2차를 모두 합친 포괄적인 형태(언어, 기호, 어플리케이션에 반영된 언어집적물, 영상 등)를 매체언어의 범주에 넣어도 무방하다고 본다.

따라서 국어교과교육에서 말하는 매체언어라 함은 도구로서의 매체가 표현하고 있는 문자적·기호적·행위적 형상체를 의미하는 것으로 정의할 수 있겠다(최병우·이채연·최지현, 2000: 8쪽; 이채연, 2001ㄱ).

매체언어교육은 매체를 대상으로 이루어진다. 매체언어 교수학습은 학습자들이 소비, 유통, 생산하는 언어 결과물을 수단이자 대상으로 삼아 이루어진다. 국어과 교육이라 할지라도 창조적 언어생산 활용을 위해서는 초보적 단계의 코딩(coding)이나 응용 소프트웨어 활용도 교수학습에 적용해야 한다. 그러므로 매체언

어 교수학습은 매체를 통해 매체언어를 비판적으로 수용하며 창의적으로 생산하여 사회문화적 소통능력을 향상시키는 방향으로 설계되고 실천되어야 한다.

1.1.1. 매체와 교육, 그리고 국어교육

학습도구가 교수학습 방법의 변화를 초래한 것은 비단 정보통신기기 시대에만 있었던 것은 아니다. 문자혁명은 경험에 의한 학습을 교육에 의한 학습으로, 인쇄혁명은 서당식 귀족교육을 학교식 대중교육으로 변화시켰다. 이후 등장한 칠판은 독선생 중심의 소규모 교수학습을 대규모 학습으로 변화시키는데 큰 기여를 하였다. 오늘날 입장에서 보면 교사에게 가장 위협적인 매체였던 셈이다.

국어교육에서 매체(언어)에 대한 관심은 텔레비전과 같은 영상매체에 대한 관심에서 비롯되었다. 텔레비전이 우리 생활에 뿌리를 내린 지는 오래되었지만, 그것이 국어교육의 대상언어로서 본격적인 주목을 받기 시작한 것은 1990년대 이후이다. 텔레비전에 대한 관심은 미디어를 텍스트의 관점에서 이해하고 미디어 텍스트와 국어교육과의 상호관련성을 따져보는 것이었다.

그 결과 텔레비전 텍스트의 국어교재로서의 적합성이 논의되었고 표현 분석과 비판적 수용, 소통과 변용, 사회문화적 작용 양상 따져보기와 같은 언어 가능태들이 메타경험의 대상으로 활용되었다. 이렇게 함으로써 언론 및 미디어 분야의 전유물로 인식되던 영상매체를 국어교육의 대상으로 끌어들일 수 있었고, 다양한 교재작용으로써 수업 활용이 가능하였다. 텔레비전에서 비롯된 매체언어에 대한 관심은 영화, 가요, 애니메이션, 광고 등 대중 매체 전반으로 확대되어 문화교육의 입장에서 다루어지게 되었다. 미디어 리터러시가 국어능력의 중핵으로 자리 잡고 수동적 학습자를 능동적 학습자로 변모시키려는 시도들이 이어졌다.

정보통신기기의 등장, 특히 인터넷은 학습매체가 도구적 차원의 수단이 아니라 방법을 지배하는 공학적 메커니즘이자 새로운 내용을 창출하기까지 하는 막강한 힘을 가지고 있는 것임을 보여주었다. 시간과 공간을 실시간으로 연결시켜줌으로써 재현과 회상의 간극을 현재의 시점으로 바꾸어 버렸다. 세계 교육공학적 관심이 거의 비슷한 시점에 엄청난 에너지로 분출된 것은 당연한 현상이다(Badrul Huda Khan(1997), "Web-based Instruction(WBI)"). 시작의 진원지는 미국이었지만 별다른 시차를 두지 않고 여러 국가에서 동시다발적으로 인터넷을 활용한 교수학습 방법들이 제안되었다. 특히, 우리나라의 경우도 미처 교육철학이나 이론을 정립할 시간적인 여유도 없이 공학적 측면의 방법들이 "~해야 한다"는 당위적 구호와 함께 거의 운동차원에서 교실현장에 투입되었다. 이러한 현상은 대부분의 교과교육 분야에서 공통적으로 일어났고 국가중심의 밀레니엄 잔치와 맥을 같이 했다. 그러다 보니 당시 적용되던 교육과정 상의 내용 및 방법들과는 상관성이 없이 이론 따로 실천 따로의 현상을 보였다.

국어교육 분야라고 해서 예외가 될 수 없었다. 6차 교육과정은 물론이고 7차 교육과정도 정보통신 기기가 가져다 줄 미래 언어교육 환경을 정확히 예측하지 못했고, 예측하였다손 치더라도 내용과 방법을 마련할 준비가 되어 있지 않았다. 결국, 이론과 실천이 따로 가거나, 이론 없는 실천이 현장교육에 그대로 투입되고 말았다.

이론적인 측면에서 볼 때, 김대행의 연구(1998)는 매체에 대한 논의를 본격적인 토론의 장으로 끌어드린 성과를 갖는다. 이 연구는 매체의 텍스트성에 주목함으로써 국어교육에서 다루어야 할 교육적 대상은 매체의 도구성이 아니라 매체의 언어성이라고 보았다. 이와 같은 관점은 매체라는 단어 속에 함의된 기기의 조작 및 활용과 같은 기술주의에 대한 부정적 편견을 극복하는 한 방편을 마련하였다. 이후 한국국어교육연구회 주관('98. 4. 25)의 '다매체시대의 국어교육'이라는 발표대회를 통해 국어교육의 관점에서 매체에 대한 이론화 탐색이 이루어졌다.

그 뒤 매체언어에 대한 논의가 본격화되었지만, 용어에 대한 이해와 해석은 학자마다 조금씩의 차이를 보였다. 예를 들면 매체, 매체언어, 미디어, 미디어텍스트, 매체 텍스트, 매체 문식성, 미디어 문식성 등의 용어가 혼재되어 있는 것만 봐도 그렇다. 최근 이 부분에 대한 정리를 시도한 이병규(2014)는 이러한 현상은 언어와 매체를 바라보는 학자들의 관점의 차이에서 비롯된 것으로 보았다. 음성문자 중심의 전통적 언어관, 기호론적 관점의 언어관, 매체 관점에서의 언어관, 매체 문식성 관점에서의 언어관 중 어떤 쪽에 좀 더 강한 의미를 부여하느냐에 따라 개념 규정이 달라진 것이다. 이러한 점은 앞으로도 명확하게 구분되기는 힘들 것으로 보인다. 왜냐하면 언어가 가지는 본질적 속성은 크게 변하지 않는 것임에 비해 그것을 표현하고 전달하는 매체의 개발과 변형이 급속도로 이루어지기 때문이다. 웹과 모바일 기기의 등장 이후, 언어의 표현 양식이 이전시대에 비해 많이 변했음은 부정할 수 없는 사실이다. 이는 언어교육 혹은 국어교육이 매체 추수적으로 변할 수밖에 없음을 말하는 것이다.

그러므로 엄정한 개념 규정도 중요하지만, 그 어떤 노력에도 합일점을 획득하는 것이 내재적 불편함으로 인해 힘들다면, 개념을 넘어 교육적 활용과 그 활용을 통한 또 다른 외연 확산으로 이어지는 것이 더 합당한 일이라 생각된다.

교수학습의 측면에서 볼 때, 이채연의 연구(1997, 1998)는 예상 혹은 부분적 실천 가능의 관점에서 인터넷이 가져올 국어교육의 변화에 주목했다. 이 연구는 인터넷의 전언성, 형상성, 상호작용성이 국어 수업의 훌륭한 방편이 될 수 있음에 주목하여 가상공간에서 활용될 수 있는 수업모형과 이에 따른 설계방법 및 전략을 소개하였다(지금 입장에서 보면 엉성한 논지라 할 것이나, 당시는 전화와 모뎀의 통신환경이었고 인터넷이 된다손 치더라도 128Kbps 수준이었다는 점에서 국어교육 분야의 초기 연구로서의 의미는 지닌다).

초중고등학교에 교단선진화 장비가 보급되자 2000년 8월 교육인적자원부에서 〈초중등학교 정보통신기술 교육 운영지침 및 해설서〉를 발간하여 교과별 방법론을 제시하였다. 이후 국어과 특성을 살린 ICT활용교육에 대한 한국교육학술정보원 주도의 연구가 진척을 보이면서 뉴미디어를 활용한 교수학습 방법에 대한 매뉴얼이 개발되었다.

국어교육과 매체에 대한 보다 정제된 논의는 최병우·이채연·최지현(2000)의 「매체언어와 국어교육: 매체언어 교수학습방법에 관한 연구」와 김동환·이도형·염은열·서유경(2000)의 「매체언어와 국어교육: 매체언어의 소통원리와 대상화 방법」에 와서 이루어진 것이라 보인다. 두 연구는 매체언어교육에 대한 성격과 기본적인 관점을 제시하고 매체언어에 대한 국어교육적 입장에서의 조건을 제시한 뒤 교육과정 모델을 제시하였다. 인터넷을 하나의 매체로 인정하여 매체언어를 인쇄매체, 방송영상매체, 인터넷매체로 유형화시키고 이를 토대로 각 유형별 개념 정립과 교수학습 방법 및 수업모형 등을 제시하였다. 이 연구는 향후 매체언어교육 연구의 큰 방향을 제시하였다.

그 뒤 매체언어교육에 대한 관심은 국어교육 분야에서 새로운 관심 분야로 부각되었고 교육대학원을 중심으로 석사학위 논문이 봇물처럼 쏟아지기 시작했다. 원 저작물의 출처를 밝히지 않는 등 기본 요건이 갖추어지지 않은 학위논문도 적지 않았지만, 교실 수업에 이론을 접목시키고자 한 노력은 높이 평가될 만하다. 그 결과 개정 7차 교육과정의 논의에서 성취기준과 내용 요소에 매체언어에 관한 내용이 풍부하게 들어갈 수 있었다. 이 시점인 2006년 11월 국어교육학회 주관 "매체 환경의 변화와 국어교육의 방향"이란 주제의 학술발표대회에서 당시까지 논의되었던 것을 정리하고 향후 교육 방향을 제시하였다. 그 내용은 매체언어에 대한 국어교육에서의 필요성(김대행), 교육내용(김정자), 교육과정(최미숙), 교수학습 방법 및 전략(이채연), 교수학습과 문식성(최지현)에 대한 총론으로 구성되었다.

이후 국어교육에서의 매체에 대한 연구는 강단연구와 현장연구가 상호 보완성을 가지면서 진행되었다.

강단연구는 매체언어의 국어교육적 대상화에 대한 이론적 기반 강화와 내용범주 설정에 관한 학술적 접근 및 방법론 모색이 주류를 이루었고, 현장연구는 교육부 주관의 교수학습 방법 개선과 전국국어교사모임의 매체연구부를 중심으로 한 교재 개발 및 실천사례 발굴을 들 수 있다. 특히, 교사 중심의 현장연구는 국어교육의 타 영역보다 매우 적극적으로 추진되어 강단연구가 해내지 못하는 부분을 상당 부분 선도적 인식과 행동 수반을 통해 이루어냄으로써 의미 있는 결과물을 내놓았다. 전국의 많은 교사들이 비록 공모전의 형식으로 개발한 것이지는 하지만 전국 ICT활용연구대회, 소포트웨어공모전, 학습자료 개발전 등을 통해 많은 학습자료들을 공유하게 하였다. 그밖에 개인 홈페이지를 통해 실제 활용한 결과를 다른 사람들이 참고할 수 있게 함으로써 국어과 매체교육에 대한 관심 제고에 큰 기여를 하였다.

그 결과 차기 2007년 국어과 교육과정 개편에 매체언어교육의 필요성이 수용되면서 수업에 적용될 수 있는 길이 열렸다. 매체언어는 '텍스트, 지식, 기능, 맥락'이라는 내용 요소에 포함됨으로써 텍스트 다양성 문제를 해결하면서 사회문화적 맥락을 함께 논의할 수 있게 되었다. 이 과정에서 '매체언어'라는 선택과목이 국어교과의 새 영역으로 설정되었지만, 교과서 집필 단계에서 취소된 것은 그 이유를 따져 묻지 않더라도 많은 아쉬움으로 남는다. 2015년 교육과정 개정시에 어떤 형태로든 부활이 되지 않을까 기대해 본다.

• 매체와 매체언어의 개념규정에 관한 글은 아래 참조.

김대행(1998), 「매체언어교육론 서설」, 『국어교육』 97호, 한국국어교육연구회; 최병우·이채연·최지현(2000), 「매체언어와 국어교육: 매체언어의 교수학습에 관한 연구」, 서울대 국어교육연구소 연구보고서 2000-6; 이채연(2001ㄱ), 「인터넷의 매체언어성과 국어 교재화 탐색」, 『국어교육』 104호, 국어교육연구회; 임천택(2001), 「국어교육을 위한 매체와 매체언어 탐구」, 『새국어교육』 61호, 한국국어교육학회; 최지현(2007), 「매체언어교육을 위한 교수·학습 방법 탐구: 문화·매체 문식성 개념을 중심으로」, 『국어교육학연구』 28, 국어교육학회; 이병규(2014), 「국어과 교육대상으로서의 매체의 특성연구」, 『한국초등국어교육』 53집, 한국초등국어교육학회.

• 영상, 인터넷 기타 매체의 활용과 관련된 것으로 아래의 글을 참조.

박인기(1989), 「문학 텍스트의 종합적 감상을 위한 교육TV 프로그램 설계방략」, 『국어교육』 65·66합집, 한국국어교육연구회; 박인기(1996), 「독서와 매체환경」, 『독서연구』 1집, 한국독서학회; 우한용(1993), 「소설의 영상변용과 문학적 문화」, 『소설교육론』, 평민사; 박인기 외(2000), 『국어교육과 미디어텍스트』, 삼지원; 서유경(2003), 『인터넷 매체와 국어교육』, 역락; 박기범(2008), 「국어과 영화제작 수업 방안」, 『국어교육』 127집, 한국어교육학회; 윤여탁 외(2008), 『매체언어와 국어교육』, 서울대학교출판부; 김혜숙 외(2010), 『매체언어교육의 이론과 실제』, 동국대학교출판부; 김성희(2013), 『인터넷 매체언어 교육』, 동국대학교출판부.

• 매체언어 교육내용과 문식성 교육에 관해서는 아래의 글 참조.

박인기·신헌재·이주섭(2001), 『미디어 문식성을 반영한 국어과 교육과정 개발연구』, 교원대 교과교육공동연구소 보고서; 정구향(2002), 「매체언어 교육의 내용범주와 수용양상 연구」, 『새국어교육』 63호, 한국국어교육학회; 김창원(2002), 「국어교육과 문화론」, 『한국초등국어교육』 제20집, 한국초등국어교육학회; 정현선(2002), 「성찰적 문화교육으로서의 미디어 리터러시 교육」, 『국어교육학연구』 14집, 국어교육학회; 최지현(2007), 「매체언어교육을 위한 교수·학습 방법 탐구: 문화·매체 문식성 개념을 중심으로」, 『국어교육학연구』 28, 국어교육학회; 김정자(2007), 「국어 교육과정의 매체언어교육 내용」, 『국어교육학연구』 28집, 국어교육학회; 최미숙(2007), 「매체언어 교육을 위한 교육과정 개발 방향」, 『국어교육학연구』 28집, 국어교육학회; 하숙자(2007), 「매체언어 교육의 내용 선정 연구」, 전남대학교 박사논문.

• 국어교육과 ICT 관련 연구는 아래 글 참조.

김근수·박인기·서태진·함욱·이지영·안수진(2001), 『국어과 특성을 반영한 ICT활용교육방안연구』, 한국교육학술정보원; 박인기(2003), 「국어과 국가수준 교육과정의 ICT 수용방안」, 한국교육학술정보원; 한국교육학술정보원(2003), 『ICT활용 교수학습 방법과 자료개발 연구(국어과)』, 한국교육학술정보원 RR2003-1; 이채연(2004), 「국어과 ICT활용 교수학습방법 연구전략 가이드」, 한국교육학술정보원 RM 2004-34; 이채연·공명철·이상복·유동기(2006), 『사이버가정학습 학습주제별 콘텐츠 유형적용방안 연구』, 한국교육학술정보원, 연구보고서 CR2006-1.

• 매체연구에 대한 현장연구는 다음을 참조.

안용순(1998), 「매체를 활용한 수업방안」, 전국국어교사모임 연수자료집; 홍완선(2003), 「국어교사들이 펼치는 매체교육-초·중·고 교육 현장 속에서 미디어 교육: 미디어 교육 사례 발표와 활성화 방안을 중심으로-」, 한국언론학회 미디어교육위원회; 심상민(2003), 「국어 교과 내 미디어 교육 수용 현황 및 수용 방향 연구: 중등학교 국어교과 중심으로」, 서강대학교 석사논문; 전국국어교사모임 매체연구

부(2005), 『국어시간에 매체읽기』, 나라말; 국어교사모임 매체연구부
(2005), 『매체교육의 길찾기』, 나라말; 박기범(2008), 「국어과 영화제작
수업 방안」, 『국어교육』 127집; 전국국어교사모임 매체연구부(2010),
『국어시간에 매체 가르치기』, 나라말.

1.1.2. 매체언어교육의 관점

앞서 살펴본 것처럼 국어교육 학계에서는 매체교육을 매체 그
자체보다는 매체가 표상하는 언어를 대상으로 이루어지는 것이
라고 보고 있다. 국어교육에서의 매체교육은 매체언어교육이다
라고 하는 것에 대해서는 큰 이견이 없어 보이나, 보다 근본적인
문제인 '매체'가 무엇이냐와 '매체언어'의 범주에 대해서는 합일
점을 찾지 못하고 있지만 크게 문제 될 것은 없다. 이는 국어교육
의 관점뿐 아니라 교육공학 분야, 미디어 분야에서의 정의가 제
각각 다른 것에 연유한다. 매체에 관한 한 두 학문 분야의 영향력
을 배제할 수 없는 실정이다 보니 동일 현상을 두고도 서로 다른
관점에서의 해석이 가능해진 것이다.

예를 들면, 같은 국어교육 분야라 할지라도 메시지의 언어성을
중시하는 입장에서는 음성, 문자도 매체의 한 양식으로 인정하는
반면, 도구성을 강조하는 입장에서는 음성과 문자는 다른 많은
기호 중의 하나이며 그것들을 담고 있는 그릇인 몸과 책(인쇄매
체)이 매체라는 것이다. 전자는 언어양식에 주목하고, 후자는 언
어와 도구의 상호관련성에 주목한다.

• 매체의 언어양식을 중시하는 관점

국어의 내용영역이 주이고, 이것을 실현하는 과정상에 다양한 매체텍스트가 활용된다. 따라서 언어사용 기능에 따라 매체는 부가적으로 반복 활용된다(가령, 미디어 텍스트가 말하기/듣기/읽기/쓰기 영역에 두루 활용되는 것). 미디어 상의 다양한 장르들이 선택적으로 활용될 수 있으며 이 경우 내용은 같으나 매체형식의 차이에 의한 언어형식 및 소통방식의 차이를 발견할 수 있다(예: 텔레비전 뉴스−인쇄 뉴스−인터넷 뉴스, 인쇄광고−영상광고−인터넷광고). 이 경우, 매체언어교육의 핵심적 내용은 언어, 언어현상, 언어활동에 있으며 언어의 매체적 실현 혹은 실현과정에 대한 교육을 중시한다. 즉, 매체언어교육의 내용은 매체언어의 체험과 생산의 과정을 언어화한다는 것이다. 국어의 내용이 교수학습의 목표가 되고 매체는 학습 자료로써의 수단에 불과하다는 관점이다.

• 매체의 도구성을 중시하는 관점

미디어 그 자체가 중심이 되어 기기적 특징에 맞는 표현방식 및 제작기법 등이 주로 다루어진다. 이때 언어는 영상이나 음성, 음향과 동일하게 다루어지는 기호의 일부로 작용한다. 미디어 문법, 제작 기법, 미디어 주제 및 표현 방식 등이 교수학습의 대상이 된다. 미디어를 통한 조작과 생산이 주이고 언어는 이것을 구현하는 다양한 기호 중의 하나가 된다는 입장이다. 이 경우, 교육의 목표는 언어적 상상력을 시청각으로 확인되게 구현하는 매체적 상상력의 구체적 실현에 모아지게 된다.

저자는 전자와 후자를 등가적인 관점에 다루는 상보적 매체관을 견지한다. 매체언어교육은 매체를 통해 구현되는 언어·문화의 생산과 소통 과정에 대한 교육으로, 매체언어를 도구로서의 매체가 표현하고 있는 문자적·기호적·행위적 형상체로 규정하기로 했기 때문이다.

따라서 매체언어교육의 교수학습은 매체에서 표출되는 언어의 양식성에 대한 '이해교육'뿐만 아니라 매체 조작을 통해 표현되는 '생산교육'도 교육대상에 포함한다. 이는 언어교육과 문화교육을 지향하는 국어교육으로서의 매체교육과 매체실현교육을 지향하는 미디어교육으로서의 매체교육이 상보적 관계 속에서 이루어짐을 의미하는 것이다.

1.2. 매체언어 존재 양상과 담론 생산의 확산

1.2.1. 매체인식의 변화와 교육과정

매체언어는 매체가 언어 인식론의 관점에서 주목받기 이전부터 교수학습의 차원에서 이미 교육과정의 틀 속에서 다루어져 왔다. 인쇄매체에 의존하던 시대에는 매체보다는 언어에 큰 의미를 두었지만, 영상매체가 등장한 이후는 텔레비전이나 영화를 통해 구현되는 언어적 현상에 대해서도 관심을 가지게 되었다. 당시로서는 이해와 표현의 수단에 종이와는 다른 새로운 서판(書板)이 등장했다고 이해했을 것이다. 7차 교육과정까지만 해도 '매체언어'보다는 '매체의 활용'에 무게를 두었다.

7-말-(2): 인터넷, 컴퓨터 통신 등 다양한 매체를 이용하여 필요한

정보를 찾아 말한다.

7-쓰-(2): 인터넷, 컴퓨터 통신 등 다양한 매체를 이용하여 필요한
정보를 찾아 글을 쓴다.

9-읽-(6): 다양한 매체를 활용하여 글의 이해도를 높인다.

위에서 보는 것처럼 7차 교육과정은 매체언어교육이라기보다
는 매체활용교육이라는 편이 맞을 것이다. 교육과정에서 제시하
는 성취기준도 인터넷, 전자통신을 활용한 정보 검색이나 활용법
에 무게를 두고 있다. 당시는 인터넷이 등장하였지만 인터넷의
형성원리나 구조적인 특징에 대해서는 국어과 영역 이외의 것이
라고 생각했다. 그런 까닭에 하이퍼텍스트(hypertext)라는 새로운
개념의 언어형성원리에는 주목하지 않았다(실제로는 국어과 교육
과정을 개발하는 관계자가 관심이 없었거나 무지했다는 것이 더 현실적
인 대답일 것이다). 물론 교육과정에서는 반영되지 않았지만 몇몇
학자들은 하이퍼텍스트가 언어의 선조성을 파괴하는 새로운 형
태의 언어현상이라는 점을 강조하면서 방법을 위한 도구가 아니
라, 언어본질적 차원에서 인터넷을 바라보아야 한다는 주장을 하
기도 했다. 국어교과 내에서도 영역 간 통합성이 이루어지지 않
고, 각 영역별로 따로 따로 언어 수행을 반복하게 했다. 교수학습
방법도 정교하지 않아 교사들은 교육과정에도 없는 내용을 가지
고 실제 수업을 진행한 경우가 허다했다. 아이러니하지만 이때가
매체교육의 현장연구와 적용에 있어 가장 왕성했던 시기였다. 좋
은 의미로는 교육과정에 대한 확장적 해석과 교재 재구성을 통해
교사가 창의적 수업을 했다고 볼 수도 있다.

국어교과에서 매체에로의 외연확대에 주목하고 있을 때, 영상

문화 영역에서도 영화의 정규 과목화를 시도했다. 아래 과목은 2005년 발간된 서울시 중학교 과정 인정교과서 『영화』의 차례이다(한국영화학회 영화교육위원회 편, 2005, 월인).

I. 이미지란 무엇인가	1. 이미지 읽기와 표현 (1) 이미지란 무엇인가 (2) 일상 속의 다양한 이미지 (3) 이미지 읽기 (4) 이미지 표현 2. 이미지 연결을 통한 영화적 표현 (1) 움직이는 이미지 (2) 연속적인 이미지
II. 이야기를 만들어 보자	1. 아이디어를 찾아보자. (1) 경험과 주변 이야기에서 아이디어 얻기 (2) 상상력을 통해 아이디어 만들어 내기 2. 등장인물을 만들어 보자. (1) 관찰과 추리를 통해 등장인물 만들기 (2) 이미지 상상을 통해 등장인물 만들기 3. 이야기를 구성하고 대사를 써 보자. (1) 이야기 구성하기 (2) 세부적인 대사 쓰기
III. 영화 만들기를 준비해 보자	1. 이야기를 영상으로 표현해 보자. (1) 영상 표현의 여러 가지 방법들 (2) 장면 나누기 2. 스토리보드를 만들어 보자. (1) 영화의 제작과정 (2) 그림으로 표현하기 (3) 스토리보드 만들기
IV. 촬영을 해 보자	1. 촬영 계획을 세워 보자. (1) 촬영 계획을 세우기 (2) 촬영 장소를 찾아 밑그림 그려보기 2. 카메라를 내 마음대로 다루어 보자 (1) 카메라와 친해지기

이 책의 목차만 보아도 영상문화가 오히려 국어(문학)쪽으로 외연을 확대하고 있는 것임을 알 수 있다. '이미지란 무엇인가'는 영상 이미지만 교육대상으로 삼은 것이 아니라, 문학적 이미지(심상)도 교육대상으로 삼고 있음을 보여준다. '이야기를 만들어 보자' 단원은 문학에서 다루는 핵심적인 내용과 일치한다. 아이디어생성과 문학적 상상력, 인물의 형성과 서사적 맥락 형성, 희곡적 대사 쓰기 등 전통 문학교육에서 다루고 있는 내용들이 다 포함되어 있다. '영화 보기와 읽기'는 좁게는 영화평론, 넓게는 문화평론으로 문학교육에서도 다루고 있는 방법론과 별반 다르지 않다. 이처럼 국어교육이 전통적인 국어교육 교육과정 체계를 가지고 있을 때, 타 영역에서 국어교과의 독자적 분야라고 생각하는 영역까지 잠식했다(영화진흥위원회, 2002).

교육과정의 틀 속에서 제대로 된 근거를 가지고 매체언어교육이 실시된 것은 개정 7차 교육과정(2007년)에서부터라고 할 수 있다. 이때는 매체 개발과 보급, 매체활용이 일상화된 시기였다. 어떤 내용을 교육과정 속에 수용할 것인지, 또 어떤 방식과 전략으로 교수학습을 할 것인지에 대한 큰 그림이 형성되었다. 매체 관련 성취기준 개수도 많이 늘어났고, 특히 내용 요소를 지식, 기능, 맥락에 맞춰 구체적이고 명료화한 것은 밀레니엄 시대의 요구와 변화들을 국어교육과정에 담으려고 노력한 점이 반영된 것으로 이해된다.

앞의 책『영화』의 '영화 만들기를 준비해 보자' 단원은 2007년 교육과정 읽기 7학년 "영화에 등장하는 인물의 가치관이나 사고방식을 비판적으로 이해한다."와 쓰기 9학년의 "영상 언어의 특성을 살려 영상으로 이야기를 구성한다."는 내용과 거의 일치한다. 좀 더 구체적으로 살펴보면 영화 교재와 국어 교육과정의 내용과 별반 차이가 없음을 알 수 있다.

〈표 1〉 영화와 국어 교육내용 비교

『영화』교재	국어 교육과정
1. 이야기를 영상으로 표현해 보자. 　(1) 영상 표현의 여러가지 방법들 　(2) 장면 나누기 2. 스토리보드를 만들어 보자. 　(1) 영화의 제작과정 　(2) 그림으로 표현하기 　(3) 스토리보드 만들기	• 영화의 매체 특성 이해하기 • 영화의 서사 구조 파악하기 • 주요 인물의 성격 및 인물 형상화 방식 파악하기 • 영상 언어의 특성 이해하기 • 일상적 경험이나 사회적 사건을 바탕으로 이야기 구성하기 • 관객이나 시청자의 관심과 흥미를 고려하여 영상물 만들기

군이 차이점을 찾자면, 영화와 국어는 둘 다 최종 단계는 영상물 만들기에 있지만 영화는 영화 서사문법의 틀 속에서 표현 양식을 선택하고 스토리보드를 통해 제작 단계까지 나아가는 것이고, 국어는 영상의 전 단계, 즉 영상이 표출하는 언어적 현상인 매체언어를 주요 학습 요소로 삼고 소박한 의미의 영상을 제작하는 것이다.

  그러나 언어사용 기능 영역에서 영상문화 영역을 적극적으로 수용한 것임에 비해 문학 영역에서는 종래의 틀에서 벗어나지 않았다. 어쩌면 문학 영역에서 매체 관련 성취기준이 더 다양할 수 있음에도 사이버문학, 매체변용, 텍스트 상호성과 문화론, 스토리텔링, 게임 서사와 같은 개념은 반영조차 되지 않았다. 하이퍼텍스트의 등장이 문학의 위기와 새로운 창조 사이에서 대안 모색 필요성을 유발시켰고, 소설의 영화화, 소설의 드라마화, 시의 영상화와 같은 매체변용이 많은 사람들의 관심으로 떠올랐지만 교육과정에서는 이를 수용하지 못했다. 당시만 하더라도 실제 학교 현장교육에서는 많은 교사들이 ICT를 이용한 새로운 교수학습 방법과 전략들을 실험하고 있던 차였다. 문학이 결코 정적 수업에만 머물러 있지 않음을 보여주려는 많은 시도에도 불구하고 정작 교육과정은 가장 보수적인 태도를 취하고 말았다. 다소 과한 표현이겠지만, 세상은 바뀌고 있지만 교육과정 정책 담당자들은 과거의 환영에 사로 잡혀 있었다고 볼 수밖에 없다. 오늘날 문학이 학교 교육에서 어떤 취급을 당하는지를 굳이 현장교육에서 확인하지 않고도 말이다. 아래의 교육과정 표만 보아도 문학영역에서는 매체 관련 성취기준이 하나도 없음을 알 수 있다. 언제까지나 수능시험류 수업만 할 수는 없지 않은가?

<표 2> 2007년 교육과정 중 매체 관련 부분

영역 / 학년	성취기준 / 내용 요소	담화 수준과 범위
듣기 7-2	광고를 보거나 듣고 설득의 전략을 파악한다 • 광고의 특성 이해하기 • 표현이나 이미지 구성 방식 파악하기 • 아이디어생성 과정 및 기획의도 추론하기 • 광고의 신뢰성과 타당성 판단하며 듣기	상업광고, 공익광고, 인쇄광고, 옥외광고, 영상광고, 라디오 광고, 인터넷 광고
듣기 7-3	주변 인물과 면담을 하고 결과를 분석한다 • 면담의 목적과 의도 이해하기 • 면담 대상에 대한 정보 수집하기 • 매체의 특성을 고려하여 면담하기 • 면담 결과를 목적에 따라 정리하고 분석하기	교사와 학습자의 면담
듣기 8-4	라디오 프로그램을 듣고 진행자의 말하기 특성과 효과를 평가한다 • 라디오 프로그램의 특성 이해하기 • 진행자의 말하기 전략 분석하기 • 진행자의 반언어적 표현 효과 평가하기 • 다른 매체 프로그램 진행자의 말하기 방식과 비교하기	라디오 프로그램
듣기 9-1	시사 문제에 대한 심층 보도를 비판적으로 이해한다 • 심층 보도의 특성 이해하기 • 심층 보도의 기획 의도 파악하기 • 심층 보도의 타당성, 신뢰성 파악하기	청소년 문제나 사회적 쟁점을 주제로 한 텔레비전 심층 보도
듣기 10-1	강의나 발표를 듣고 목적에 따라 내용을 재구성한다 • 내용의 흐름 파악하기 • 자신에게 필요한 정보 선별하기 • 듣는 목적에 맞게 내용 재구성하기 • 시청각 보조 자료의 효율성 판단하기	강의, 발표
말하기 7-3	인터넷 게시판의 내용을 비판적으로 분석하고 인터넷 토론에 주체적으로 참여한다 • 인터넷 매체의 상호작용적 특성 이해하기 • 게시판의 내용을 비판적으로 분석하기 • 논제에 따른 자신의 입장을 적극적으로 개진하기 • 언어 예절, 인권, 초상권 등을 고려하기	인터넷 토론

영역 학년	성취기준 / 내용 요소	담화 수준과 범위
말하기 8-1	공식적인 상황에서 매체를 활용하여 효율적으로 발표한다 • 발표할 내용을 시각적 정보와 글 정보로 구분하기 • 발표 상황과 주제에 적합한 정보와 자료 제시하기 • 청중의 흥미와 주의를 끌 수 있도록 발표하기	사진, 그림, 도표, 프레젠테이션 소프트웨어, 영상 화상기
말하기 10-1	인터넷 매체를 활용하여 효과적으로 자신을 소개한다 • 인터넷 매체를 통해 자신을 소개할 때 필요한 자료 이해하기 • 글, 사진, 그림, 동영상으로 자신을 표현하거나 설명하기 • 청자의 관심을 고려하여 자신의 홈페이지 내용을 효과적으로 소개하기	개인 홈페이지, 개인 블로그, 개인적 관심사를 담은 글, 사진, 그림, 동영상
말하기 10-4	생활 주변에서 발생하는 문제를 취재하여 보도한다 • 방송 보도의 특성 이해하기 • 문제의 중요도를 고려하여 취재 내용 선정하기 • 문제가 잘 드러나도록 보도 내용 편집하기 • 방송의 특성을 살려 보도물 제작하기	라디오 방송, 텔레비전 방송, 인터넷 방송
읽기 7-5	영화에 등장하는 인물의 가치관이나 사고방식을 비판적으로 이해한다 • 영화의 매체 특성 이해하기 • 영화의 서사 구조 파악하기 • 주요 인물의 성격 및 인물 형상화 방식 파악하기 • 영화에 나타난 인물의 가치관이나 사고방식에 대해 토론하기	인물의 가치관이나 사고방식이 잘 드러난 영화, 문학 작품을 각색한 영화
읽기 8-5	다양한 풍자물의 매체 특성과 그 효과를 이해하고 비판적으로 수용한다 • 매체 특성과 풍자물의 표현 방식 이해하기 • 생산자와 수용자가 공유하는 사회적 통념 파악하기 • 풍자물에 담긴 현실 비판의 내용과 비판 방식에 대해 평가하기 • 풍자와 표현의 자유에 대해 토의하기	문학 작품, 책, 신문, 잡지, 만화, 코미디 프로그램, 시사 프로그램, 인터넷 풍자물

영역 \ 학년	성취기준 / 내용 요소	담화 수준과 범위
읽기 9-5	만화의 매체 특성을 고려하여 함축된 의미를 해석한다 • 만화의 매체 특성과 표현 방식을 글과 비교하여 이해하기 • 그린 이의 의도와 관점 파악하기 • 만화 내용의 함축된 의미 해석하기	만화, 시사만화, 인터넷 만화
읽기 10-1	사회적 규약을 담은 글의 특성을 알고 공정성과 합리성을 평가한다 • 규약문의 특성 이해하기 • 규약문의 세부 내용 파악하기 • 권리 및 의무 관련 규정의 공정성과 합리성 평가하기 • 인터넷 시대에 규약문 이해의 중요성이 증대하는 맥락 이해하기	인터넷 회원가입 시 이용약관, 향약, 국제인권규약
쓰기 7-1	다양한 매체에서 내용을 선정하여 통일성 있게 설명문을 쓴다 • 설명문의 특성, 통일성의 개념 이해하기 • 다양한 매체에서 내용 선정하기 • 통일성 있게 내용 정리하고 표현하기 • 통일성을 고려하여 고쳐 쓰기	백과사전, 책, 잡지, 신문, 인터넷 웹사이트
쓰기 8-4	목적, 독자, 매체가 쓰기의 내용과 형식에 미치는 영향을 고려하면서 글을 쓴다 • 온라인 대화, 문자 메시지, 전자 우편의 매체적 특성 이해하기 • 매체의 특성이 쓰기의 내용과 형식에 미치는 영향 이해하기 • 매체 특성을 고려하여 다양한 형식의 글 쓰기 • 속어, 비어, 성차별적 언어 사용 등 부적절한 표현 고쳐 쓰기	온라인 대화, 문자 메시지, 전자 우편
쓰기 9-1	독자의 요구와 관심사를 고려하여 학교나 지역 사회를 홍보하는 글을 쓴다 • 홍보하는 글의 구성 방법과 표현의 특징 이해하기 • 조사, 면담 등을 통하여 정보 수집하기 • 부연 설명, 인용을 사용하여 내용 구체화하기 • 홍보 대상에 대한 독자의 요구와 매체 특성 고려하기	홍보하는 글, 쪽지, 엽서, 편지, 문자 메시지, 안내문, 광고문

영역 \ 학년	성취기준 / 내용 요소	담화 수준과 범위
쓰기 9-5	영상 언어의 특성을 살려 영상으로 이야기를 구성한다 • 영상 언어의 특성 이해하기 • 일상적 경험이나 사회적 사건을 바탕으로 이야기 구성하기 • 관객이나 시청자의 관심과 흥미를 고려하여 영상물 만들기	일상적인 경험을 담은 영상물, 다큐멘터리, 드라마, 옴니버스
쓰기 10-2	그림이나 사진, 그래프나 도표 등의 자료를 해석하는 글을 쓴다 • 자료를 해석하는 방법과 유의점 이해하기 • 해석에 영향을 미치는 요인을 고려하여 그림이나 사진 등을 해석하기 • 해석하는 글을 쓰는 목적과 독자 고려하기 • 해석한 내용을 논리적 순서로 조직하여 표현하기	그림이나 그래프, 표에 대한 해석 보고서
문법 7-1	다양한 매체에 나타난 언어 사용방식의 차이점을 파악한다 • 언어의 기능과 특성 이해하기 • 다양한 매체에 나타난 언어 사용 방식 비교하기 • 매체의 특성을 고려하여 음성언어와 문자언어 사용하기	라디오, 텔레비전, 인쇄 매체, 인터넷 매체, 휴대 전화 문자 메시지

위 표는 2007년 교육과정 중 매체 관련 부분만을 발췌한 것이다. 중학교 1학년에서 고등학교 1학년(7~10학년)까지의 국어에 해당하는 성취기준 111개 중 19개가 매체 관련 부분이다. 성취기준의 17%가 매체 유관 분야라고 생각하면 결코 소홀히 취급할 수 없는 내용이라 할 수 있겠다.

2007년 교육과정의 내용체계는 크게 지식, 기능, 맥락, 실제의 네 부분으로 나뉜다. 매체는 이 중 지식 부분에 배정되어 '매체 특성'이란 영역에서 다루어지고 있다. 표면적으로는 언어적 특성이라는 관점에서 듣기/말하기/읽기/쓰기에 골고루 반영되었지만, 실제적으로는 지식뿐만 아니라 기능, 맥락, 실제에 있어서도 내용 요소가 제시되고 있다. 7차 교육과정에 비해 매체언어에 접근하고 있는 점이 두드러진다.

이를 크게 세 부분으로 나누어 분석해 보면 다음과 같다. 첫째, 매체언어의 본질에 관련된 매체언어성에 관한 부분. 둘째, 매체언어의 이해와 소통 방식과 관련된 부분. 셋째, 매체 제작과 관련된 매체생산성에 관한 부분이다. 먼저 교육과정 속에 반영된 매체 관련 부분을 분석하면 아래와 같다.

첫째, 매체언어의 본질에 관련된 매체언어성에 관한 부분.

- 광고의 특성 이해하기
- 영화의 매체 특성 이해하기
- 라디오 프로그램의 특성 이해하기
- 온라인 대화, 문자 메시지, 전자 우편의 매체적 특성 이해하기
- 영상 언어의 특성 이해하기
- 방송 보도의 특성 이해하기
- (매체언어)의 기능과 특성 이해하기
- 다양한 매체에 나타난 언어 사용 방식 비교하기

이 부분은 매체의 언어성과 관련 있는 것이다. 표면적으로는 매체라는 물리적 실체에 접근하려는 것처럼 보이지만 영화나 방송, 인터넷과 같은 것들의 표현적 특징을 알아보고자 하는 것으로 이해된다. 당연하게도, 학습의 내용 요소는 기계적 성격의 매체보다는 도구로서의 매체가 표상하는 언어(혹은 언어적 형상

성)에 대한 특성을 이해하는 것으로 이해하면 된다. 광고는 설득 커뮤니케이션의 관점에서, 영화는 서사문법이 차원에서, 라디오는 청각적 상상력, 그리고 인터넷상의 다양한 어플리케이션은 소통방식의 차원에서 그 언어적 성격과 표현 원리에 대해서 학습하게 한다. 특히, 문법영역의 성취기준 "다양한 매체에 나타난 언어 사용방식의 차이점을 파악한다."는 매체언어의 본질과 속성에 관한 언어적 접근이라는 점에서 7차 교육과정에서 요구했던 매체활용과는 격이 다른 것이다. 이는 매체 유형에 따른 언어 형상성의 차이를 원리적 차원에서 이해하려 한 점이라 해석된다.

둘째, 매체언어의 이해와 소통 방식과 관련된 부분.

- 매체의 특성을 고려하여 면담하기
- 인터넷 매체의 상호작용적 특성 이해하기
- 매체 특성과 풍자물의 표현 방식 이해하기
- 다양한 매체의 특성이 쓰기의 내용과 형식에 미치는 영향 이해하기
- 만화의 매체 특성과 표현 방식을 글과 비교하여 이해하기
- (매체로 표현된) 풍자물에 담긴 현실 비판의 내용과 비판 방식에 대해 평가하기

이 부분은 매체의 유형별 특성에 따라서 언어정보의 생성과 전달이 어떤 방식으로 차별화가 되는지를 알아보게 하는 내용이다. 이는 매체의 기기적 특성을 파악하고, 각각의 특성에 맞게 언어 자원을 배분하고 활용하는 것이 효율적인 의사소통 방식이라는

점을 알게 하는 것이다. 어떤 상황에서, 어떤 매체, 어떤 언어 양식을 선택하는 것이 올바른 언어생활인지는 알게 하는 것은 현대 사회를 살아가는데 매우 중요하다.

셋째, 매체 제작과 관련된 매체생산성에 관한 부분

- 논제에 따른 자신의 입장을 적극적으로 개진하기
- (매체를 이용해) 청중의 흥미와 주의를 끌 수 있도록 발표하기
- (매체로 표현된) 풍자와 표현의 자유에 대해 토의하기
- 매체 특성을 고려하여 다양한 형식의 글쓰기
- 일상적 경험이나 사회적 사건을 바탕으로 (매체로) 이야기 구성하기
- 관객이나 시청자의 관심과 흥미를 고려하여 (매체로) 영상물 만들기
- 글, 사진, 그림, 동영상으로 자신을 표현하거나 설명하기
- 청자의 관심을 고려하여 자신의 홈페이지 내용을 효과적으로 소개하기

2007년 교육과정에서 주목되는 부분 중의 하나는 매체 조작과 생산에 관한 부분이다. 국어교육의 대상이 음성 문자만이 아니라 소리, 음악, 이미지, 사진, 동영상까지 확장되고 있다. 학습자의 표현 방식을 말하기와 쓰기만이 아닌, 복합적 언어, 기호까지 확장시킨 것이다. 매체언어교육이 매체로 표상되는 형상체만을 이해시키려고 한 것이 아니라, 이야기를 구성하고 구성된 이야기를 글이 아닌 영상으로 표현하게 한 것이다. 이럴 경우, 자연히 국어 이외의 영역이라고 할 수 있는 영화나 컴퓨터 영역까지 외연을 확장시켜야 한다. 이 부분은 학자들 간 심한 논란거리가 되곤 했

지만, 군이 국어와 영상문화 영역에서의 경계점을 따지는 것보다 학교 교수학습 상황에 맡겨 버리는 것이 자연스런 해결방법일 것이다.

　비록 지나간 교육과정이긴 하지만, 2007년 교육과정은 2011년 교육과정에 비해 훨씬 정교하고 정성을 담은 내용으로 채워져 있다. 비단, 매체언어 유관 부분뿐만 아니라 전 영역에 걸쳐 2011년 교육과정의 무성의함을 이해할 수가 없다. 진보가 아니라 퇴보라고 감히 말하고 싶다. 1~10학년의 국민공통기본교육과정에서 학년군으로 편제를 바꾸고, 성취기준의 수를 줄인 점을 이해한다고 해도, 성취기준에 대한 내용 요소의 설명이 부실하거나 모호하고 담화의 수준 또한 구체적이지 않고 지나치게 포괄적으로 제시되었다.

　아래 표는 매체 관련 중학교 1~3학년 과정과 고등학교 1학년 과정에 해당하는 것을 발췌하여 표로 나타낸 것이다. 내용 요소는 필자가 교육과정의 내용을 "지식, 기능, 태도"의 관점에서 해석하여 정리한 것이다. 중학교 과정은 문법과 문학 영역에 매체 관련 성취기준이 없다. 고등학교 역시 마찬가지이다. 그 내용 또한 2007년 교육과정에 비해 정교함이 많이 떨어진다. 국가에서 설정하여 많은 교육관계자에게 제시한 것치고는 무성의함이 지나치다고 말해도 부족함이 없을 것이다.

<표 3> 2011 교육과정 중 매체 관련 성취기준

영역 / 학년	성취기준 / 내용 요소	담화 수준과 범위
중 1~3학년	담화에 나타난 설득의 전략을 파악하고 평가한다.	텔레비전, 방송, 영화 광고의 상업광고, 공익광고
듣기·말하기 - 4	• 설득하기 위한 담화의 특성 파악하기 • 설득하는 담화를 비판적 태도로 내용의 적절성과 타당성 등을 따져 듣는 태도 기르기 • 광고의 특성과 전략, 효과를 이해하고, 평가하기 • 효과적인 설득의 방법과 전략을 일상에서 활용하기	
듣기·말하기 - 9	사회적으로 의미가 있는 내용을 매체자료로 구성하여 발표한다.	학생들의 사회적 관심사에 대한 다양한 매체자료
	• 다양한 매체를 활용하여 발표하는 경험하기 • 다양한 매체를 활용하여 발표하기의 효과 파악하기 • 발표 주제와 내용에 맞게 구성하여 발표하기	
읽기 - 2	글이나 매체에 제시된 다양한 자료의 효과와 적절성을 평가하며 읽는다.	문자 정보, 도표, 그림, 사진, 여러 가지 매체에 사용된 자료
	• 비판하며 읽기의 전략 이해하기 • 제시된 자료의 형태, 방법, 순서 분석하기 • 제시된 자료의 효과와 적절성 평가를 통한 비판적 읽기	
쓰기 - 8	영상 언어의 특성을 살려 영상으로 이야기를 구성한다.	영상물 속의 시각이미지·소리·음악·등장인물의 말, 일상적 경험의 영상물
	• 영상 언어의 특성 이해하기 • 영상으로 이야기를 구성하는 능력 함양하기 • 영상으로 이야기 만들어 보기	
쓰기 - 9	매체의 특성이 쓰기의 내용과 형식에 미치는 영향을 고려하여 글을 효과적으로 쓴다.	온라인 대화, 인터넷 게시판 댓글, 전자 우편, 블로그, 핸드폰 문자 메시지
	• 매체의 특성 이해하기 • 매체가 달라지면 글의 내용과 형식이 영향을 받게 됨을 이해하기 • 매체의 특성을 고려하여 쓰기 • 쓰기의 내용과 형식을 적절하게 조절하여 표현할 수 있는 능력 기르기	

<표 3> 2011 교육과정 중 매체 관련 성취기준

영역 / 학년	성취기준 / 내용 요소	담화 수준과 범위
고등학교 국어Ⅰ - 작문 - 8	다양한 매체에서 얻은 정보를 작문 상황에 맞게 조직하여 통일성과 응집성을 갖춘 글을 쓴다. • 다양한 매체에서 정보를 수집하여 작문 상황에 맞게 선별하고 조직하기 • 글의 종류, 독자, 매체 등에 따라 정보가 조직 방식 달라짐을 이해하기 • 통일성과 응집성에 유의하여 글쓰기	다양한 매체(컴퓨터, 문헌, 신문 등)에서 가져오는 자료
국어Ⅱ - 화법 - 3	매체자료의 유형과 기능을 이해하고, 매체자료를 효과적으로 활용하여 정보를 전달한다. • 매체자료의 유형과 기능 이해하기 • 매체자료를 비판적으로 수용하기 • 정보의 속성에 맞게 매체자료를 선택하여 내용 구성하기 • 효과적인 매체자료 활용 익히기	그림, 동영상 등을 이용하는 담화문
국어Ⅱ - 독서 - 6	다양한 매체자료를 비판적으로 분석하고 평가하며 읽는다. • 매체자료의 특성과 의미를 파악하기 • 매체자료의 특성과 의미를 비판적으로 분석하며 읽기 • 매체자료의 특성과 의미를 평가하며 읽기	인터넷에 있는 동영상, 그림, 글 등의 자료들
국어Ⅱ - 작문 - 9	글의 전달과 사회적 파급력과 연관된 매체의 효과와 특성을 고려하여 내용을 선정하고 조직하여 책임감 있게 인터넷상의 글쓰기를 한다. • 인터넷 매체의 특성 이해하기 • 책임감 있게 글 쓰는 능력과 태도 기르기 • 인터넷의 특성을 고려해서 내용을 선정하고 조직하기 • 타인을 배려하고 신중하게 글을 쓰는 태도 함양하기	인터넷에서 이루어지는 글쓰기 활동의 예시들

　우선, 2011년 교육과정은 내용체계를 지식, 기능, 태도, 실제로 바꿈으로써 7차의 본질, 원리, 태도, 실제와 2007년의 지식, 기능, 맥락, 실제와 무슨 차이가 있는지 따져보고 싶다. 어찌 보면 7차

와 개정 7차를 합쳐 놓은 모양처럼 보인다. 필자가 과문해서 그런지 이렇게 한 교육과정의 정신이 무엇인지도 모르겠다. 특히, 매체언어의 입장에서 볼 때도 '맥락'적인 부분을 '태도'로 바꿈으로해서 매체 사용의 다양한 상황과 적확성이 희석되고 문화적 문식성을 지향하는데 모호함이 많아졌다.

특히 교육과정 내용체계에서 매체는 언어사용 기능영역에서는 실제에 들어가 있다. 2007년 교육과정에 '지식' 부분에 있었던 것이 실제로 옮겨 감으로써 매체언어에 대한 본질적인 부분보다는 정보전달, 설득, 친교 및 정서표현에 해당하는 텍스트 이해의 도구쯤으로 구실하게끔 구상되어 있다. 어찌 보면 매체언어보다는 매체활용에 비중이 실린 것처럼도 해석된다. '듣기·말하기/쓰기/읽기와 매체'라는 것은 매체를 이용해 듣기·말하기, 쓰기를 하거나 매체에 표현된 것을 읽으라고 하는 의미로 받아드려진다.

<표 4> 2011년 교육과정 내용 체계

실제		
• 다양한 목적의 듣기·말하기/읽기/쓰기 －정보를 전달하는 말 －설득하는 말 －친교 및 정서 표현의 말 • 듣기·말하기/쓰기/읽기와 매체		
지식	기능	태도

1.2.2. 학습요소와 교육대상

매체언어는 가장 일차적인 음성언어나 문자언어에서부터 복합 혼성언어인 UCC 영상까지 아주 다양하다. 같은 매체라도 음성, 문자, 사진처럼 각기 단일된 모습으로 표현되기도 하고 동영상처럼 복합적으로 나타나기도 한다. 이 중에서 학습요소와 교육대상을 선정하는 것은 매체 유형에 따른 표현 및 정보생성 방식, 언어 양식에 따른 소통목적, 문화양식에 따른 장르별 분류 등에 따라 다양하다.

매체언어의 분류는 매체언어에 대한 정의만큼이나 다양한 관점과 해석이 존재한다. 이러한 시도는 여러 사람들에 의해 이루어졌는데, 최미숙(2007: 90)에 의해 정리된 것을 보면 다음과 같다.

- 매체 유형에 따른 분류
  인쇄매체(신문, 잡지: 보도기사, 시사만화, 만화, 광고)
  방송매체(라디오, 텔레비전: 뉴스, 시사보도, 드라마)
  영상매체(영화, 사진 등)
  인터넷매체(인터넷 신문, 게시판, 커뮤니티, 개인 홈피)

- 언어활동 목적에 따른 분류
  정보전달과 설득(뉴스, 칼럼, 광고와 사진, 기획물)
  심미적 정서표현(영상물, 대중가요, 사이버문학, 만화, 오락물)
  사회적 상호작용(웹 게시물, 온라인 대화, 메일, 문자)

• 장르별 분류

　뉴스(신문, 라디오, 텔레비전, 인터넷)

　서사(TV 드라마, 영화, 애니메이션)

　광고(신문, 잡지, 텔레비전, 인터넷)

　만화(책, 신문, 인터넷, 텔레비전)

　다큐멘터리(신문, 잡지, 라디오, 텔레비전, 인터넷)

　위 유형 분류 중 어떤 방식을 선택하느냐는 학습요소와 대상을 어떤 것으로 선정하느냐와 밀접한 관련이 있다. 매체언어의 담화 수준과 범위를 선정하는 것은 매체언어교육이 지향하는 성취기준 방향에 따라 결정된다. 2011년 교육과정은 듣기·말하기/쓰기/읽기의 실제에서 다루게 됨으로써 국어교과 체계 속에서 담화 텍스트를 선택하게끔 되어 있다. 만약, 2015년 개정되는 교육과정에서 선택교과목으로 매체 관련 과목이 생긴다면 기능적 문식성, 비판적 문식성, 문화적 문식성의 체계 속에서 학습 요소들을 배치해야 한다.

2. 매체언어 교수학습 방법 및 절차

2.1. 교수학습 방법 설정의 기본 원리

'매체언어교육의 교수·학습 방법'이란 무엇을 의미하는 것일까? 흔히 들어왔고 무심결에 사용하는 말이지만 딱히 "이것이다"라고 말하기가 쉽지는 않다. 교수체제설계(Instruction Systems Design)를 의미하는 것인지, 수업 주제의 구체적인 활용 절차를 말하는 것인지, 아니면 둘 다 포함하는 것인지 꼬집어 말하기 애매하다. 지금까지 연구경향으로 볼 때, 매체언어교육에 대한 대부분의 논의는 개념이나 유형설정, 내용범주 설정, 미디어 리터러시에 대한 것이 아니면 현장교육 중심의 테마 중심의 단편적 활용사례에 관한 것이 많았다. 매체언어교육의 방법에 대한 체계적 연구는 흔치 않았다. 이런 점에서 최근 나온 김성희(2013)의 연구는 주목할 만하다.

평범한 문맥상의 의미는 '교사가 매체언어를 학생들에게 가르치는 데에 있어서 필요로 하는 교수와 학습의 방법'이라 할 수 있다. 여기서 교수란 학습이 발생할 수 있도록 하기 위해 학습자에게 도움을 주는 의도적이고 계획적인 활동을 계획하고 관리하는 과정(Corey, S. M., 1967)이며, 학습이란 학습자가 주어진 환경 속에서 일으키는 행동의 변화를 말한다(Hillgard, E. R. & Bower, G. H., 1975).

그럼 방법이란 무엇인가? 방법의 사전적 의미는 어떤 목적을 달성하기 위한 수단이다. 매체언어교육에 관련된 방법이라면 매체언어를 교수학습시킬 목적으로 사용되는 수단일 것이다. 여기서 목적이란 현재의 입장에서 성취해야 할 대상이 되고, 수단은 목적에 도달하기 위해 필요한 이론적 지식이나 실천 행위일 것이다. 가령 국어과 쓰기영역에서 인터넷을 활용한 전자 글쓰기 수업을 하고자 한다면, 전자 글쓰기라는 목적을 성취하기 위해, 1) 컴퓨터 활용 수업의 타당성을 뒷받침할 교육이론이 있어야 하고 2) 인터넷 및 전자 글쓰기에 대한 지식과 전략이 있어야 하고, 3) 그리고 나서 실제 수업시간에 컴퓨터로 쓰기를 해보는 실천이 따라야 할 것이다.

따라서 매체언어의 교수학습 방법은 교사가 학습자에게 매체언어에 대한 의도된 학습을 시키기 위해 설계하고 관리하는 이론적 지식이나 실천행위하고 할 수 있다.

이것이 실현되기 위해서는 매체언어가 무엇인지, 매체언어교육이 무엇인지에 대한 성격과 교육목표가 설정되어야 하고 이에 따른 내용체계가 갖추어져야 한다. 지금까지의 매체언어교육에 대한 연구와 방법론은 무엇을 가르칠 것인가에 대한 명확한 근거를 마련하지 않은 채 시대적 필요성에 의해 이렇게 가르칠 수 있다는 관점에서 학교교육에 적용되어 왔다. 내용과 일치하지 않는 방법이 만들어지고, 만들어진 방법은 이론이나 모형, 전략의 부재 속에 실천부터 선행되었다. 마치 구형 CD플레이어에 디브이디를 넣고 돌리는 모양새처럼 어색한 경우가 적지 않았다. 매체언어의 특성상 교수학습 방법이 매체유형(인쇄, 영상, 전자매체)이나 텍스트 양식(뉴스, 광고, 대중가요, 만화 등)에 맞추어 구안되는 것이 일반적이다 보니 두 가지를 아우를 수 있는 방법론을 찾기가 쉽지 않았다. 그 결과 활동 중심의 에피소드식 사례가 주류를 이룰 수밖에 없었다.

2.1.1. 상보적 매체관

매체언어 교수학습은 매체의 언어성 교육과 매체의 활용성 교육이 상보적 관계 속에서 이루어지는 것이어야 한다. 매체언어교육을 매체 텍스트 교육으로만 인식해서는 안 된다. 매체를 텍스트의 관점에서만 바라본다면 굳이 '매체언어'라는 매체 친화적인 성취기준을 내용을 삽입할 필요가 없다. 인터넷과 같은 신종 매체가 등장했다고 해서 언어의 본질은 하나도 변하지 않았고, 다만 소통과 생산방식이 다양해졌기 때문에 그것만 추가적으로 수용하면 된다는 식으로 생각할 수 있기 때문이다. 과연 그런가? 언어의 본질이 새로운 매체의 등장으로 인해 하루아침에 바뀌지는 않을 것이다. 그러나 매체의 진화는 언어를 대신할 수 있는 다양한 기호들을 생산해 내고 때론 언어의 기능들을 변형하거나 무력화시키기도 한다.

과거에서부터 현재까지 국어교육이 매체와 아무런 관련 없이 이루어진 적은 없다. 모든 교수학습은 매체와의 상관성 속에서 이루어졌다. 그럼에도 최근에 와서 굳이 매체를 강조하는 이유는 무엇 때문일까? 이는 뉴미디어의 존재를 부정할 수 없기 때문이다. 뉴미디어는 앞선 시대에 등장한 모든 매체의 특징을 포괄하고 있다는 점에서 보편성을 가지고 있으면서도, 예측이 쉽지 않는 새로운 환경들을 제공한다. 우리의 판단 너머에 있는 새로움은 낯설음과 동의어가 된다. 낯설어도 도구는 도구이며, 도구 친연성이 새로운 언어현상을 교수학습을 통해 이해할 수 있게 한다.

국어과 교육과정에는 '방법'에 대한 부분을 교수학습계획, 교수학습운용으로 나누어 놓고 있다. 이 부분에 대한 지침은 매우 포괄적이어서 교육과정 내용을 수업에 적용할 때 야기될 수 있는 제반 문제를 담고 있다. 참고로 2007년 교육과정 개정시에 공개되었다가 2009년 교육과정에서 사라져버린 가칭 〈매체언어〉과목의 교육과정이 시사하는 바가 있어 소개하면 〈표 1〉과 같다.

<표 1> 매체언어 교수학습 방법

방 법
가. 교수·학습 계획
(1) 국민 공통 기본 '국어' 과목의 '듣기', '말하기', '읽기', '쓰기', '국어지식', '문학' 영역에서 학습한 매체언어 관련 내용을 통합적으로 심화하기 위한 교수·학습을 계획함으로써, 심화 과목으로서의 성격을 살린다. (2) '화법', '독서', '작문', '문법', '문학' 등 국어과의 다른 심화 과목과의 연계성을 살릴 수 있도록 교수·학습 계획을 수립한다. (3) 매체언어에 관한 지식, 수용과 생산 어느 한쪽에 치우치지 않도록 교수·학습 계획을 수립한다. (4) 사회적으로 이슈가 되는 다양한 매체언어 현상을 활용하여 일상생활 속에서

매체언어에 대한 수용과 생산 능력을 익힐 수 있도록 계획한다.

(5) 획일적인 매체언어 능력이 아니라 개인별로 주체적이고 독창적인 매체언어 능력과 태도를 지닐 수 있도록 계획한다.

나. 교수·학습 운용

(1) 매체를 활용한 교육이 아니라 매체언어에 관한 교육이라는 점에 유의하여 수업을 운영한다.

(2) 매체 텍스트의 유형, 특성, 상황 등에 따라 교사 중심, 학생 중심, 협동 학습 등 다양한 방식으로 수업을 운영한다.

(3) 매체 텍스트의 생산은 결과물 자체 혹은 기술적 완성도에 목적이 있는 것이 아니라, 비판적 수용과 심미적 향유, 사회적 소통과 창의적 문화 생산을 위한 것임을 염두에 두어 지도한다.

(4) 매체 텍스트를 생산할 때에는, 완성도 높은 매체 텍스트의 생산, 높은 기술 수준이나 복잡한 기술의 활용보다는 기초적이면서도 다양한 활용이 가능한 표현 기법, 아이디어 착안 능력 등에 초점을 두어 지도한다.

(5) 일상생활에서 접하는 다양한 매체 텍스트를 활용하여 학생 스스로 분석하고 평가하며, 변용하고 생산할 수 있도록 다양한 기회를 제공한다.

실제 이 교육과정은 교과서 개발로까지 이어지지 못했지만, 말하기/듣기/쓰기/읽기/문학/문법의 제 영역에 걸쳐 어떤 때는 성취기준으로, 어떤 때는 내용 요소로 자리잡았다.

제시된 내용 중 매체언어 교수학습의 관점에서 주목되는 몇 가지를 정리하면 다음과 같다.

1) 매체언어에 대한 지식 및 수용과 생산을 대등하게 취급할 것

2) 전범적 언어보다 일상적 언어를 교육대상으로 할 것

3) 매체를 활용한 교육이 아니라 매체언어교육이 되게 할 것

4) 매체의 특성을 살린 교수학습모형을 활용하여 다양한 수업을 할 것

5) 매체언어 생산에 있어 기술적 완성도를 지양하고, 다양한 표현기법과 아이디어를 통해 비판적 수용과 심미적 향유, 사회적 소통과

창의적 문화 생산이 이루어지게 할 것

6) 학습자 주도적인 학습 기회 제공할 것

위 교육과정안에 의하면 매체언어교육과 매체를 활용한 교육이 별개의 것인 양 표현되어 있다. 매체를 활용한 교육과 매체언어교육을 굳이 분리해서 매체언어교육은 "매체를 활용한 교육이 아니다"는 식으로 단정지울 필요가 있었을까?

매체의 특성상 매체언어 교수학습은 소통, 변용, 제작과 같은 매체활용교육으로 실현된다. 언어의 형식이 어떤 것이든 간에 그 구현은 매체를 활용해서 구성될 수밖에 없다. 매체의 언어성만을 강조했을 때, 모든 언어는 매체로 실현된다는 점에서 일반 수업과 하등 다를 것이 없다. 매체언어의 특성을 살린 방법이란 존재하지 않는 것이나 마찬가지이다. 이는 언어가 가진 동태성과 매체가 가진 진화성을 간과하는 결과를 초래하는 것이다. 뉴미디어의 등장은 주어지는 매체 텍스트보다 텍스트를 생산해 내고 수용하는 상호작용의 활용과정을 더 중시한다. 상호작용의 과정은 주어진 매체만을 통해 이루어지는 것이 아니라 학습자의 매체 선택에 대한 주도적 행위를 통해 이루어진다. 이것은 미디어 리터러시를 넘어 창의적 언어 구조물의 생산과 제작의 단계로 나아가게 하는 것이다. 그러기 위해서는 국어교육에도 컴퓨터 프로그램 활용, 부분적 코딩 작업, 영상 제작 기법과 같은 소프트웨어 부분에 대한 교육도 병행되어야 한다.

2.1.2. 매체언어의 교수학습 위계

매체언어에 대한 교수학습은 친숙한 매체로부터 낯선 매체로, 양식성이 비교적 간명한 매체로부터 복합적인 매체로, 그리고 단일매체로부터 다중혼성매체로 옮겨가면서 실천수준을 설정하는 것이 바람직하다. 교수학습을 위한 실천내용을 살펴보면 다음과 같다.

・**기본적 수준: 〈지식-이해 단계 교수학습〉**
기본적 수준의 교수학습은 1) 매체언어의 기호적 특성, 소통원리와 방식에 관한 것, 2) 매체 유형별 표현 방식 혹은 태도의 차이 3) 매체를 둘러싼 의미 주체들의 특성 및 의미작용 이해와 같은 것을 대상으로 해서 이루어진다. 이 단계에서는 학습자로 하여금 매체언어에 대한 규범이해, 매체 친숙도를 통한 소양 증진, 원리이해와 같은 적극적 행위를 통해 효과성 증진을 위한 사고 활성화가 이루어지도록 한다.

・**발전적 수준: 〈비판-수용 단계 교수학습〉**
발전적 수준의 교수학습은 다양한 매체들을 대상으로 매체언어, 매체언어현상, 매체언어활용과 같은 실천적 작업이 실제 일어나게 하는 것이다. 이 단계는 학습자의 매체경험을 통해 매체를 분석하게 하고 그 결과를 비판적으로 수용할 수 있게 지도한다.

・**심화적 수준: 〈표현-변용 단계 교수학습〉**
심화적 수준의 교수학습은 매체를 통해 언어 표현(쓰기)을 하거나 새로운 언어구조물의 구축을 위해 다양한 아이디어를 생산하고 설계(스토리보드)하는 능력을 기르게 하는 단계이다. 이 단계는 텍스트 생산이 단순한 언어적 표현 전략에만 국한되는 것이 아니라 어떤 매체를 통해 표출하느냐 하는 매체선택과 밀접한 관련성이 있음을 인식시킨다.

창의적인 의미생산을 위해서는 다양한 매체실험이 필요하며, 매체의 관점에서 의미를 재구성하는 사고실험도 필요하다. 완성도가 높은 텍스트가 언어적 아이디어의 표출로만 끝나는 것이 아니라 다양한 형식의 메시지(음향, 사진, 만화, 영상 등)와 조화를 이루면서 상상력을 펼칠 수 있게 한다. 나아가 매체 특성을 반영한 텍스트 변용작업이 이루어지도록 한다. 그 결과 매체와 텍스트의 상호관련성 및 매체 비교를 통한 언어의 형상성과 전언성 차이를 알게 한다.

• 최상위 수준: 〈매체적 상상력 구현-제작 단계 교수학습〉

최상위 수준은 매체적 상상력이 구현되게 하는 단계이다. 매체적 상상력은 문학적 상상력과는 달리 상상한 것이 매체적으로 구현되어 시각적으로 확인되는 것을 말한다(예를 들면 게임, 애니메이션 산출물 등). 이 과정에서 기술적인 테크닉이 필요할 수밖에 없는데 모든 학습자가 이 능력을 다 가지는 것은 아니다. 그렇다고 이를 국어과의 영역 밖이라고 내팽개칠 이유는 없다. 오히려 문학적 상상력과 매체적 상상력의 접점을 마련해 주는 것이 바람직하다.

매체 문식성의 입장에서 볼 때, 기본적 수준은 기능적 문식성을, 발전적 수준은 비판적 문식성을, 심화적 수준과 최상위 수준은 문화적 문식성을 의미한다(매체 문식성에 대해서는 하숙자, 2007: 61~68 참조).

매체언어교육에서 학습능역이란 무엇일까? 교육과정에서 제시한 것처럼 "심미적 매체 텍스트의 창의적인 표현방식의 이해 혹은 감상, 변용하여 생산하고, 문화적 맥락을 고려한 텍스트 생산"이라면 과감하게 매체를 통해 자유로운 상상력을 구현하게 해 줄 수는 없을까? 이 경우, 언어적 표현은 물론이고 음악, 디자인, 영상과 같은 타 분야의 문법을 수용해야 하다는 문제가 생긴다. 다른 학문 분야와 경계되는 영역에 대한 거부감 내지는 불안감이 있을 수 있다. 그러나 뉴미디어는 혼성적(Hybird)·퓨전적(Fusion) 특성을 가지고 있어 "언어만 선별해야 된다."는 인위적인 제한은 오히려 부자연스러울 수 있다. 매체언어교육이라 해서 매체의 언어적 측면만 선택해서 교육적 대상으로 삼아서는 안 된다. 언어를 둘러싸고 있는 음악, 그림, 영상, 사진과 같은 것도 수단적인 관점에서 같이 다루어야 한다. 특히, 뉴미디어는 Fusion, Hybird적 속성을 가지고 있기 때문에 굳이 "언어적 속성"만 추출한다는 것은 메시지로서 의미를 상실시킬 수 있다. 창이 제거된 시조의 무미한 맛을 대중가요를 활용한 교육에서 또 반복할 수는 없지 않는가? 국어과라는 도그마에 지나치게 집착하여 과목의 독자성만을 강조할게 아니라, 언어사용 외연을 확대한다는 측면에서 과감하게 매체적 상상력이 구현되는 교수학습이 되도록 해야 한다.

따라서 매체언어 생산과정에 있어서 기술적 수준에 대한 제한은 굳이 할 필요가 없다. 지금 현재의 시점에서 시간과 노력이 투입되는 기술적 부분도 몇 년 후에는 상식적 행위로 인식될 수 있다. 생산 결과물의 창의성에 대한 판단을 꼭 언어적 관점으로만 바라볼 필요도 없다. 제도권교육으로서의 국어의 역할은 옛날처럼 언어에만 제한된 것이 아니다. 제도권에 편입되지 못한 영화, 연극, 미디어, 애니메이션 등과 같은 학문 분야의 요구도 제한적으로 수용해야 할 의무가 있다. 매체를 활용한 언어 생산이라는 것이 종이에 결과물을 써 내는 것이 아닐 바에야, 어차피 테크놀로지의 원리에 따라야 하고 그것의 결과물은 국어적 관점이 아닌 매체적 관점에서 판단해야 필요도 있다. 즉, 대상으로서의 매체언어 뿐만 아니라 수단으로서의 매체언어에 대한 관심도 등가적인 관점에서 수용해야 한다.

이 단계에서는 학습자의 매체적 상상력 구현에 필요한 다양한 예술장르의 문법과 기술적 기능들을 제한적이나마 효과적으로 활용하여 완성도 있는 매체언어 구조물을 제작할 수 있게 한다.

2.1.3. 온·오프라인 연계 교수학습: Blended Learning

매체언어 교수학습은 매체가 제공하는 On, Off-line이라는 언어 소통구조를 활용공간으로 하면서 수단으로서의 매체와 대상으로서의 매체를 모두 포괄한다는 전제하에 설계되고 조직되어야 한다. 학습자는 교실/교실 밖을 넘나들면서 매체언어 이해와 감상, 매체언어 비판과 참여, 매체언어 생성과 제작과 같은 언어활동을 한다. 특히 On-line 소통공간을 활성화시킴으로써 학습자로 하여금 매체 선택과 체험의 폭을 넓힐 수 있도록 한다. 매체언어 교수학습은 주어진 학습자료를 대상으로 한 소극적 학습도 있지만 홈페이지, 미니 홈피, 블로그, UCC, PCC 제작하는 적극적인 구성 행위를 통해서도 이루어진다.

2.1.4. 학습자의 역할

매체언어 교수학습은 매체를 통해서 구현되는 언어, 문화, 문화현상, 언어문화 현상에 대한 사회적 맥락 등을 대상으로 이루어진다. 교수학습 대상으로서의 주제는 매체(혹은 매체로 구현된 콘텐츠)이며, 이것의 운용자는 학습자와 교사가 될 것이다. 그런데 매체언어 교수학습 상황에 있어서의 학습자는 콘텐츠(매체언어)의 생산자이자 소비자이며 유통자이다.

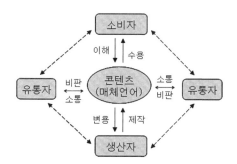

〈그림 1〉 매체언어 교수학습 상황에서의 학습자 성격

소비자로서의 학습자는 소극적인 태도를 가지며 단순히 제시된 콘텐츠를 수용하거나 비판하는 차원의 활동을 한다. 유통자로서의 학습자는 능동적인 태도를 가지며 콘텐츠에 대한 비판적 사고를 가지고 소통활동에 참여한다. 생산자로서의 학습자는 적극적인 태도를 가지며 직접 콘텐츠를 변용하거나 제작하는 생산적인 활동을 한다.

생산자가 유통의 효과를 극대화시키기 위해서는 다양한 방법의 코디네이션을 부가할 수밖에 없다. 학습자가 생산한 콘텐츠가 의미 있고, 특징적이고, 새롭고, 유익한 것이 아니라면 여러 사람에게 유통되는 선택을 누리지 못한다. 학습자의 입장에서 볼 때, 산출물의 생산과정에서 이미 이 부분을 의식적으로나 무의식적으로나 반영하고자 할 것이다. 많은 홈페이지나, 블로그, UCC 등이 똑 같지 않고, 더 많은 사람들에게 자기만의 독창성을 보여주기 위해 꾸며져 있는 것이 이를 반증한다. 특히, 매체언어교육에서는 학습자의 적극적이고 능동적인 활동을 통한 교수학습이 이루어질 수 있도록 해야 한다.

2.2. 매체언어 교수학습모형 및 설계

2.2.1. 교수학습의 관점

매체언어교육은 교실에 유무선 정보통신기술을 도입하여 수업의 역동성, 다양성, 창의성을 가져와 궁극적으로는 교수학습의 질적 향상을 도모하고자 하는 것이다. 교육에서 필요로 하는 정보통신기술은 그것의 원리나 이론이 아니라, 최종 산출물로써의 학습 도구인 매체에 해당하는 것이다. 흔히 우리가 말하는 PC 혹은 모바일 폰을 비롯한 다양한 정보통신 매체들이 이에 해당된다.

따라서 매체언어교육의 중핵은 학습목표 성취를 위한 매체선택의 적절성 여부와 이것의 활용 방법의 적합성 및 교사-학습자 간의 상호작용성에 모아질 수밖에 없다. 그러기 위해서는 무엇보다도 교과목의 특성을 살린 매체활용이 되어야 한다. 즉, 교육적 보편성과 교과목의 독자성 사이의 접점이 모색되어져야 하는 것이다. 매체활용이라는 교육적 보편성을 지나치게 강조할 경우에는 활용 도구로써의 첨단 매체에 무게 중심을 두어 언어와 언어 사용에 관한 국어교과적 특성이 소홀히 취급되어질 수 있다. 교육정보화 초기에 흔히 경험했던 것으로 매체를 이용한 화려한 수업 뒤에 찾아오는 방향성 상실의 공허감이 이에 해당한다. 반면에 국어교과목의 독자성을 지나치게 강조할 경우에는 다른 교과목에서 일반화된 교수학습 방법을 수용하지 못하는 오류를 범할 수 있다. 아직도 국어교육을 인쇄매체 중심의 문법과 문학으로 이해하거나 정전적 교재관을 가진 경우가 이에 해당한다.

이런 오류를 극복하기 위해서는 매체언어를 말하기/듣기/읽기/쓰기/문법/문학과 같은 국어과 내용영역의 하나로 보고 접근해야 한다. 그래야만 매체언어교육이 도구 중심의 매체 수업이 아닌 매체를 통해서 구현되는 언어, 언어현상, 언어활용 교육으로 진행될 수가 있다. 다음은 교육대상, 교육내용으로 구분해 본 국어교육에 있어 매체교육의 관점에 대한 분류표이다.

〈표 2〉 매체에 대한 국어교육의 관점

구분	매체교육	매체언어교육
교육대상	매체 -하드웨어, 소프트웨어 -매체 기법 및 문법	매체언어 -언어성, 언어양식 -전언적, 형상적, 상호소통성 관점
교육내용	매체 특성과 유형에 따른 코딩 및 제작 전략 설정	-매체언어별 소통기제 -매체언어의 수용과 비판 -매체언어의 생산과 공유

1. 매체교육은 물리적 형상체로서의 매체의 특성과 기능, 그리고 조작적 행위에 관한 교육을 말한다. 매체교육은 매체 문식성 (Media Literacy)을 획득하게 하는 소양교육으로 모든 교과에서 갖추어야 할 기본 자질이 된다.

2. 매체언어교육은 매체에서 표출되는 기호(언어, 비언어)를 교육대상으로 삼아 그것의 언어성에 관한 교육을 하는 것을 말한다. 국어교육에서의 매체언어교육은 매체언어의 전언성(傳言性)에 주목하여 1) 전언 내용의 이해와 2) 전언 내용을 수신하는 독자의 지적 수준과 관심에 대한 분석 및 제고(提高)를 주된 교육의 내용으로 삼는 한편, 매체언어의 형상성(形狀性)에 주목하여 1) 글의 형식이나 표현 방식이 갖는 표현 효과에 대한 이해와 2) 필자가 특정한 글의 내용이나 표현 방식을 위해 특정 매체를 선택하게 된 배경이나 의도, 목적 등을 주된 교육 내용으로 삼게 된다. 이는 다른 교과목에서는 전혀 다루어지지 않는 국어교과만의 독자적인 부분이다.

3. 매체언어교육은 매체에 의한, 매체언어를 통한 언어 활용교육이라고 할 수 있다. 매체교육이나 매체언어교육이 필요한 것은 매체를 통해 의사소통되거나 표현되는 정보(내용과 형식)에 대한 이해를 돕기 위함이다. 매체언어교육에서는 지적, 정의적 정보의 표현이나 전달을 위해 선택된 매체언어의 특성이나 양상, 그리고 그것이 지닌 심리적, 사회문화적 의미를 '읽게' 한다. 다시 말해 매체를 거쳐 매체 생산자를 읽고 다시 사회와 문화를 읽게 한다는 것이다. 여기서 매체언어교육은 실현된 매체언어뿐 아니라 실현 과정에 있는 매체언어를 함께 본다.

이상의 논의를 종합하면 국어과 매체언어교육의 연구 중점과 교수학습 방법의 방향은 다음과 같이 제시된다.

1. 매체언어교육은 국어교과라는 과목의 독자성과 매체활용이라는 교수학습 방법의 보편성 사이의 접점 중 국어교과의 특성을 반영하는 쪽으로 진행되어야 한다. 예를 들면 다음과 같은 것들이다.

1) 소설 주인공에게 메일 보내기
2) 게시판을 활용한 댓글 쓰기를 통한 반응적 글쓰기
3) 채팅을 통해 주제 구축하기, SNS를 통한 의사소통
4) UCC제작을 통한 문화적 문식성 교육하기
5) 디지털 스토리텔링 방식의 표현하기

2. 국어과 매체활용교육은 매체 그 자체가 아니라, 매체를 통해 구현되는 언어현상, 언어사용기능, 언어 산출물을 다루는데 활용되어야 한다.

1) 언어현상은 하이퍼텍스트 원리(비선조성), 말하기를 대신한 구어적 표현, 기호적 언어(이모티콘), 베너와 같은 공감각적 언어, 디지털 스토리텔링과 같이 매체의 변화에 따른 언어성의 변화와 변용을 말한다.
2) 언어사용기능은 매체의 변화에 따른 읽기의 변화(속독, 발췌독, 가벼운 읽기, 찾아가며 읽기 등)와 쓰기의 변화(반응적 글쓰기, 상호작용 글쓰기) 및 동시적 언어수행(보면서 쓰기/읽으면서 쓰기/말하면서 쓰기 등)과 같은 언어사용기능의 변화를 말한다.
3) 언어 산출물은 매체언어교육을 통해 얻어지는 모든 언어자료를 교재의 차원에서 다루는 것으로, 특히 학습자에 의해서 만들어진 생성언어자료(상호작용 언어자료, 제작매체 언어자료)를 주요 학

습의 대상으로 삼는다. 문학에 활용할 경우, 문학적 경험의 창조적 표현의 일환으로 매체변용을 적용해 볼 수 있다. 가령 패러디하기, 영상매체로 표현하기, 웹 문서로 표현하기, 웹 채팅을 통한 소설 결말 재구성하기, 릴레이 소설 쓰기, 광고 제작하기 등과 같은 활동이 가능하다.

3. 국어과 매체언어교육은 비판적 사고력 신장, 정보 수집을 통한 문제 해결능력 강화, 텍스트 상호성 이해, 전자 문서 제작을 통해 매체 표현 능력 신장과 같은 국어교과의 지향점과 부합되는 방향으로 이루어져야 한다.

4. 단원 적합성을 충분히 고려해야 한다. 매체 친연성과 효과성이 예상되는 단원과 학습목표에 한하여 적용해야 한다.

2.2.2. 교수학습 상황분석

교수·학습 방법은 '모형-전략-설계'의 단계를 통해 구안되며 최종적으로는 수업시현을 통해 구체화된다. 일반적으로 교수·학습 방법은 정형화된 틀인 모형을 활용하게 되지만, 수업을 둘러싼 다양한 변인에 의해 적합성 혹은 적절성 여부가 재검토되기도 한다. 가령 국어과의 일반수업모형(예를 들면, 직접교수법, 문제해결학습, 협동학습, 역할놀이학습, 프로젝트학습, 자원기반학습 등)이 ICT라는 정보통신기술 변인에서도 최적화되리라는 법은 없는 것이다.

따라서 국어과의 특징을 살리면서도 매체 변인을 고려한 모형의 개발과 적용이 뒤따라야 한다. ICT를 활용한 수업은 다른 일반적인 교수·학습 매체를 투입한 것과는 많이 다르다. 그것은 교육 내용의 생산과 소통이 교실이라는 제한된 공간에 국한되는 것이 아니고 교실, 커뮤니티, 네트워크 쪽으로 확산되면서 담론, 문화 양식, 가치, 제도, 이데올로기 등에 관한 것을 포함할 수밖에 없기 때문이다. 이 과정에서 일어나는 각종 언어사용 및 활동이 국어 교육의 대상이 되지만 교사의 통제를 넘어서는 상황을 전제로 해야 한다는 점에서 조심스런 접근이 필요하다.

국어과 매체언어교육이 진행되기 위해서는 다음과 같은 점이 고려되어야 한다.

- 수행과제는 어떤 성격을 가진 것인가?
- 어떤 수업환경 모델에서 활용할 것인가?
- 어떤 교수·학습의 형태를 선택할 것인가?
- 교수·학습은 어떤 절차를 통해 이루어지는가?

1) 과제의 성격

학습과제는 구조화된 문제와 비구조화된 문제가 있는데 단원의 성격을 고려하여 선택한다. 구조화된 문제는 개념이나 원리의 적용을 요구하는 문제로 초기의 상태가 잘 정의되고 도달하고자 하는 목표가 명확하게 드러나는 것으로, 대부분 교과서에 나오는 응용문제나 단순한 적용문제들이 여기에 속한다. 예를 들자면 '한글 창제 원리 알기', '김소월의 생애 알기'와 같은 주제는 매체 특성과 관계없이 그 답이 일반화된 경우로 굳이 매체를 활용할 필요가 없다.

반면 비구조화된 문제는 문제와 관련된 상황이나 요소가 잘 정의되어 있지 않고, 문제 상황이나 문제 해결에 필요한 정보가 충분히 포함되어 있지 않은 경우로 일상생활에서 직면하는 문제와 같은 맥락이지만, 일상생활과 연결되어 있기 때문에 훨씬 흥미 있고 학습자에게 유의미한 것을 말한다(최정임, 1999: 358). 예를 들자면 '한글 순화를 위해서 우리가 할 일에 대해 알아 봅시다'와 같은 주제는 정답이 하나로 정해진 것이 아니다. 학습자들의 다양한 활동(매체 이용)을 통해 서로 다른 결론에 도달할 수 있는 것이다. 이런 비구조화된 과제라야 매체활용 국어교육에 적합하다.

2) 교수학습의 공간

매체활용수업에 앞서 먼저 고려되어야 할 점은 매체를 활용한 다양한 수업환경 중에서 어떤 모델을 선택할 것이냐 하는 점이다. 매체활용과 관계된 수업환경 모델은 다음의 세 가지로 나누어 볼 수 있다(아래 수업환경 모델은 최병우·이채연·최지현(2000: 68~73)의 글에 있는 것으로, 이는 공동연구자 최지현 교수의 견해임을 밝혀둠).

• 일반 수업환경 모델

'일반 수업환경 모델'(〈그림 2〉)은 매체 지향의 교육적 상호작용이 이루어지는 수업환경이다. 교사는 교수–학습과정을 통해 학습자들이 매체에 주목하게 만든다. 여기서 매체는 전통적인 방식의 칠판이나 교과서, 그리고 양식화한 매체들(영화, 연극, 회화, 컴퓨터 프리젠테이션 등)이다. 어떤 경우이든, 매체는 규범적인 것으로서의 대상성을 지니며, 교사는 매체와 학습자의 관계를 조정하고 통제하는 관리자의 역할을 맡게 된다. 매체활용의 경우, 교실에서 이루어지는 교사 주도의 프리젠테이션 수업이 이 경우에 해당된다. 직접교수모형을 적용하고자 할 때 적절하다.

〈그림 2〉 일반 수업환경 모델(A)

• 병렬식 수업환경 모델

'병렬식 수업환경 모델'(〈그림 3〉)은 교사가 매체와 학습자를 매개하는 것이 아니라 매체가 교사와 학습자를 매개하는 것으로 설정된 것이다(이 경우 매체는 컴퓨터로 단일화된다. CMC: Computer-mediated Communication). 이 모델은 CAI나 WBI, 스마트 러닝 기반 교육 프로그램을 개발하는 상당수 교육기관 및 개발업체들에 의해서 이미 실용화되고 있다. 가령 가상교육 프로그램 같은 것이 여기에 해당된다. 가상공간에 독립된 플랫폼을 가진 홈페이지를 개설하고 이곳이 교수·학습의 서버가 되게 하는 것이다. 이 모델 역시 학습자가 홈페이지에 반드시 접속해야 교수·학습이 이루어질 수 있다는 점에서 교사에 의해 학습자의 통제가 잘 이루어진다. 학습자들은 매체를 통해서 계획된 프로그램을 만나게 되며, 이것은 교사에 의해 상시적으로 점검될 수 있다. 다만 대부분의 교수·학습이 가상의 공간에서 이루어진다는 점에서 교실 이외의 수업에 활용할 수 있다. 사이버학습이나 과외가 여기에 해당한다.

교사가 병렬식 수업환경 모델을 적용하려 할 경우에는 자신만의 홈페이지(사이버 수업이 이루어질 수준의 플랫폼을 갖춘 것)를 통해서 교실 외 수업을 진행하고, 교실에서는 그 결과를 분석, 토론, 학습하는 데 이용해야 한다.

〈그림 3〉 병렬식 수업환경 모델(B)

· 분산체제 수업환경 모델

'분산체제 수업환경 모델'(〈그림 4〉)은 '일반 수업환경 모델'과

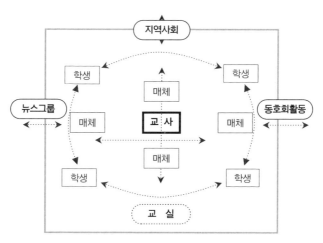

〈그림 4〉 분산체제 수업환경 모델(C)

'병렬식 수업환경 모델'의 특징을 모두 가지고 있으면서 교수·학습의 대상과 범위 그리고 매체 선택의 폭이 훨씬 확장 분산된 경우를 말한다. 이 모델의 교수·학습은 교사의 역할이 축소되고 학습자의 자율성이 대폭 확대된 형태로 진행된다. 매체는 단순히 컴퓨터에만 국한되는 것이 아니고, 인쇄매체, 방송매체, 모바일 매체까지를 포괄하는 복합다중미디어체계를 가진다.

이 '분산체제 모델'은 매체를 통한 교육적 상호작용이 커뮤니티의 형성과 그 속에서의 참여를 조건으로 이루어진다는 것이다. 여기서 교사는 교실 안과 밖에서 학습자들이 맺게 되는 다양한 상호작용을 교육적인 것으로 이끌도록 안내자이자 조력자의 역할을 수행하게 된다. 학습자들은 교실 안에서, 그리고 교실 밖의 동호회나 뉴스그룹에서, 지역·국가사회 등에서 교육적 상호작용에 다양한 방식으로 참여하게 되는데 그 과정에서 만들어진 언어는 '생성언어자료'로서 국어 교수·학습의 대상이 된다. 이것을 매개하는 매체들은 단일하지 않으며, 오히려 각각의 것들이 다른 커뮤니티의 중심적 역할을 하는 매체들에 공조할 수 있다. 학습자의 입장에서 보면 매체 선택과 활용의 폭이 앞의 두 모델에 비해 훨씬 확장된 것이고, 교사의 입장에서는 학습자 통제가 매우 힘든 상태이다.

수업목표나 교수·학습에 필요한 것이라면 그 어떤 매체라도 다양하게 활용될 수 있으며, 학습자의 활동도 자율성을 가지고 이루어진다. 이 모델에서의 교사의 역할은 학습자의 다양한 교육활동을 교실 공간으로 끌어와서 목표에 접근하도록 조정, 통제, 지도하는 것이다. 교사가 굳이 홈페이지를 갖고 있지 않아도 이 수업은 가능하다는 장점이 있다. 이 수업환경은 협력학습모형, 문제해결학습모형, 창의성계발학습모형, 프로젝트학습모형 등을 적용하고자 할 때 적합하다.

예를 들면, "국어오용사례 조사하기"라는 주제를 학습자에게 제시했을 때 학습자는 채팅언어 조사(커뮤니티 활동-인터넷 매체), 광고언어 조사(텔레비전, 인쇄매체), 길거리 간판조사(사진기, 캠코더), 사람들의 인터뷰(캠코더, 녹음기)와 같이 다양한 활동을 각기 특성을 살린 매체를 통해 수행할 수 있다.

3) 교수학습 형태

매체언어교육 수업은 어떤 교수·학습 형태를 취하느냐에 따라 예측과는 다른 수업사태에 직면할 수가 있다. 연구과제의 성격과 수업형태의 친연성 여부를 검토해야 한다. 이에는 개별학습, 협동학습, 상호작용 학습 등이 있다.

개별학습은 학습자 개개인이 동일 과제를 각각의 문제해결 방식으로 수행하는 방법이다. 가령 교사는 같은 주제를 구성원들에게 제시하고 학습자는 주어진 과제를 자신의 능력에 맞게 풀어가는 것이다. 일반적으로 활용되는 구조화된 과제 수행이 여기에 포함된다.

협동학습은 학습자가 소집단을 구성하여 구성원 간 협력을 통해 문제를 해결하는 학습 방법이다. 협동학습은 서로의 협조와 도움을 통해 학업성취 능력이 향상될 수 있으며 협력적 경험을 통해 사회적·정의적 협력기술이 발달될 수 있다는 점, 그리고 실제 상황에서와 유사한 형태의 학습과정을 경험할 수 있다는 점을 장점으로 들 수 있다. 가령 '인터넷 릴레이 소설 쓰기를 통한 창작과정 맛보기', '채팅을 통한 소설결말 재구성하기', UCC 협동과제와 같은 수업 방법이 여기에 해당된다.

상호작용 학습은 개개인이 공동의 주제를 두고 학급 구성원 간의 상호작용을 통해서 문제를 해결하는 방법이다. 가령 교사가 특정한 주제를 제시하면 학습자는 각각의 인지적·정의적 판단에 근거하여 과제해결에 참여하고 그 결과를 모두가 공유하는 방식이다. 가령 '인터넷을 통한 반응적 글쓰기'와 같은 방법이 여기에 포함될 수 있다.

4) 교수학습 절차

웹 혹은 모바일을 활용한 교수학습모형으로는 자원기반 학습모형과 자료제시형 수업모형이 있다. 자원기반 학습모형은 집단 교육의 상황에서 계획된 학습 자원과 상호작용 미디어와 기술의 통합을 통해 학습자 중심의 학습을 촉진하기 위한 일련의 통합된 전략들을 말한다. 이 모형은 학습자가 학습에 대한 책임감을 가지고 다양한 자원을 활용하여 과제나 교육내용에 대한 현실적 감각을 보다 증대시키는 것을 지향하는 학습모형으로써 '정보확인-정보수집-정보분석-정보사용-결과 발표'의 다섯 단계의 학습자 탐구수행의 과정을 기초로 하고 있다. 이 모형은 학습자의 탐구심을 자극하고 다양한 정보활용능력과 배양하는데 적절하게 활용될 수 있다. 자료제시형 수업모형은 교사 혹은 학습자가 미리 준비한 검색자료나 해결과제를 스크린 혹은 전자칠판을 통해 제시하고 그 내용을 설명한 뒤, 토론과정을 거쳐 정리하는 방법이다. 수업은 "준비하기-제시하기-설명하기-토론하기-정리하기"의 단계에 따라 이루어진다. 이 모형은 구조화된 문제의 개념을 정리를 위해서는 효과적이나 모든 학습자의 참여가 제한되는 점이 단점이다.

매체언어의 국어교과 활용은 단원의 성격과 목표, 학습내용, 학습형태 등을 고려하되 인터넷의 특성과 부합되는 과제를 중심으로 이루어져야 한다. 필자는 자원기반 학습모형의 탐구수행 과정을 기반으로 과제의 성격, 교수학습형태를 고려하여 3단계 매체언어 활용 교수학습모형을 제시한다. 이 모형은 '언어과제제시-언어자료생성(언어정보탐색, 언어정보분석, 언어정보산출)-언어자료공유'의 절차모형에 따라 이루어지지만 단계적, 제한적 범위 내에서 활동되는 것이 바람직하다.

<표 3> 매체활용 3단계 교수학습모형 절차

교수학습 주체	교사/학생	학생			교사/학생
교수학습 작용 단계	언어과제제시	언어자료생성			언어자료공유
		언어정보탐색	언어정보분석	언어정보산출	
	• 과제범위 및 한계설정 • 목표분석 및 전략수립 • 학습형태결정	• 언어정보검색 • 언어정보수집 • 자료출처확인	• 언어정보비교 • 언어정보해석 • 전문가인터뷰 • 교사상담	• 언어자료 구성 • 언어자료 재조직 • 웹 문서 제작	• 수행과제 발표 • 수행과제 토의 • 수행과제 공유
교수학습 공간	교실	교실/교실 밖			교실

↑ 　　　　　　　　피드 백　　　　　　　 ↓

• 언어과제 제시 단계
　교사는 단원의 성격이 매체언어의 유형과 활용에 부합되는지를 판단하고 과제의 성격(구조화된 문제, 비구조화된 문제)에 따른 범위와 한계를 제시한다. 또한 언어과제의 수행이 개별학습, 모둠학습 중 어떤 형태에 더 적합할 것인지를 결정하고, 학습자로 하여금 학습형태에 따른 목표분석 및 전략을 설정하게 한다. 또한 학습과제의 양과 수행에 필요한 시간의 적절성 여부와 학습수행을 어떤 공간(교실/교실 밖)에서 할 것인지도 미리 제시한다. 이 단계는 교사가 주도권을 잡고 목표성취를 위해 학습자를 조종, 통제하는 시점이다.

• 언어자료 생성 단계

언어자료 생성은 언어정보탐색, 언어정보분석, 언어정보산출 단계를 통해 이루어진다. 언어정보탐색 단계에서는 언어정보의 검색과 수집 그리고 자료출처를 기록하고 언어정보분석 단계에서는 취득 자료의 분류·비교를 한 뒤 미흡한 부분은 교사와의 상담이나 전문가 인터뷰를 통해 보완한다. 언어정보산출 단계에서는 언어자료를 재구성하여 문제가 해결된 언어자료로 조직하여 산출물을 생산한다. 이 단계는 학습자의 자기주도적 학습이 강조된다.

• 언어자료 공유 단계

교수·학습의 중점을 언어자료 공유에 두고 학습자들이 생성한 언어자료를 바탕으로 충분한 토의과정을 갖는다. 학습자는 생성된 언어자료를 발표하고, 교사는 그 내용의 타당성 여부를 학습자–학습자, 교사–학습자 간의 상호작용을 통해서 의미 있는 결과로 정리한다. 이 과정은 학습자로 하여금 매체언어의 다양성 및 풍부성을 사회적 맥락 속에서 경험하게 하고 생산과 제작에 참여할 수 있는 잠재적 역량을 갖출 수 있게 한다.

2.2.3. 교수학습모형 선택 및 적용

매체언어교육에 대한 독자적 교수학습모형이 존재한다고 단언하기는 곤란하다. 국어교육에서 행해지는 그 어떤 텍스트도 매체를 기반으로 이루어지는 것이므로 여기에서 논의하고자 하는 매체언어교육(하이테크 지향적 매체언어)만의 본질적 내재적 교수학습모형을 구축하는 것이 쉽지는 않다. 학교교육에서의 적용 시에는 매체언어의 다양한 층위가 복합적으로 활용되므로 일정한 체계 속에서 적용되기보다는 단편적 사례나 방법 중심으로 적용된다. 매체언어는 학습목표 수행에 필요한 텍스트로서 제안 선택될 따름임으로 큰 틀에서 볼 때 일반적인 국어 교수학습 방법과 궤를 같이 한다. 다만, 교수학습의 대상이 인쇄매체 중심에서 영상, 전자매체로 전이되면서 텍스트의 형식과 소통방식이 변화하고 있으므로 이런 부분에 대한 여건의 변화를 수용하면 된다.

매체언어 교수학습에서 요구되는 것은 매체 환경을 충분히 활용하되, 영역별로 학습해야 할 국어과 내용 특성이 과연 매체 친연적인 성격을 띠는가를 고려해야 한다는 점이다. 그러나 매체언어 교수학습에만 적용될 수 있는 일반모형을 구안하고 확정하는 것은 쉽지 않다. 본 발표에서는 새로운 학습모형을 구안하기보다는 기존의 모형들을 학습목표, 학습 상황, 텍스트 유형, 수업형태, 학습공간 등을 고려해 수정해서 활용할 수 있도록 제시한다(이채연·공명철·이상복·유동기(2006)와 이채연(2004)의 연구 결과를 일부 수정 보완하여 사용함).

- 연구과제를 수행할 수 있는 모형에는 어떤 것이 있는가?
- 모형에 근거하여 활용할 수 있는 교수·학습 적용사례에는 어떤 것이 있는가?
- 모형 적용 시 유의점과 교사의 준비사항에는 어떤 것이 있는가?

1) 문제해결학습모형

문제해결학습모형은 결과보다는 문제의 해결 과정에 비중을 둔다. 이 모형은 '문제 인식과 문제 이해→해결 계획의 수립→문제 해결하기→일반화'의 절차로 진행이 되므로 어떤 과제를 탐구하고 모색하는 데에 적합하다.

문제해결학습모형도 Off-line에서 On-line 동시 활용이 가능하게 절차를 구성한다. 차기 교육과정에 말하기 영역에 포함된 내용을 가지고 절차를 구성하면 아래 표와 같다.

= 예시 =

가. 학습주제:

생활주변에서 발생하는 문제를 취재하여 개선 방안을 제시하는 영상물을 제작한다.

나. 텍스트: 서사보도

다. 내용 요소

- 영상매체의 특성 이해하기
- 문제의 중요도를 고려하여 주제 선정하기
- 문제와 관련된 정보와 자료 조사하기
- 설득력 있는 정보와 근거로 내용 조직하여 표현하기

• 영상언어와 문법의 특성을 살려 UCC 제작하기

라. 교수학습 절차

<표 4> On·Off-line 연계 문제해결 모형

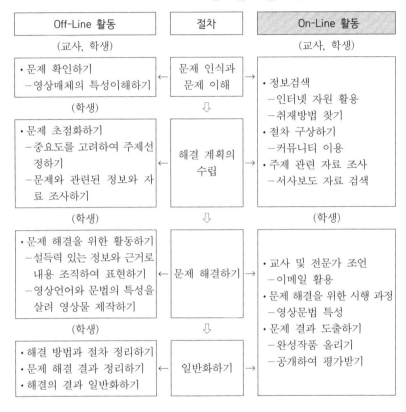

Off-Line 활동 (교사, 학생)	절차	On-Line 활동 (교사, 학생)
• 문제 확인하기 ㅡ영상매체의 특성이해하기 (학생)	문제 인식과 문제 이해 ⇩	• 정보검색 ㅡ인터넷 자원 활용 ㅡ취재방법 찾기 • 절차 구상하기 ㅡ커뮤니티 이용 • 주제 관련 자료 조사 ㅡ서사보도 자료 검색
• 문제 초점화하기 ㅡ중요도를 고려하여 주제선 정하기 ㅡ문제와 관련된 정보와 자 료 조사하기 (학생)	해결 계획의 수립 ⇩	(학생)
• 문제 해결을 위한 활동하기 ㅡ설득력 있는 정보와 근거로 내용 조직하여 표현하기 ㅡ영상언어와 문법의 특성을 살려 영상물 제작하기 (학생)	문제 해결하기 ⇩	• 교사 및 전문가 조언 ㅡ이메일 활용 • 문제 해결을 위한 시행 과정 ㅡ영상문법 특성 • 문제 결과 도출하기 ㅡ완성작품 올리기 ㅡ공개하여 평가받기
• 해결 방법과 절차 정리하기 • 문제 해결 결과 정리하기 • 해결의 결과 일반화하기	일반화하기	

이 모형은 교사가 수업목표에 대한 철저한 이해를 시킨 후 학생들로 하여금 문제해결을 할 수 있게 해야 한다. 특히 온라인의 학습 과정에 이 모형을 투입할 때에는 문제해결의 과정에 교사의 적극적 관찰 내지는 지원이 필요하다. 교사 입장에서는 학습자 혼자서 문제를 해결하는 것이 어려울 수 있기 때문에 단계별로

해결의 방향에 관한 지침이나 해결의 힌트 등을 지속적으로 제공해 주는 것이 필요하다.

마. 적용 가능한 주제
- 문제해결 중심의 쓰기 학습
  - 특정 대상에 대하여 설명하는 글쓰기
  - 주장하는 글에 타당한 근거 확보하기
  - 관련 경험을 상기하는 문제 해결하기
  - 사례 찾아 문제 해결하기
  - 소개하는 글쓰기
  - 설득의 사례 찾아 글쓰기 등
- 토론학습
  - 특정 주제에 대해 상반된 의견을 제시하는 문제
- 문제해결 중심의 읽기 학습
  - 글의 구조 파악하기/가리키는 말 찾기
  - 객관적 사실과 주관적 의견 구분하기
  - 각각의 주장과 근거가 다른 글을 찾아 읽고 잘못된 내용 찾아보기
- 문제해결 중심의 말하기·듣기 학습
  - 주장에 대한 찬반의 글을 보고 해결책 찾아보기
  - 웹, 모바일상의 TV프로그램 보고 의견 나누기

바. 유의점
- 문제는 목적과 장애가 높은 수준이 되도록 구성
- 문제가 확산적 사고를 할 수 있는 형태로 재구성에 중점

- 교사는 학습자가 문제해결력을 스스로 찾아갈 수 있도록 조언
- 일반화하기에서 나온 결과물에만 치중하지 말고, 문제를 해결하게 되는 과정에 중점을 둔다.
- 문제의 성격에 따라 1차시에 끝날 수도 있고, 몇 차시에 걸쳐 지속되는 경우도 있으며, 경우에 따라서 학기 말 프로젝트로 진행할 수도 있다.

2) 협력학습모형

협력학습모형이 추구하는 이상적인 학습 형태는 각기 관심과 지식수준, 문제 해결 역량이 다른 학습자끼리 상호 협력하여 주어진 목표에 도달하는 것이다. 이렇게 하기 위해서는 구성원들은 학습 과제를 함께 공유하고 결과물을 만들어낼 때까지 협력해야 한다. 협력학습모형의 절차는 '계획하기→탐구하기→서로 가르치기→정리하기'이다. 협력학습모형도 Off-line에서 On-line으로 옮겨올 때에는 이와 같은 절차를 아래 표와 같이 활동을 적절하게 변용할 필요가 있다. 즉 '탐구하기와 서로 가르치기' 단계는 일회적으로 일어나는 순차적 절차가 아니라 '탐구하기 ⇄ 서로 가르치기' 형태로 순환적 절차 형태를 취하는 것이 일반적이기 때문이다.

= 예시 =

가. 학습주제:
　　목적, 독자, 매체가 쓰기의 내용과 형식에 미치는 영향을 이해하면서 글을 쓴다.

나. 텍스트: 온라인 대화, 문자 메시지, 전자우편

다. 내용 요소

- 온라인 대화, 문자 메시지, 전자우편의 매체적 특성에 대해 알기
- 매체의 특성이 쓰기의 내용과 형식에 미치는 영향 알기
- 매체 특성을 고려하여 다양한 형식의 글쓰기
- 속어, 비어, 성차별적 언어 사용의 부적절함 이해하기

라. 교수학습 절차

〈표 5〉 On·Off-line 연계 협력학습모형

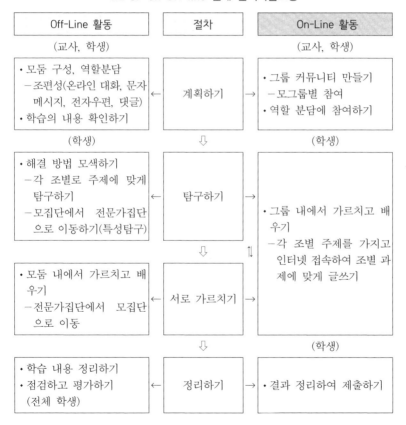

Off-Line 활동	절차	On-Line 활동
(교사, 학생)		(교사, 학생)
• 모둠 구성, 역할분담 　－조편성(온라인 대화, 문자 　메시지, 전자우편, 댓글) • 학습의 내용 확인하기	계획하기	• 그룹 커뮤니티 만들기 　－모그룹별 참여 • 역할 분담에 참여하기
(학생)		(학생)
• 해결 방법 모색하기 　－각 조별로 주제에 맞게 　탐구하기 　－모집단에서 전문가집단 　으로 이동하기(특성탐구)	탐구하기	• 그룹 내에서 가르치고 배 　우기 　－각 조별 주제를 가지고 　인터넷 접속하여 조별 과 　제에 맞게 글쓰기
• 모둠 내에서 가르치고 배 　우기 　－전문가집단에서 모집단 　으로 이동	서로 가르치기	
		(학생)
• 학습 내용 정리하기 • 점검하고 평가하기 　(전체 학생)	정리하기	• 결과 정리하여 제출하기

협력 학습에서 주의해야 할 점은 능력 있는 학생과 그렇지 못한 학생을 함께 섞어 모둠을 짜야 한다는 점이다. 구성원의 능력이 한쪽으로 편중되어 있으면 학습의 효과가 떨어지고 목표에 도달하기 어렵다. 그리고 능력 있는 한 학습자에게 과제의 부담이 전적으로 주어지지 않도록 해야 한다. 모둠에 속한 다른 학생들은 한 학생만 믿고 학습에 소홀해질 수 있기 때문에 구성원 전체가 참여할 수 있도록 능력에 맞게 개별 과제를 부여하는 것이 가장 좋다. 평가도 모둠 전체를 일괄로 평가하는 데 머물기보다는 개별로 평가하는 형태를 보완하는 것이 필요하다.

마. 적용 가능한 주제
· 집단지성 활용하기
－국어 지식, 문학사, 문학지식과 관련된 내용 협력 연구하기/ 웹 학급 문집 만들기/ 작가 연보 정리하기
· 경험 공유하기
－유창성을 확보하기 위한 경험이나 느낌을 공유하기
－토론수업과 관련된 내용 타인의 입장에서 논의하기
－어울리는 목소리로 극본을 읽고 녹음하기
· 조사 분석하기
－민속 조사하기, 방언 조사하기, 국어 오용상태 조사
· 정보 윤리 익히기
－사이버 언어 심의 활동
－언어 예절 사례 비판하기
－대중 매체 비판적으로 보기

바. 모형 적용의 유의점

- 문제의 성격에 따라 1차시에 끝날 수도 있고, 몇 차시에 걸쳐 지속되는 경우도 있으며, 경우에 따라서 학기 말 프로젝트로 진행할 수도 있다.
- 원만한 협동 활동과 의사소통을 위해서는 자신의 의견을 내세우기, 동료의 주장을 잘 듣고 이해하기와 같은 협동학습 활동에 관한 기본적 기능들을 훈련받아야 한다.
- 게시판, 메신저, 채팅을 활용하여 모집단, 전문가 집단 모임을 가질 때, 교사가 사이트 소개, 게시판 사용법, 사용언어, 네티켓에 대한 교육한다.
- 탐구하기 활동에 교사의 개입을 늘여서 전문가 집단 활동이 원활히 이루어지게 한다.
- 상호 교수 할 때, 동료의 가르침을 적극적으로 수용할 수 있는 분위기 조성이 요구된다.

3) 스토리텔링 모형

스토리텔링 교수학습은 이미 주어진 주제(이야기)를 가지고 자신의 생각을 첨가해 나가면서 새로운 이야기를 생성해나가는 과정을 말한다. 기존의 작품(텍스트)에 대한 이해하기와 감상하기 등을 통해 등장인물(시적 화자) 및 줄거리를 재구성하고 새로운 작품이 창출될 수 있도록 한다.

스토리텔링 모형은 학습자의 능동적이고 창의적인 학습 실천을 전제로 한다. 창의성이라는 것이 기발한 아이디어를 도출해 내는 것이 아니라, 문제 해결의 아이디어를 생성해 내는 정도라도 좋다. 최대한 많은 아이디어를 찾아내고, 거기서 가장 좋은 아이디어를 선택한 다음 주어진 문제에 적용해 보는 과정을 거친다. 스토리텔링 모형의 절차는 '이야기 이해하기→아이디어 생성하기→이야기 재구성하기→적용하기'이다. 이 모형의 교수학습도 아래의 표와 같이 Off-line과 On-line을 병행해서 할 수 있다.

<표 6> On·Off-line 연계 스토리텔링 모형

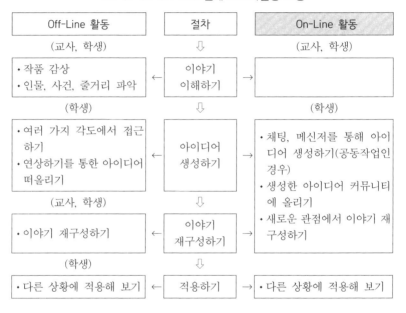

Off-Line 활동	절차	On-Line 활동
(교사, 학생)	⇩	(교사, 학생)
• 작품 감상 • 인물, 사건, 줄거리 파악	← 이야기 이해하기 →	
(학생)	⇩	(학생)
• 여러 가지 각도에서 접근하기 • 연상하기를 통한 아이디어 떠올리기	← 아이디어 생성하기 →	• 채팅, 메신저를 통해 아이디어 생성하기(공동작업인 경우) • 생성한 아이디어 커뮤니티에 올리기 • 새로운 관점에서 이야기 재구성하기
(교사, 학생)	⇩	
• 이야기 재구성하기	← 이야기 재구성하기 →	
(학생)	⇩	
• 다른 상황에 적용해 보기	← 적용하기 →	• 다른 상황에 적용해 보기

이렇게 하기 위해서는 문제를 다각도로 따져볼 수 있는 분석 능력, 하나의 생각에 고정되지 않는 융통성 있는 사고 능력, 가능한 다른 사람이 생각하기 어려운 새로운 생각을 이끌어내는 독창적 능력이 요구된다.

이것은 창의적인 국어사용 능력을 요하는 국어과 교수학습에 매우 유용한 학습모형이 될 수 있다. 소설의 경우, 등장 인물의 행위를 외적 기준으로 평가해 보거나, 상황을 고려하여 인물의 심정을 추리 상상해 볼 수 있어야 한다. 가령 〈토끼전〉을 읽고 웹 채팅을 통해 결말 부분을 재구성해보는 작업도 한 예가 될 수 있다. 창의적인 국어사용은 특히 글쓰기 영역, 주장하는(설득하는) 글쓰기, 친교적인 글쓰기, 문학적인 글쓰기 전반에 걸쳐 요구된다.

가. 적용 가능한 주제
- 상상하여 글쓰기
  - 특정 배경 하에 이야기 글쓰기/연상되는 문학사, 문학지식과 관련된 내용 협력 연구하기/웹 학급 문집 만들기/웹 국어 문집 만들기/작가 연보 시각적으로 꾸미기/작가나 인물과 가상 인터뷰하기
- 문학 작품 다시 만들기
  - 패러디 시 모음 만들기/인물, 배경, 사건 바꾸어서 다시 문학 작품 만들기/작품 갈래 바꿔 쓰기/뒷이야기 완성하기/노래가사 바꿔 부르기
- 문학 작품 전시하기
  - 각종 그래픽 제작 도구 활용하여 시화 만들기/음성 미디어 활용하여 시 낭송하기
- 소설을 읽고 대본을 만들어 연극하기, 모의 재판하기
- 서사(소설, 수필) 작품 감상하기
  - 사이버 작품 동호회를 활용하여 작품 감상을 올린다.
- 영상 서사물 감상하기
  - 애니메이션, 영화와 소설의 차이점과 공통점 찾기, TV드라마 감상

• 영상 서사물 만들기

　－광고 만들기, SNS 활동하기, 영상편지 제작하기, UCC 제작,
　디지털 스토리텔링 과제 수행하기

나. 유의점

• 처음부터 정답을 요구하기보다는 여러 가지 방식으로 모색하도
록 분위기 조성이 필요하다.
• ICT 자체에 몰두하지 말고, 내용에 중심을 두어 활동하도록 한다.
• ICT를 활용하여 학생들이 더욱 문학 작품을 친근하게 느끼도록
한다.
• 교사 스스로가 문학 감상의 목적과 유리된 활동으로 흐르지 않
도록 조절하는 수업이 되어야 한다.

4) 직접교수 모형

　직접교수 모형은 제6차 국어과 교육과정에서 강조되었던 모형
인데, 이후 교육과정이 개정되어도 가장 일반적으로 사용된다.
즉, 듣기·말하기·읽기·쓰기 등 언어 수행에 필요한 원리 및 전략
의 학습할 때 교사는 내용을 체계적으로 설명한 뒤 시범을 보이
고, 이어 학습자의 질문을 받은 다음 학습자 스스로 연습을 해
보게 하는 모형이다. 직접교수 모형은 전체 내용을 부분으로 나
눈 뒤 이 부분을 충분히 익힌 다음 전체에 도달할 수 있다고 가정
하는 모형이다. 이것이 언어 수행의 지도에 적합한 이유이다. 이
처럼 '직접 교수'의 절차는 '설명하기→시범 보이기→질문하기→
활동하기'의 네 단계 학습으로 이루어진다.

　Off-line에서 On-line으로 옮겨올 때에는 이상의 네 가지 절차

를 아래 표와 같이 활동을 적절하게 변용할 필요가 있다. 즉 설명하기와 시범보이기는 하나의 강의 자료 형태로 만들어 미리 탑재를 하는 형태를 취한다. 학습자는 탑재된 자료를 통해 시범을 따라 이해하고 뒤이어 질문하기와 활동하기를 시행한다.

<표 7> On·Off-line 연계 직접교수 모형

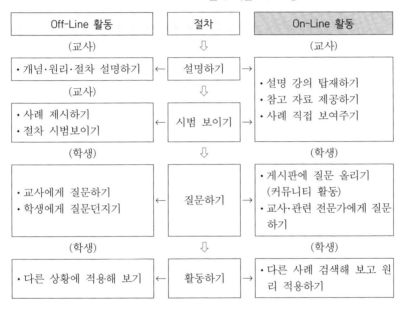

Off-Line 활동	절차	On-Line 활동
(교사)	⇩	(교사)
· 개념·원리·절차 설명하기 ←	설명하기 →	· 설명 강의 탑재하기 · 참고 자료 제공하기 · 사례 직접 보여주기
(교사)	⇩	
· 사례 제시하기 · 절차 시범보이기 ←	시범 보이기 →	
(학생)	⇩	(학생)
· 교사에게 질문하기 · 학생에게 질문던지기 ←	질문하기 →	· 게시판에 질문 올리기 (커뮤니티 활동) · 교사·관련 전문가에게 질문하기
(학생)	⇩	(학생)
· 다른 상황에 적용해 보기 ←	활동하기 →	· 다른 사례 검색해 보고 원리 적용하기

그런데 직접교수 모형은 자칫 일방적인 지식의 전달에 머물 가능성이 있다. 학습자의 입장에서도 수동적인 모방 학습에 그칠 수 있다. 따라서 활동 단계(질문학기, 활동하기)도 능동적인 활동이 될 수 있도록 해야 하며, 활동 후에도 자기 점검의 과정까지 도달할 수 있도록 하는 것이 중요하다.

가. 적용 가능한 주제

- 읽기 전략 학습

  - 요약하기/제목 붙이기/예를 들어 설명하기/주장과 근거 찾기/ 사실과 의견 구분하기/글의 구조 파악하기/중심 생각 찾기

- 과정 중심 쓰기 학습

  - 생각 꺼내기, 생각 묶기에서 필요한 자료 활용하기

- 주요 수행 평가 활동 사례 소개하기

- 문학 감상 방법 학습

  - 구조주의적, 독자 반응적, 역사 전기적 등등

나. 모형적용의 유의점

- 교사 중심적인 면이 강하고, 학습자에게 단순히 모방하게 할 가능성이 있음. 시범을 보이는 것은 단순히 교사가 하는 것을 모방하게 하는 것이 아니라 교사가 학습 방법(전략)을 안내해 주어 결국에는 학생 스스로 문제를 해결하도록 하는데 그 목적이 있음 상기한다.

- 시범을 최대한 구체적이고 명시적으로 보여 학생들이 충분히 이해할 수 있도록 해야 한다.

- ICT를 적극 활용하여 교사가 자세한 안내를 하여야 한다.

- 시범 보이기 단계에서 제공되는 정보는 전략 적용이 용이한 텍스트라야 한다.

- 언어 자료에 한정하지 말고, 각종 영상 자료나 미디어 자료 적극 활용한다.

- 학생은 교사가 하는 것을 단순 모방하는 것이 아니라 교사가 학습 방법을 안내해 주어 결국 학생 스스로 문제를 해결하도록 한다.

5) 프로젝트 학습모형

프로젝트 학습모형은 하나의 큰 과제를 두고 장기간에 걸쳐 과업을 수행하는 모형이다. 프로젝트 학습모형이라는 용어를 붙였지만 사실상 여기에는 탐구 학습모형과 창의적 학습모형 등의 학습에서 요구하는 능력들이 총동원되어야 성공적인 프로젝트 수행이 성공적으로 이루어질 수 있다. 국어과에서는 문학 유적지 답사 보고서

〈표 8〉 On·Off-line 연계 프로젝트 학습 모형

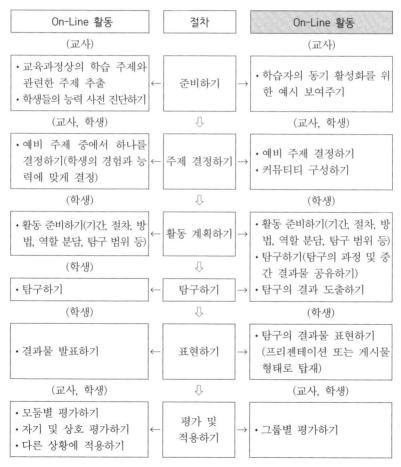

On-Line 활동	절차	On-Line 활동
(교사)		(교사)
• 교육과정상의 학습 주제와 관련한 주제 추출 • 학생들의 능력 사전 진단하기	← 준비하기 →	• 학습자의 동기 활성화를 위한 예시 보여주기
(교사, 학생)	⇩	(교사, 학생)
• 예비 주제 중에서 하나를 결정하기(학생의 경험과 능력에 맞게 결정)	← 주제 결정하기 →	• 예비 주제 결정하기 • 커뮤티티 구성하기
(학생)	⇩	(학생)
• 활동 준비하기(기간, 절차, 방법, 역할 분담, 탐구 범위 등)	← 활동 계획하기 →	• 활동 준비하기(기간, 절차, 방법, 역할 분담, 탐구 범위 등) • 탐구하기(탐구의 과정 및 중간 결과물 공유하기)
(학생)	⇩	
• 탐구하기	← 탐구하기 →	• 탐구의 결과 도출하기
(학생)	⇩	(학생)
• 결과물 발표하기	← 표현하기 →	• 탐구의 결과물 표현하기 (프리젠테이션 또는 게시물 형태로 탑재)
(교사, 학생)	⇩	(교사, 학생)
• 모둠별 평가하기 • 자기 및 상호 평가하기 • 다른 상황에 적용하기	← 평가 및 적용하기 →	• 그룹별 평가하기

작성, 영상 매체로 변용된 문학 작품 비교 분석하기, 인터넷의 언어 사용 실태 조사 발표하기, 세미나 형식의 발표 보고서(문학/비문학) 작성하기, 영상 UCC 제작하기 등의 과제를 제시할 수 있다.

프로젝트 학습모형의 일반적인 절차는 '준비하기→주제 결정하기→활동 계획하기→탐구 및 표현하기→마무리하기→평가하기→적용하기'이다. 이 모형은 사실상 Off-line보다 On-line에서 역동적으로 시행될 수 있다.

6) 반응중심 학습모형

반응중심 학습모형에서 '반응'이란 학습자가 보여 주는 여러 가지 반응을 말한다. 하나의 대상이나 화제에 여러 가지 생각과 반응이 나올 수 있기 때문이다. 예컨대 문학 학습에서는 학습자

〈표 9〉 On·Off-line 연계 반응중심 학습모형

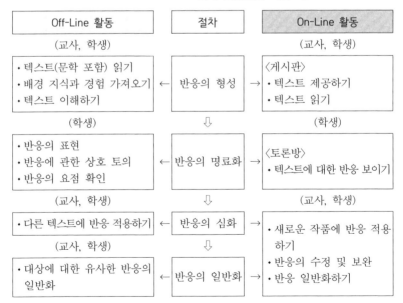

는 수용자가 되는데, 작품에 대한 감상이나 해석은 학습자마다 다양할 수 있다. 교수학습 활동 상황에서 이런 반응을 최대한 존중해 주어야 한다고 본다. 이 같은 생각은 독자 중심의 수용이론이 지향하는 정신과 유사하다.

그러나 유의해야 할 것은 지나치게 반응중심을 지향하다 보면 원전 텍스트 자체를 소홀히 여길 우려가 있다는 점도 간과해서는 안 된다. 학습자의 반응을 최대한 존중해 주되, 다른 사람들의 생각을 함께 귀 기울여 듣고 자신의 생각을 보완, 수정하도록 하는 것이 필요하다.

반응중심 학습모형은 일반적으로 '반응의 형성→반응의 명료화→반응의 심화→반응의 일반화'이다. 이 모형은 On-line보다는 Off-line에서 실시하는 것이 적합한 것처럼 보인다. Off-line 현장에서 학습자의 반응을 그 자리에서 확인하고 피드백을 해주는 것이 가능하기 때문이다. 그런데 이를 Off-line에서 적용하기 위해서는 다소 변형된 형태가 될 수밖에 없다. 즉 반응의 심화와 반응의 일반화는 하나의 단계로 축소해서 다른 텍스트에 이를 적용해 보면서 반응을 스스로 수정 보완될 수 있도록 하는 것이 좋다.

지식 습득의 전략과정을 중시하는 인지주의나 상황과 맥락을 강조하는 구성주의는 인터넷과 같은 온라인 공간을 활용한 학습에 큰 시사점을 던져준다. 인터넷을 활용한 학습 활동은 학습자 스스로 맥락 속에 주어진 지식을 탐색하고 문제를 해결하면서 기존의 지식을 수정하고 보완하여 자신의 배경 지식으로 만들어갈 수 있기 때문이다.

교수학습모형으로 보면, 문제해결학습이나 협동학습, 프로젝트 학습은 인터넷과 같은 뉴미디어를 활용하면 좋은 성과를 거둘

수 있다. 왜냐하면 자료의 폭넓은 공유나 신속한 정보 전달이 가능하기 때문이다. 반응중심 학습모형도 인터넷에서 수용할 수 있다. 여러 가지 선택 가능한 길 중에서 하나를 선택하게 하고, 그 이유를 글로 게시판에 표현해 보게 할 수 있기 때문이다.

2.2.4. 교수학습 설계전략

수업설계(ID: Instruction Design)는 교사, 학생, 시간, 교육목표, 학습내용 및 방법, 학습조건 등 다양한 형태의 수업요소들을 체계화된 틀 속에 결속시켜 학습효과를 극대화시키려는 명시적 과정이다. 수업설계는 추상적인 이론으로부터 개념화된 모형을 거쳐 실제 적용을 전제로 창안된 것이기에 이것의 효과적인 실천을 위해서는 상황에 따른 적절한 전략이 필요하다. 수업전략은 학습동기, 정보제공, 상호작용, 매체 및 자료의 활용 방안, 대안 활동 계획 등 제반 상황이 반영되어야 한다.

매체언어교육에서의 수업설계에는 ICT라는 학습요소가 비중 있게 반영되어야 하며, 이를 위해서는 ICT의 특성을 살린 수업설계와 전략이 필요하다. 수업설계는 〈표 10〉과 같은 절차에 의해 이루어진다(이하 교수설계에 관한 논의는 교육학술정보원, ICT와 함께하는 교실수업 개선연수(2002)와 ICT 활용 교수학습방법 및 자료개발 연구(2003)와 이채연(2004), 「국어과 ICT활용 교수학습방법 연구전략 가이드」, 한국교육학술정보원 RM 2004-34을 참조하였음).

〈표 10〉과 같은 절차에 따라 수업설계가 이루어졌다면 실제 수업에 투입할 수 있는 교수학습과정안(〈표 11〉)을 작성해야 한다. 이 양식서(〈표 11〉)는 전체적인 수업 과정에 대한 개괄적인 설

명을 기술하기 위하여 사용한다. 학습 내용 및 학습자의 주요 특성, 대표적인 교수학습 방법과 매체, 전체 교수학습 시간과 주요 학습 장소에 대한 개괄적인 사항을 기록한다.

이 양식서의 내용은 상세한 수업 설계를 위한 방향을 제시할 뿐만 아니라, 전체 교수-학습 과정에 대한 정보를 일목요연하게 보여주는 틀을 제공함으로써 수업설계 및 진행을 위한 일관성을 유지할 수 있다. 특히, 매체활용전략을 따로 구체화시킴으로써 교수학습 상황이 매체 친화적으로 진행되도록 한다.

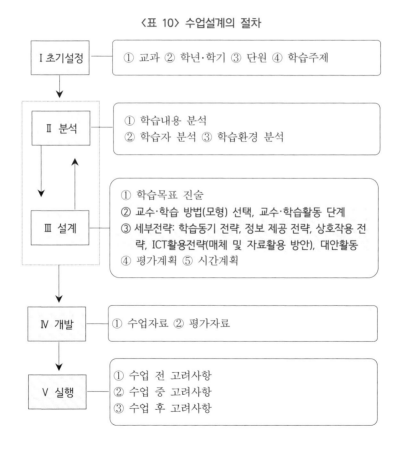

〈표 10〉 수업설계의 절차

| I 초기설정 | ① 교과 ② 학년·학기 ③ 단원 ④ 학습주제 |

| II 분석 | ① 학습내용 분석 ② 학습자 분석 ③ 학습환경 분석 |

| III 설계 | ① 학습목표 진술 ② 교수·학습 방법(모형) 선택, 교수·학습활동 단계 ③ 세부전략: 학습동기 전략, 정보 제공 전략, 상호작용 전략, ICT활용전략(매체 및 자료활용 방안), 대안활동 ④ 평가계획 ⑤ 시간계획 |

| IV 개발 | ① 수업자료 ② 평가자료 |

| V 실행 | ① 수업 전 고려사항 ② 수업 중 고려사항 ③ 수업 후 고려사항 |

<표 11> 국어과 교수학습과정안 양식

국어과 교수학습과정안

사범대학	국어교육과	학번:	이름:

[1] 거시적 수업설계안

영역		대단원			소단원	
학년/학기		학습 목표				차시

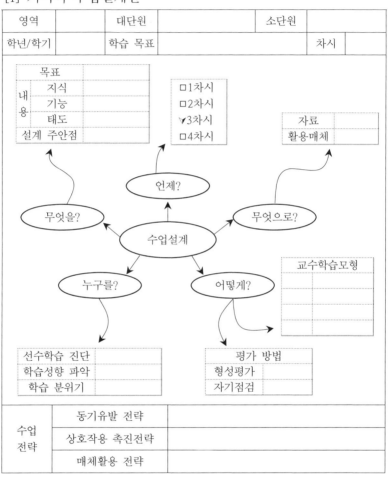

수업 전략	동기유발 전략	
	상호작용 촉진전략	
	매체활용 전략	

<표 12> 교수학습과정안 작성 세부지침

항 목	세부 지침
교과	가르칠 내용의 관련 교과를 기록한다.
학년/학기	가르칠 내용과 연계, 교육과정상에 편제된 해당 학년 및 학기 기록
학습목표	가르칠 내용이 포함된 단원명과 해당 학습 주제를 기록한다.
교과서 쪽수	교과서의 쪽수를 표기한다. 2종 교과서일 경우 출판사 표기
학습주제	학습 주제를 제시한다. 교사용 지침서에 학습 주제가 제시되어 있는 경우에는 그대로 기록하거나, 별도로 제시된 학습 주제가 없는 경우에는 교사가 설정하여 기록한다.
학습목표 및 학습내용	교사가 가르치고 학생들이 배우게 되는 내용에 대하여, 주된 특성 혹은 대표적인 속성을 진술한다. ▶가르칠 내용에 대한 학습 목표를 진술한다. ▶가르칠 내용의 학습 영역을 기술한다. ▶가르칠 내용의 선수 학습 내용을 진술한다.
학습자 분석	학습 내용을 배우게 되는 학생들의 주요 속성 및 대표적인 특성을 기술한다. ▶선수 학습 내용과 본 학습 내용에 대하여 학생들이 미리 알고 있는 내용을 기술한다. ▶학습자가 가지고 있는 인지적·정의적 특성인 학습 성향을 기록하고, 학습자 집단의 성격을 설명한다. ▶학습자가 현재 가지고 있는 ICT 소양이 어느 정도 수준인지를 기록한다.
학습모형	해당 차시의 수업에 전체적으로 적용할 수 있는 교수·학습모형의 절차를 기술하고 활동내역 상세화 ▶선택한 교수-학습 방법을 진술한다. ▶교수-학습 과정에서 교사가 활용하고 학생들이 사용할 수 있는 교수 매체 및 자료에 대하여 진술한다.
평가	학습 평가 및 수업 평가를 위한 방법을 진술한다.
수업 차시	선정한 학습 내용을 가르치고 배우기 위하여 소요되는 시간을 계획하여 해당하는 것에 ∨ 표시로 나타낸다. 선택 가능한 항목이 없는 경우에는 기타를 선택하고, 산정한 소요 시간을 기술한다.
장소	교수-학습 활동이 이루어질 교실 환경을 ∨ 표시로 나타낸다. 선택 가능한 항목이 없는 경우에는 기타를 선택하고, 장소명을 기술한다.

항 목	세부 지침
수업설계전략	현재 수업 설계 과정의 주요 특성이나, 수업 설계를 위하여 고려할 사항들을 자유롭게 기술한다. 일반적으로 거시적 수업 설계서에서 간과된 부분이나, 강조할 부분을 제시할 수 있다. 또한, 수업 과정을 이끌기 위하여 기초가 되는 교사의 교육철학, 학습 및 지식의 관점에 대하여 기술할 수 있다.
내용 분석	최종적으로 달성하고자 하는 학습목표를 성취하기 위해 필요한 결과를 추출하고 전체 흐름을 분석

거시적 수업설계안이 마련되었다면, 실제 수업에서 교사-학습자 간 상호작용에 의한 구체적인 활동이 가능한 미시적 수업설계안이 작성되어야 한다.

〈표 13〉 미시적 수업설계안 양식

[2] 미시적 수업설계안							
학습목표	①						
단계	학습내용	교수·학습 활동④		수업형태	시간	수업자료	지도상의 유의점
②	③			⑤	⑥	⑦	⑧

항목	세부 지침
① 학습목표	해당 차시의 학습목표를 학습자의 입장에서 '~할 수 있다'로 기술
② 단계	수업 진행 단계 수업모형의 절차에 따라 기술
③ 학습내용	수업 진행 단계에 따른 학습 내용을 학생 활동 중심으로 기술. '개관'의 교수·학습활동 부분과 일치되게 기술한다.
④ 교수학습활동	해당 수업 단계에서 분석된 구체적인 교수–학습 활동 기술. ICT 활용 유형, 교수·학습 방법 등이 구체화된 모습으로 나타날 수 있도록 기술
⑤ 수업형태	해당 수업 단계에 적용되는 수업의 형태 기술 예) 전체학습, 모둠학습, 개별학습
⑥ 시간	해당 수업 단계에 소요될 예상 시간
⑦ 수업자료	해당 활동을 할 때 필요한 수업 자료
⑧ 지도유의점	수업 단계별 특기할 만한 지도상의 유의점 기술
⑨ 평가	실시한 수업에 대해 학생 반응, 수업 난이도, 자료의 효과성, 평가의 적절성, 이 네 가지 측면을 교사 스스로 혹은 학생들에게 간단한 질문을 해서 스스로 평가해보도록 함

수업설계는 실제 수업시현을 염두에 두고 적절한 전략을 세워야 한다. 전략의 설정은 교수학습의 모형에 따라 달리 적용한다. 가령 직접교수모형에서의 교수학습 전략은 설명하고자 하는 상황을 제시해 가며 설명하는 것이 효과적이다. 중심내용을 찾는 방법을 설명하기 위하여 짧은 텍스트를 제시하고, 제시된 텍스트에서 중요한 문장을 찾는 방법이나 중요하지 않은 텍스트를 삭제하면서 중심내용을 찾는 방법을 설명한다.

또한 전략의 사용방법은 예시자료를 제시해 가며 설명하는 것이 적절하며, 예시자료 설명과 교사의 시범보이기 활동을 함께 할 수도 있다. 설명하기 활동과 함께 교사의 시범보이기 활동을 함께하면 학생의 입장에서 해당 전략을 보다 쉽게 이해할 수 있다.

2.2.5. 교수학습 평가와 해석

1) 교수학습 과정 평가

교사가 이미 작성한 교수학습과정안에 따라 수업시현을 마쳤다면 그 수업에 대한 적절한 평가가 이루어져야 한다. 매체를 수업에 끌어들이는 것은 기존의 수업보다 뭔가 새롭고 효과적인 결과를 가져올 수 있다는 기대 때문이다. 많은 노력과 시간을 투자했음에도 불구하고 그 결과가 만족스럽지 못하다면 그 원인이 무엇인지를 따져보아야 하고, 만족한 결과가 나왔다면 이를 바탕으로 한 일반화 가능성을 모색해야 한다.

수업의 평가는 1) 수업에 대한 자기 성찰 2) 동료의 시각을 통한 객관적인 장학 3) 수업에 대한 학생들의 반응 및 성취도 확인 등을 통해 새로운 수업방법이나 전략의 고안이 타당하였는지를 따져보기 위해 실시하는 것이다. 학교 교육에서 시행되는 일반적인 평가는 학습자 평가에 국한된 경우가 많지만, 매체를 도구로 활용하는 수업은 교사평가도 비중 있게 다루어져야 한다. 교사평가는 자기평가와 동료평가를 통해서, 학습자 평가는 학업성취도 평가를 통해서 확인해 볼 수 있다.

가. 자기평가

자기평가는 교사의 수업에 대한 스스로의 만족도를 확인하기 위해 이루어진다. 따라서 평가 항목도 수업설계 내용이 실제 어떻게 구현되었느냐에 초점 맞추어진다. 〈표 15〉는 교사의 수업설계 점검표이다. 수업설계의 전 단계를 항목화한 것으로 실제 수업 시현이 끝난 뒤 수업에 대한 스스로의 평가에 활용한다. 자기평가는 주관적 판단에 의해 이루어질 수 있지만, 평가표에 의거하여 개량화한다면 객관적인 반성 자료로 활용할 수 있다.

〈표 15 〉 수업설계 자기 점검표

과정	점검 사항	우수	양호	부족
분석	학습 주제나 목표의 특성을 고려하여 적절한 학습영역을 판정하였는가?			
	본 학습목적을 성취하기 위해 필요한 하위 학습목표와 학습내용이 제시되었는가?			
	본 학습 내용을 어떻게 조직하여 어떤 순서로 제공할 것인지 고려하였는가?			
	본 수업을 위해 학생들이 갖추어야 할 매체 사용 능력을 확인하였는가?			
	매체언어교육을 위한 교실의 형태와 구비자원을 점검하였는가?			
	수업을 위하여 어떤 학습 자원을 활용할 수 있는지 확인하였는가?			
설계	수업 목표를 분명히 제시하였는가?			
	학습 내용과 학습자의 특성, 학습 환경 분석의 결과를 토대로 효과적인 방법을 선정하였는가?			
	학습자의 학습 동기를 유발하고 유지할 수 있는 방안을 계획하였는가?			
	교사와 학생 간의 상호작용 및 학습자 간의 활발한 상호작용을 촉진할 수 있는 방안이 있는가?			
	각각의 학습 내용을 제공할 때 어떤 매체를 사용할 것인지 고려하였는가?			

과정	점검 사항	우수	양호	부족
설계	매체 사용이 불가능한 수업사태에 대비한 대안활동은 계획해 두었는가?			
	학습자의 학습 성취를 어떤 방법으로 평가할 것인지 고민하였는가?			
	교사의 수업 내용에 대한 평가계획은 세웠는가?			
	각각의 활동에 대한 시간 사용 계획은 세웠는가?			
개발	교사는 수업에 필요한 매체자료들을 충분히 확보하고 실행하였는가?			
	본 수업을 위해 새로 개발해야 할 자료를 정리하였는가?			
	자료가 본 수업을 효과적으로 지원할 수 있는 형태로 개발되었는가?			
	학습자가 매체를 활용한 언어자료 생성이 가능하도록 유도하였는가?			
	수업을 평가하기 위한 평가 자료를 개발 했는가?			
실행	수업 중 교사-학습자, 학습자-학습자 간의 상호작용을 충분히 고려하였는가?			
	수업 중 ICT의 특성이 충분히 반영되었는가?			

나. 동료평가

동료평가는 수업 중에는 관찰법으로, 수업 후에 질문 방식을 이용하여 교수-학습 방법 및 수업 전체에 대한 평가를 하는 경우로 다음과 같은 항목을 이용해 실행할 수 있다(김미량, 2002). 이때 Likert 척도를 활용하는 것이 좋다.

〈표 16〉 동료평가 양식

평가 영역	평가 내용	평가 척도 전혀아님	아니다	보통이다	그렇다	매우그럼
교사 능력면	교과내용을 명쾌하게 제시했는가?					
	적절한 수업자료를 적절하게 활용했는가?					
	학습자로부터 인간적, 전문적 신뢰를 얻고 있는가?					
	준비한 수업방법이 효율적으로 활용되었는가?					
	수업중 학습분위기를 유지했는가?					
교사 태도면	학습자에 대해 적극적인 관심을 표현했는가?					
	특정 관점이나 대상에 대해 편파적이지는 않았는가?					
	학습자들이 쉽고 친근하게 접근할 수 있도록 했는가?					
	교사로서 바람직한 인간적 태도를 표현하였는가?					
지적활동자극면	인지적으로 도전할 만한 질문을 제기했는가?					
	학습활동에 몰입할 수 있도록 수업을 전개했는가?					
	학습자의 잠재적 능력을 기술적으로 발현시켰는가?					
수업 전개면	해당 내용을 전달하는데 최적의 방법을 활용하였는가?					
	학습자 주도적인 학습이 이루어지도록 안내하였는가?					
	학습자 자기주도적 수업이 이루어졌는가?					
	개인별, 소집단별 참여를 활성화하였는가?					
수업 설계면	학습자의 특성 및 개인차를 고려하여 사전에 수업을 계획하였는가?					
	설계의 절차에 따라 충실하게 평가도구 및 매체를 선택하였는가?					
	설계의 과정에서 수업자료는 성실하게 개발되었는가?					
	수업목표에 따라 내용을 구체화하여 제시하였는가?					
수업 구성면	학습자와의 의사소통은 원활하게 이루어졌는가?					
	학습자의 학습활동을 강화하고 격려하였는가?					
	적절한 평가의 방법과 절차를 활용하였는가?					
	평가의 결과에 대한 피드백을 제공하였는가?					

다. 학습자 평가

매체활용 수업의 학습자 평가는 일반적인 수업 평가와는 달라야 한다. 일반적인 평가에서는 학습 과정에 대한 평가보다는 학습 목표에 대한 학습자의 학업성취도 정도가 중시되기 때문에 학습 내용이라는 인지적 영역의 지식을 얼마나 잘 갈무리해서 저장하고 있느냐를 확인하는 것이 보통이다. 매체활용 교수학습도 궁극적으로는 학습자의 학업성취도를 중시해야 되겠지만 목표 접근 과정과 절차에 대한 기능이나 태도도 소홀히 해서는 안 된다.

2) 평가 내용적 측면

가. 인지적 검사: 지능검사, 적성검사, 성취검사, 진단검사 등이 있다. 이 중 매체활용 교수학습의 성과를 측정하기 위해서는 성취검사를 하는 것이 좋다. 성취검사는 일반적 혹은 특수한 지식 영역에 대한 현재의 숙달도 및 이해도를 측정하는 검사이다. 비교적 한정된 영역의 특수한 성취를 측정하기 위해 교사에 의해 개발된 성취검사도 있고 표준화된 성취검사도 있다. 성취검사에서는 내용 타당도가 매우 중요한 문제로서 각 문항의 내용이 교수계획이나 목표와 일치하는 지의 여부를 잘 점검해 보아야 한다. 문항은 진위형, 선다형, 연결형 검사 중에서 적당한 것을 선택하면 된다. 직접교수모형에 의해 수행된 교수학습의 경우 이 검사를 적용하면 좋다.

나. 정의적 검사: 성격검사, 투사법, 자아개념 검사, 직업흥미검사, 태도 등이 있다. 이 중 매체활용 교수학습의 성과를 측정하기 위해서는 태도검사를 하는 것이 좋다. 태도검사는 특정한 대상에

대한 개인의 관점이나 성향을 파악하는 것으로 매체활용에 대한 학습자의 정의적, 인지적, 행동적 요소들의 변화를 파악할 수 있다. 태도검사를 위한 문항은 앞의 동료평가의 항목을 참조하되 Likert 척도를 활용하는 것이 바람직하다. 협력학습모형, 문제해결학습모형, 스토리텔링모형의 경우 이 검사를 활용하는 것이 좋다. 어떤 검사방법을 선택하느냐는 학습의 내용과 성격에 따라 결정하면 된다.

3) 효과 검증

매체언어교육의 궁극적인 취지는 ICT라는 도구를 교수학습의 장에 수용하여 개별 교과목과의 적합성 여부를 점검하고 그것의 효과를 검토한 뒤, 일반화의 가능성을 타진하는 것에 있다고 생각된다. 매체활용수업에 대한 '효과검토'가 반드시 필요 하느냐에 대해서는 재론해보아야 할 측면이 없지는 않지만 '객관성의 확보'라는 측면에서 보면 무시할 수만은 없다. 매체를 활용한 수업은 하나의 교육현상으로 이것의 교육적 효과를 살피기 위해서는 검증을 해야 한다. 검증은 일반적인 실험연구의 절차와 방법을 따르면 된다.

실험연구는 연구자가 변인을 의도적으로 조작함으로써 학습자의 행동의 변화를 관찰하는 연구이다. 이 때 실험자는 환경의 변화가 일어나기를 가만히 기다리는 것이 아니라 체계적이고 조직적인 방식으로 변화를 일으킨다. 즉, 교육의 이론이나 방법의 합리성을 검증하기 위해 특정 집단에게 조건을 엄격히 통제하고 변인을 조작하여 나타나는 변화를 관찰하는 것이다.

매체활용수업의 효과는 크게 양적 연구와 질적 연구로 나누어 검증할 수 있다.

양적인 연구는 같은 학년에서 성적이 비슷한 두 반을 표집하여 한 반(실험집단)은 연구자가 구안한 프로그램(매체언어교육)을 투입하고, 다른 한 반(통제집단)은 기존 방식대로 수업을 진행 한 뒤, 두 실험의 조건이 학업 성취도에 어떤 영향을 주었는지를 밝히는 것이다.

질적 연구는 하나의 실험집단만을 대상으로 하여 프로그램 투입 전후 학습자 변화를 살피는 것이다. 양적연구가 흔히 실험연구에서 채택되는 반면, 질적 연구는 비구조화된 심층면접과 참여관찰을 통해 수행되므로 두 방식은 상호보완적이라고 할 수 있다. 다만 학교 현장에서 두 방법을 다 병행하기는 현실적으로 매우 힘들 것으로 생각된다.

여기서는 양적실험연구에 대한 연구절차를 소개하기로 한다.

∘ 가설의 설정: 가설이란 연구에서 제기된 연구문제에 대한 연구자 나름의 잠정적인 해답이라고 할 수 있다. 그런 점에서 연구의 초점이 무엇인지를 명시적으로 규정해 주는 것이다. 가설은 검증 가능하고 간단 명료한 선언적 혹은 가정적 문장 형식으로 진술되어야 한다. 즉 "∞는 ∞한다." 또는 "만약 ∞이면 ∞일 것이다." 식의 표현이다. 문항은 지식, 기능, 태도 등과 관련지어 서너 개 이상을 설정할 수 있다.

∘ 실험대상 선정: 실험효과 검증의 타당성과 객관성을 확보하기 위하여 실험대상을 ICT를 활용하는 실험집단과 전통적으로 수업을 받는 통제집단의 두 종류로 분류하여 선정한다. 두 집단은 기존의 성적을 바탕으로 서로 차이가 없는 집단을 표집한다.

- 사전검사 실시: 실험 전 표집한 두 집단이 동일한 국어 능력을 가진 집단인가를 검증하기 위한 사전평가를 실시한다. 평가에 필요한 평가도구와 문항을 개발하여 투입한다.
- 실험처치: 교사가 구안한 학습주제(학습단원)에 따라 매체활용 교수학습을 실험집단을 대상으로 수업을 실시한다.
- 사후검사 실시: 매체활용 국어수업의 효과 검증을 위하여 사전평가에서 사용했던 문항과 동일 유형, 동일 난이도의 문항으로 실험집단과 통제집단을 대상으로 사후평가를 실시한다
- 자료분석 및 해석: 실험집단과 통제집단의 사전 및 사후 평가 결과를 바탕으로 두 집단 간의 학업성취도를 비교한다. 이때 유의도 수준의 결정(일반적으로 $p=.05$ 또는 $p=.01$)하고 두 집단 간 평균 T검증 등을 통해 가설을 검증하고 해석한다.

이때 경우에 따라서는 학교의 여건으로 인해 사전검사를 하기 힘들 경우 사후검사만으로 실험처치의 결과를 확인해도 된다. 사후검사만의 실험은 사전검사를 하지 않기 때문에 실험의 내적 타당도를 위협하는 대부분의 요인들을 통제할 수 있고, 사전검사와 실험처치 간의 상호작용에 의한 영향도 막을 수 있으며, 아울러 시간과 노력이 경감된다는 점에서 실제 학교 현장에서 더 효율적으로 활용할 수 있다. 다만 사전검사가 없기 때문에 실험처치 효과의 크기를 알 수 없다는 단점은 있다.

또한 실험연구는 통계 전문가의 조언 속에서 이루어져야 한다. 가설의 설정에서부터 충분한 상호협의를 한 뒤 실험처치가 이루어져야 한다. 그렇지 않을 경우 많은 시간과 노력을 투입하고도 사용할 수 없는 통계의 혼선에 직면할 수 있다.

국어과 교수학습과정안(예시)

[1] 거시적 수업설계안

영역	듣기	대단원	5. 마음을 움직이는 언어	소단원	② 광고를 보는 눈
학년/ 학기	1학년 1학기	학습 목표	광고에 나타난 설득방식을 파악할 수 있다.	차시	2/3

목표	광고를 통해 설득의 전략을 파악할 수 있다.		
내 용	지식	매체의 종류, 설득의 방법 파악	
	기능	매체별 설득방법 학습	
	태도	매체별 공감 및 설득전략 파악	

설계
주안점: 다양한 매체 속 각기 다른 설득의 방법과 전략을 이해할 수 있도록 지도해야 함

□1차시
□2차시
✓3차시
□4차시

자료	교과서, 학습지, 공책
활용매체	전자칠판, 파워포인트

```
                    언제?
       무엇을?              무엇으로?
              수업설계
       누구를?              어떻게?
```

교수학습모형
↳ 직접교수학습모형

설명 하기	목적에 따른 설득방식에 대한 설명
시범 보이기	교사가 광고 속 설득방식 분석하는 방법 시범 보이기
질문 하기	목적에 따른 설득 전략에 대해 질의 응답
활동 하기	새로운 광고를 보고 설득 방식을 학습자 스스로 분석해보는 활동

선수학습 진단	매체 종류와 전달방식의 특징에 대한 이해 점검
학습성향 파악	매체 종류에 대해 확인 정리 후 설득방식과 연계할 수 있는 학습활동 계획
학습 분위기	다양한 활동을 통해 학습자의 적극적인 참여 유도

평가 방법

형성 평가	광고의 목적과 설득 기법에 대한 이해도 평가
자기 점검	광고의 설득하기 전략의 학습에 대한 학습 정도

수업 전략	동기유발 전략	학습자에게 인상 깊었던 광고를 떠올려보게 하여 개인적 경험 및 실생활과 연결하면서 매체에 호기심을 불러일으킨다.
	상호작용 촉진전략	교사의 구체적인 발문과 학습자의 적극적인 발표가 이루어질 수 있도록 브레인스토밍 방법을 적용한다.
	매체활용 전략	학습자 스스로 매체 유형을 유추할 수 있도록 다양한 매체를 제시한다. 매체의 특징을 정확히 파악할 수 있도록 매체 유형별 대표성을 보이는 자료를 적절히 제시할 수 있도록 한다.

[2] 미시적 수업설계안

학습목표	· 광고에 나타난 설득방식을 파악할 수 있다.		

단계	학습 내용	교수·학습 활동		지도상 유의점
		교사 활동	학생 활동	
도입 〈5분〉	수업시작	▶인사	▷인사	
	전시 학습 확인	▶전시학습 확인 Ⓣ지난 시간에 배운 광고의 종류에는 어떤 것이 있었습니까?	▷전시학습 상기 Ⓢ라디오, 신문, TV, 잡지, 인터넷, 간판, 전광판 등 매체 종류를 정리하며 말한다.	학습자가 수업 내용을 상기할 수 있도록 유도한다.
	동기 유발 〈5분〉	▶동기유발 〈새로운 광고 제시〉 －광고를 보고 학습자가 설득방식을 유추하여 학습목표와 연결할 수 있는 발문 제시	▷흥미를 가짐 －새로운 형식의 광고와 내용에 대한 흥미를 가짐	새로운 형식의 광고 형태에 대한 반감을 갖지 않도록 충분히 설명한다.
전개 〈35분〉	학습목표 제시	〈학습목표〉 · 광고를 통해 설득의 전략을 파악할 수 있다.		
		▶매체 설득방식 설명 －2가지 설득방식 : 이성적/감성적 광고	▷다양한 광고의 설득방식을 파악한다.	☞ 교사가 매체를 제시할 때, 단순히 감상만 하는 것이 아니라, 함께 이야기를 나누며 소통하는 방식으로 진행한다. ☞ 각 광고를 보고 난 후 광고에 대한 간단한 수렴이 필요하다.
		① 이성적 광고(신문광고) 〈신문광고의 효과성 설명〉 〈전문가 등장의 효과 수렴〉 〈이성적 설득방식 특징 정리〉		

	T 이성적 설득방식의 특징을 정리해준다 〈이성적 설득방식 특징〉 −생각을 설득하는 방식. −상세한 정보 제공. −신뢰할 수 있는 전문가 등장.	S 이성적 설득방식을 생각을 설득하는 전략으로 이해하고 특징을 정리해 둔다.	☞ 광고 선택 시 학습자가 공감을 할 수 있는 자료를 제시할 수 있도록 한다.

② 감성적 광고(공익광고)

〈나레이션의 효과 설명〉
〈바른생활 1학년 교과서를 적용한 효과성 설명〉

설명
하기
·
시범
보이기
〈15분〉

광고의
설득
전략
파악
하기

T 감성적 설득방식의 특징을 정리해준다 〈감성적 설득방식 특징〉 −사람들의 마음에 대한 호소(행복, 희망, 추억 등) −좋은 느낌(이미지)을 갖게 하여 기억에 남게 함.	S 감성적 설득방식을 생각을 설득하는 전략으로 이해하고 특징을 정리해 둔다.

〈예시〉 감성적 광고 − 공포광고(금연광고)

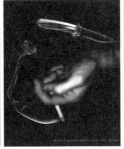

		Ⓣ〈공포광고 특징정리〉 -두려움을 갖게 하여 설 득하는 방식 -음주운전, 금연 광고	Ⓢ매체의 설득방식에는 공 포의 효과성도 있음을 이 해한다.	

〈예시〉 감성적광고-유머광고(쇼핑몰광고)

		Ⓣ〈유머광고 특징정리〉 -웃음의 요소를 자극하 여 기억에 남도록 설득 하는 방식	Ⓢ매체의 설득방식에는 유 머의 효과성도 있음을 이 해한다.	
	질문하기 〈5분〉	▶설득전략에 관한 질의 응답?	▶설득전략에 관한 답을 해 본다.	
	활동하기 〈25분〉	▶새로운 광고 제시를 통 해 설득전략 분석 ▶전략을 활용한 광고만 들어보기 활동	▷새로운 광고를 접하고, 광고 설득방식을 정리 ▷전략을 활용한 광고만들 어보기 활동	
정 리 ∧ 5 분 ∨	본시 마무리 〈5분〉	▶수업 내용 정리 ▶자기평가 ▶인사	▷수업 내용 정리 ▷자기평가 ▷인사	

평가요소		새로운 광고의 설득전략 파악하기
평가유형		선택형 / 단답형 / 서술, 논술형 / 실기형
평가 기준	상	매체별 설득전략을 파악하고 적용할 수 있다.
	중	매체별 설득전략의 내용은 이해했지만 유형을 파악하지 못한다.
	하	매체별 설득전략에 대해 모두 파악하지 못한다.

3. 매체언어 교재 개발과 단원 구성의 실례

3.1. 매체언어 교재 개발의 원리

3.1.1. 매체언어 교수학습 특성과 교재 개발의 방향

매체언어 교수학습은 언어지식에 대한 이해보다 언어활동에 대한 실천을 강조하는 방향으로 이루어지기 때문에 텍스트 선정은 학습 방향을 결정하는 요인으로 작용한다. 매체언어 텍스트는 인쇄매체에만 국한되는 것이 아니라 텔레비전으로 대변되는 영상매체나 인터넷으로 대변되는 정보통신매체에 이르기까지 다양하게 편성되어야 한다. 기기(機器)적 형태가 어떤 것이든 간에 그속에 언어현상이나 언어활동이 담겨져 있고, 인간 삶과 관계된 문화적 소통이 이루어진 것이라면 모두 교수학습의 대상이 된다.

따라서 매체언어 영역의 교수학습은 매체텍스트가 가진 언어적 형상성 및 전언성을 이해하거나, 매체텍스트를 활용한 감상·분석·비평·유통·제작 활동을 통해 궁극적으로는 매체를 통한 문화적 소통양상과 맥락을 이해시키는 데 있다. 매체언어 영역의 교수학습 특성과 교재 구성의 방향은 아래와 같다.

- 생활언어 및 미디어 언어현상에 기반을 둔 교수학습
- 멀티미디어의 활용을 통한 탈 교과서적 교수학습
- 다양한 교수학습 자료의 선정 및 조직 그리고 생성을 위한 활동중심 교수학습
- 선정자료 교재와 생성자료 교재의 등가적 학습 체제
- 학습자의 창의적 언어사용 유도를 위한 다양한 평가도구 활용
- 인쇄교재와 전자교재의 병용 체재
- 웹 및 모바일 지원체제 구축을 통한 학습활동 자료의 지속적 업그레이드

3.1.2. 매체언어 교재 개발 원칙과 접근 방법

매체언어와 관련된 교재 혹은 단원 개발은 과거 '매체언어'와 같이 독립된 교과에서도 적용되고 국어의 '실제' 영역에서 활용될 수도 있다. 그러나 여기서는 독립교과 교재의 단원 개발이라는 점에 우선한다. 향후 개정될 2015년 교육과정에서 선택 교과목으로 매체가 어떤 식으로든 부활할 수가 있다. 비록, 2009년에는 납득할 수 없는 논리로(실제는 뚜렷한 논리도 없었음) 2007년 교육과정에 고시까지 한 것을 교과서 개발 과정에서 슬그머니 사라

지게 했지만, 시대의 변화에 언제까지나 둔감하지는 않을 것이다. 매체언어라는 선택과목이 타 교과영역(화법/독서/작문/문학)의 위상을 위축시킬 수 있다는 우려가 강하다면, 다른 영역과의 혼합도 가능할 것이다. 2011년 교육과정에서 학문 영역 간 아무런 친연성이 없어 보이는 독서와 문법, 화법과 작문 같은 교과목도 생긴 전력이 있는지라 가령 국어와 매체, 언어와 매체, 매체언어와 국어생활, 매체와 문법과 같은 과목이 생기지 말란 법이 없을 것이다. 문법 단원과 결합이 된다면, 매체의 언어성과 결합될 수 있기 때문에 국어교육이라기보다는 언어교육의 차원에서 다양한 수업 형태가 시도될 수 있을 것이다.

3.1.2.1. 설정 근거

◆뉴미디어의 등장

인쇄매체에서 영상매체 그리고 정보통신매체에 이르기까지 복합다중언어사용 양상의 비판적 수용과 활용을 통한 매체 친화적 언어사용 능력을 함양할 필요가 생긴다.

◆미디어 리터러시 함양

급변하는 매체 환경의 변화에 능동적으로 적응하는 수용자적 태도와, 다양한 채널 속에서의 언어사용 능력을 확대하고 매체 체험을 통해 소통능력의 확대를 도모할 수 있는 생산자적 태도를 함양할 필요가 생긴다.

◆국어교육으로서의 매체언어교육

지금까지 이해의 수준에서 다루어져 온 매체 관련 학습을 "이해 및 비판-변용-제작"의 단계로까지 확대하여 미디어교육 분야에서 다루어진 것을 국어교육의 틀 속에서 매체언어교육이 이루어질 수 있도록 구성할 필요가 있다. 기존의 듣기/말하기/읽기/쓰기/문법/문학영역에서 미디어 영역으로 외연을 확대해 나가야 한다.

◆블랜디드 러닝(Blended Learning) 지향

인쇄 교과서와 웹 교과서를 연계하여 교실 수업과 사이버 수업이 상호보완적 틀 속에서 이루어질 수 있도록 설계하여 웹과 모바일 환경에서 상호작용 교수학습이 이루어질 수 있도록 해야 한다.

◆코딩(coding) 및 영상제작 뉴미디어 제작 능력 강화

컴퓨터 코딩이 필수교과로 지정된바, 국어 교수학습에서도 이 부분이 활용될 수 있게 해야 한다. 나아가 동영상, 애니메이션 등 영상 제작 능력이 새로운 문식성 강화의 수단이 될 수 있음도 반영해야 한다.

3.1.2.2. 개발 원칙

◆통합지향 교재

국어교육의 듣기/말하기/읽기/쓰기/문법/문학의 제 영역을 통합하면서 국어 활동과 실천의 중심축에 매체언어가 존재하게 한다. 궁극적으로는 매체에 의한 국어교육, 매체에 대한 국어교육,

매체를 통한 국어교육이 이루어질 수 있게 해야 한다.

◆확산지향 교재

국어영역의 확대 및 매체언어를 적극적으로 수용(매체적 특성 수용)한다. 미디어 영역에서 이루어지는 변용과 제작 부분을 국어교육에서 과감히 수용하여 생산적 산출물을 제시할 수 있는 단계에까지 이르도록 한다. 영상문화교육 영역에서 다루고 있는 부분을 과감히 수용하여 국어교육의 장에서 수업 대상이 되게 해야 한다.

◆활동중심 교재

학습자의 자기주도적 활동에 근거 다양한 교수학습모형(직접교수학습모형, 문제해결학습모형, 프로젝트학습모형, 스토리텔링모형, 협력학습모형, 반응중심 학습모형 등)이 실제적으로 적용될 수 있게 하여 언어사용 적합성, 적응성 모색할 수 있게 해야 한다.

◆생활중심 교재

다양한 매체를 통해서 구할 수 있는 실생활적 수업자료, 학습자 흥미 수준을 고려한 자료를 선정하되 비판적 관점에서 수용하는 태도와 관점의 차이에서 오는 문화다양성을 이해하게 해야 한다.

◆멀티 문식성 기반 교재

매체의 기기적 속성과 조작을 통한 언어 산출물을 생산하게 함으로써 매체에 의해 구현되는 다양한 언어 현상, 언어사용 양태를 이해하게 하여 문화 감식력을 증대시킨다.

◆ICT 활용 기반 교재

교수학습 활동의 상호 작용성이 매체를 통해 이루어질 수 있도록 구성하여 매체를 통한 언어 산출물이 소통의 대상 언어로써 구실하게 한다. 웹이든 모바일이든 구분 짓지 않고 활용할 수 있게 설계한다(이채연, 2001ㄱ).

• 기능과 특성적 측면: ICT 기반 매체언어(웹, 모바일)는 언어 생산자가 자신의 관점, 판단, 감정을 시청각적 언어로 표현한 의사소통의 부산물이라는 점에서 인쇄 매체언어와 기본적인 맥락을 같이 한다. 다만, ICT 기반 매체언어에서는 매체 형상성과 소통 채널의 특성으로 인해 수용자가 생산자의 숨겨진 의도나 울림에 진지하게 접근하지 않으려는 경향이 있다. 오히려 많은 소음적 요소에 의해서 다른 생산자의 목소리에 유혹될 수 있어 한 작가의 의도를 파악하는데 어려움이 따른다. 따라서 글쓴이의 인생관과 같은 철학적 담론을 유추하기에는 부적절하며, 동일한 주제를 다룬 다양한 생산자의 목소리를 섞어 비교해 보거나 사실적 정보의 취득에 활용하는 것이 적절하다.

• 원리적 측면: 다양한 언어현상에 대한 지각과 이해를 통해 추론력, 비판력, 감상력을 증대시킨다. 혼성·융합 매체언어의 형상성과 전언성 이해하기, 상위 텍스트와 하위 텍스트 간의 연계성 추론하여 의미파악 하기, 하이퍼텍스트 함정에 빠지지 않고 초점화해서 의미 파악하기, 비양식적 언어 비판하며 이해하기, 정보 제공자의 의도 파악하며 오독과정 반성

하기 등의 교재 작용을 이끌어 낼 수 있다.

• 방법과 실제의 측면: 웹 및 모바일은 선형적, 비선형적 읽기가
둘 다 가능하고 언어가 매우 유동적 틀 속에 놓여져 있음으로
정형화된 모형을 제안하기 쉽지 않다. 독자의 선택적 읽기에
대한 인지과정이 철저히 개별적 판단에 놓여 있음으로 해서
인쇄 매체언어와 같이 내용과 형식의 구조나, 글의 전개방식
에 따른 연관성을 헤아리기 어렵다. 따라서 하나의 작품(문서)
을 대상으로 한 진지한 읽기보다는 발췌하며 읽기, 찾아가며
읽기, 문자언어와 비문자언어 간 비교하며 이해하기, 언어변
용 이해하기, 규범언어와 일상언어의 간극 메우기, 비맥락적
문맥 뛰어넘기, 상황-관계적 글 읽기 등에 적용한다.

• 심리적 과정과 태도의 측면: 혼성·융합적 매체언어성으로
인해 인지적이기보다는 정의적인 심리과정에 의한 언어수행
과정이 이루어진다. 따라서 언어의 내용을 기억, 재인, 회상
하기보다는 파편화된 언어정보를 수집, 분석, 조직 및 생성하
는 교재 작용에 활용하는 것이 바람직하다. 또한 거짓정보나
불건전한 정보에 현혹되지 않기 위한 자기 소양개발과 오락
적 몰입을 자제해야 하는 정보윤리교육도 병행해야 한다.

3.1.2.3. 접근 방법

◆구성주의 교수학습에 근거
: 학습자 자기주도적 언어사용 역량 강화가 가능하도록 구성

◆잠재적 교육과정 중시
: 명시적 교육과정 이외의 부분을 과감히 수용

◆언어영역 통합의 기능중심
: 언어에 대한 事實知, 事物知보다 실천적 方法知 강조

◆매체를 활용한 언어 창조성
: 창의적 변용과 제작능력 극대화, 언어활동을 통한 예술적 감
  식력의 증대, 결과물로서의 크리에이티브 능력의 극대화

◆학습자 중심 제재 선정
: 학습자의 문화 친밀성을 고려한 제재 선정

◆문화통합적 다양성 지향
: 미디어 학문영역의 결과물을 과감히 수용하여 국어교육의 양
  과 질을 풍부하게 하는 학문 영역의 외연화

◆통합교과, 영역 통합의 통섭 교수학습 지향
: 컴퓨터 코딩 교과목의 국어교육 접목 가능한 제재나 활동 선
  정하여 국어교육 영역 간 통합 지향

3.1.2.4. 매체언어 교재 작용의 기능과 층위

◆체제의 유기적 상호관련성 강조
◆체제의 영역별 통합성 강조: 영역 간 구분 없음, 제재의 성격

에 따라 통합적 활용

◆단원 흐름의 핵심은 교수학습에 있음을 강조: 실천적 언어활
동의 강조

◆교과서 밖 다양한 자료들의 활용: 교재 층위의 다양화, 열린
교과서 지향

〈표 1〉 매체언어의 교재 속성

대상 언어자료로서의 교재	언어자료 획득 작용
	−선집 언어자료 −검색 언어자료
생성 언어자료로서의 교재	언어자료 산출 작용
	−상호작용 언어자료 −제작매체 언어자료

3.1.3. 교재 구성의 핵심 요소

교재는 교육과정 체계 안에서 이루어져야 한다. 만약, 제도권
교육을 위한 교재 개발이라면 반드시 교육과정에서 제시하는 성
취기준과 내용 요소가 교재에 오롯이 반영되어야 한다. 그 바탕
위에 교재 개발자의 교육철학과 신념, 그리고 전공 역량이 반영
되어야 한다.

교재 구성은 교육과정의 내용 중 어느 부분이 강조 되느냐에
따라 다양한 구성이 가능하다. 이 논의는 김희진·이채연(2010:
10~11)에서 언급한 것을 일부 수정 보완해서 제시한다.

<그림 1> 교수학습 요소

위 매체언어교육의 교수학습에서 핵심요소를 매체언어성, 매체 사회문화성, 매체생산성에 있다고 보고, 이 분류의 틀 속에서 교수학습이 이루어지게 설계하였다.

3.1.3.1. 매체언어의 언어성

매체언어의 내용체계 중 매체언어의 성격을 구성의 축으로 삼는다면 단원의 차례는 학습의 계열성을 가져야 한다. 즉, 매체언어의 성격의 세부 내용 순서대로 진행하는 것이다. 매체언어의 개념과 특성에 대한 이해를 바탕으로 매체언어의 역할을 알고 매체자료의 유형을 파악하는 일련의 과정을 거쳐야만 매체언어의 성격에 대한 이해가 가능하다. 매체에는 친숙하지만 매체언어에 대해서는 확실히 알지 못했던 학생들이 글을 읽고 개념을 정리한다.

매체언어의 성격을 한 단원으로 구성하여, 각 단원의 첫머리에서 지식을 제공하는 기능을 할 수도 있다. 예를 들면 영상매체를 제작하는 활동을 통해 매체자료의 창의적 변용과 생산을 목표로 하는 단원에서는 영상매체에 대한 개념과 특성 및 유형을 먼저 제시하여, 지식 부분을 담당하게 할 수 있다. 즉 각 내용체계들이 통합적으로 연결되어 단원을 구성할 수 있음을 말하며, 이는 매체 언어의 성격 부분에서뿐 아니라 다른 내용 체계에도 해당된다.

3.1.3.2. 매체언어와 사회문화성

매체언어와 사회문화 항목을 구성의 축으로 삼을 때 주의해야 할 점은 이들의 세부 내용이 위계적 관계가 아니라 서로 연계성을 가진다는 것이다.

첫째, 매체언어는 정보사회 속에서 대중문화를 형성하며 인간 관계에 영향을 미친다. 사회 속에서 문화를 알고, 인간관계를 형성하고 유지하기 위해서 올바른 매체언어 인식능력이 필요하다는 것을 내용에 담아야 한다. 목표의 달성을 위해서는 먼저 정보 사회의 특징을 설명하고 매체의 종류에 따라 정보를 어떻게 활용할 수 있는지, 어떻게 구성하고 유통시키는지를 이해시켜야 한다.

둘째, 매체언어가 형성하는 대중문화의 특성을 이해하기 위해 대중문화가 수용자의 정체성 형성에 미치는 영향을 이해하고 대중문화가 형성하는 세계와 현실을 주체적으로 이해하는 활동을 구성한다.

셋째, 매체언어와 인간관계를 이해하기 위해 인간관계에 영향을 미치는 매체언어의 작용을 이해하고 매체언어 활동에서 매체 언어에 대한 태도가 중요함을 아는 활동을 구성한다. 매체언어와 사회·문화의 세부내용은 위계성을 지닌다기보다는 각자 분리되어 진행될 수 있으면서 동시에 통합적으로 진행될 수도 있다는 특징을 가진다.

따라서 이 항목만을 사용하여 단원을 구성할 수도 있지만, 다른 항목과 연계하여 사용될 수도 있다. 이 영역은 학습자가 매체 언어가 어떤 맥락에서 생성되고 유통되는지, 어떤 맥락을 형성하는지를 이해하게 한다. 따라서 이 단원은 글을 읽고 그 내용을 찾아내는 활동보다는 학습자 스스로 정답을 찾아내도록 구성하는 것이 더 효과적이다. 개인보다는 모둠 구성원의 협력을 통한 활동을 이끌어 내는 것이 좋다.

3.1.3.3. 매체언어의 생산성

매체언어에 대한 이해를 바탕으로 학습자의 능동적인 매체언어의 수용과 생산을 내용 중심의 축으로 삼을 경우 매체언어를 대하는 학습자의 비판 능력과 창의성을 길러주는 학습 활동을 구성해야 한다. 그 내용은 매체언어의 수용과 생산을 별개의 것으로 다룰 수도 있고 또는 같이 다룰 수도 있다. 중요한 것은 이 교육과정 내용을 토대로 만든 단원을 배운 학습자가 매체자료의 비판적 수용과 심미적 향유라는 목표와 세부 내용에 도달했는지 여부이다. 학습자가 무분별하게 접하게 되는 매체자료는 청소년 학습자의 가치관에 영향을 미치게 된다. 매체는 때로는 그릇된 형태의 지식을 학습자에게 주입시킨다. 예를 들면 인터넷 안에서 떠도는 출처가 불분명한 루머를 무비판적으로 받아들이는 경우가 이에 해당한다. 학습자는 매체언어를 접하기 이전에 올바른 가치관을 확립하고 이러한 시각을 통해 매체자료를 수용하고 향유하는 연습을 해야 한다.

이를 바탕으로 매체자료의 창의적 변용과 생산이 잘 이루어졌는가를 살펴야 한다. 인터넷과 같이 상호 소통적인 특징을 가지는 매체에 대해서 학습자들은 이미 이들 자료를 변용하고 생산하는 일에 익숙하다. 예를 들면 방송 영상의 일부분을 잘라서 그 부분만 연속 재생할 수 있게 만든다던가, UCC나 블로그, 페이스북을 통해 자신의 관심 분야에 대한 정보를 생산하고 있다. 이것을 교과에서 체계적으로 배움으로써 매체와 수용자, 목적을 적절하게 고려한 매체자료의 창의적인 변용과 생산을 가능하게 한다. 매체언어를 통한 사회적 소통과 문화 참여라는 목표를 달성하기 위해 매체를 통한 소통이 적절하게 이루어지도록 하는 소단원 활동을 구성하는 것이다. 사적, 공적인 상황에 맞는 매체언어에 대한 이해가 필요하다. 위와 같은 세부 내용을 소단원으로 설정하여 목표에 도달하도록 한다.

위의 내용을 바탕으로 단원 내용을 설정하기 위해서는 앞서 말했듯 통합적인 활동이 요구된다. 예를 들면 '매체자료의 의미를 비판적으로 분석하고 평가 한다'라는 세부 내용에 근거하여 소단원을 설정할 경우, 우선 매체자료를 읽거나 보는 활동이 우선한다. 그 후 주제를 파악해서 매체 생산자가 말하고자 하는 바를 알아야 하며, 이를 비판하기 위해서는 정보에 대한 정확한 지식을 조사해야 한다. 만일 교과서 텍스트가 영상 매체일 경우, 학습자는 듣기와 읽기(보기) 활동을 하고 비판한 내용을 말하거나 글로 쓰는 활동이 더해지면 말하기와 쓰기 활동 또한 경험하게 된다. 국어의 통합적인 활동을 통해 매체언어의 목표에 도달 할 수 있도록 단원을 구성하여 매체언어에 대한 이해를 중심으로 다른 국어교육적 효과도 기대할 수 있다.

이상 내용 체계의 세 영역 중 어디에 중심을 두느냐에 따른 단원 내용을 어떻게 구성은 달라질 수 있다. 이는 학습자의 수준과 학년급별의 차이점을 고려하여 학습위계를 설정하면 된다.

3.2. 교육과정 재구조화와 내용 요소

국가 수준 교육과정에 바탕하여 교재에서 다루어야 할 영역별 핵심요소와 이에 따른 내용 요소를 선정하여 표로 나타내면 〈표 2〉와 같다.

3.2.1. 단원 개발의 형식적 체제

3.2.1.1. 교재 체계도

교육과정의 재구조화는 교재 제작의 핵심 중의 핵심이다. 제도권 교육이라고 할지라도 교육과정 속에 제시된 성취기준과 내용 요소들을 모두 교과서에 반영할 수 없다. 교재 개발자의 입장에서 학년별, 혹은 영역별 위계와 통합성을 고려하면서 취사선택의 과정을 통해 통합성을 지향해야 한다. 여기서는 앞에서 제시된 교육과정상의 핵심요소를 길라잡이 삼아 실제 교재 개발에 적용할 수 있는 교육과정 상세화 내용을 소개하고자 한다. 우선, 교과서 체계에 관한 것과 그 체제 속에서 내용 편성에 관한 것으로 나누어 제시한다.

⟨표 2⟩영역별 내용 요소

영역별 핵심 요소		교수학습 내용 요소
매체의 언어성	매체 경험과 유형	• 매체 사용 경험 떠올리기 • 매체의 언어적 특징 살펴보기 • 매체 유형별로 특징 살펴보기 • 인쇄매체의 특성 알아보기 • 영상매체의 특성 표현 이해하기 • 인터넷, 모바일 매체의 특성 이해하기
		책, 영화, 연극, 컴퓨터, 모바일 폰 등
	매체의 표현 방식	• 문자서사와 영상서사의 개념 이해하기 • 문자서사와 영상서사의 종류 및 표현방식의 차이점 이해하기 • 문자서사와 영상서사의 변용 이해하기 • 영상을 보고 내용의 가치 판단하기
		문학작품(문학 작법), 영화(영상 촬영기법), 광고, 애니메이션 제작 기법
매체의 사회문화성	매체소통	• 인터넷 게시판의 이용 방법 이해하기 • 인터넷 게시판에서 표현하기 • 인터넷 게시판의 쓰기 전략 알기 • 정보 생산자의 기본 윤리 알기
		블로그, 카페, 페이스북, 트위트 등 각종 SNS
매체의 창의적 생산성	매체변용	• 텍스트 상호성 이해하기 • 매체유형별 차이점과 변용에 대해 알기 • 소설과 영화의 서사 기법 파악하기 • 소설과 영화의 표현기법 차이 알기 • 소설, 시를 영상으로 제작하기
		소설의 영화화, 애니메이션의 영화화, 연극의 영화화, 시의 뮤직 드라마화
	매체생산	• UCC 제작방법 절차 이해하기 • UCC 내용선정과 효과적인 표현방법 탐구 • 스토리보드 작성법 알아보기 • 독서신문 제작하기 • 동영상 공익광고의 제작하기
		UCC 및 광고 제작 프로그램 및 예시 작품

3.2.1.2. 교육과정 재구조화와 핵심 요소

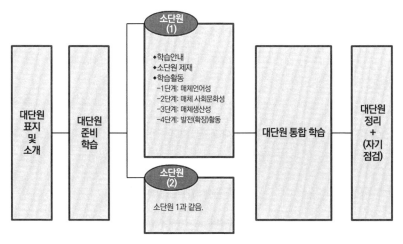

〈그림 2〉 교재 구성도

　교재 체계도가 완성되고 나면 각 대단원 아래 소단원을 설정한 뒤, 교육과정 속의 성취기준 2~4개를 선정하여 학습목표가 되게 하고, 연계되는 성취기준도 하나의 대단원 아래에서 같이 다루어 질 수 있도록 통합성을 지향한다. 가령 성취기준이 "광고를 보거 나 듣고 설득의 전략을 파악한다."라고 설정되었다면 아래와 같 이 내용 상세화를 통해 교재에 어떤 내용을 담을 것인지를 교재 구성의 핵심요소를 중심으로 구체화한다.

　실제적인 사례는 아래 표의 예시와 같다.

〈표 3〉 교육과정 상세화

성취 기준	내용 요소 상세화
광고를 보거나 듣고 설득의 전략을 파악한다.	• 광고의 특성 이해하기 • 언어 표현이나 이미지 구성 방식 파악하기 　－광고에 쓰인 언어 표현의 효과 판단하기 　－광고에 쓰인 이미지 구성 방식의 효과 판단하기 • 아이디어생성 과정 및 기획 의도 추론하기 • 광고에 쓰인 설득의 전략 파악하기 　－시각적으로 효과적인 설득의 전략 알기 　－청각적으로 효과적인 설득의 전략 알기 • 신뢰성과 타당성의 개념 이해하기

〈표 4〉 단원 설계도 예시

단원명 (대단원명)	소단원1. 광고의 매력 소단원2. 인터넷 세상의 주인공	
단원 설정의 취지	〈소단원 1〉의 내용을 바탕으로 대중에 대한 호소력이 높은 다양한 매체의 광고에 나타난 다양한 설득의 전략과 언어 사용 방식을 파악하는 단원.	
	〈소단원 2〉의 내용을 바탕으로 문제 해결 과정으로서의 인터넷 토론을 비판적으로 분석하고 주체적으로 참여하기 위한 단원.	
내용 체계적 함의	소단원 1	• 매체언어성: 광고의 특성에 대한 이해를 바탕으로 • 매체 사회문화성: 광고가 사용된 다양한 매체 상황을 고려하여 • 매체생산성: 광고에 나타나는 언어 사용 방식을 관찰하고 분석하여 실제 설득하는 광고를 제작해 보기
	소단원 2	• 매체언어성: 매체 특성에 대한 이해를 바탕으로 • 매체 사회문화성: 인터넷 게시판에서 설득적·담화가 사용되는 상황을 고려하여 • 매체생산성: 토론할 내용을 마련하여 사회적 상호작용의 말을 작성하기
성취기준 (대단원 목표)	• 광고를 보거나 듣고 설득의 전략을 파악한다. • 대화 상대의 공감을 이끌어 낼 수 있도록 호소력 있게 말한다. • 인터넷 게시판의 내용을 비판적으로 분석하고 인터넷 토론에 주체적으로 참여한다.	

연계된 성취기준	• 대화 상대의 공감을 이끌어 낼 수 있도록 호소력 있게 말한다. • 여러 가지 표현 전략을 사용하여 격려하거나 위로하는 글을 쓴다. • 다양한 매체에 나타난 언어 사용 방식의 차이점을 파악한다. • 자신의 생활 체험을 바탕으로 독자에게 감동이나 즐거움을 주는 글을 쓴다. • 문제 해결 방안이나 요구 사항을 담아 건의하는 글을 쓴다.
동원할 텍스트의 수준과 범위	• 대중에 대한 호소력이 높은 광고 • 다른 사람의 처지에 공감하며 설득하는 말 • 일상생활에서 제기되는 문제를 해결하기 위한 인터넷 토론 • 설득의 전략이 효과적으로 사용된 광고 • 신문, 방송, 인터넷 등 다양한 매체의 광고 • 최근 주목 받고 있는 광고나 감성에 호소하는 광고 • 인터넷신문 토론 글
단원 목표	제시된 교육과정의 성취기준을 바탕으로 하여 소단원 (1)과 (2)를 묶을 수 있는 교육 목표 설정
집필 세부 사항	

단원 집필의
방향
	※ 다음을 고려하여 단원 집필
	〈영역 측면〉
	  1) 듣기와 말하기, 쓰기의 통합 단원
	  2) 다양한 매체를 활용하며, 호소력과 설득력 표현의 효과를 알 수 있게 구성
	〈길러주어야 할 능력 측면〉
	  1) 설득의 전략을 수립하고 이를 실제 상황에 적용할 수 있는 능력
	  2) 설득적인 말을 만들어 보고, 매체를 활용하여 표현해 볼 수 있는 능력
	〈제공해야 할 경험 측면〉
	  1) 설득적 말하기를 통해 자신의 삶의 맥락에 주체적으로 참여하는 경험

제재 선정의
기준
	※ 다음을 고려하여 제재 선정
	  1) 학습자의 수준, 흥미, 친밀도를 고려한 제재
	  2) 효과적인 설득의 전략이 사용된 글을 분석한 제재
	  3) 학습자가 주체적으로 분석하고 판단하여 참여할 수 있는 제재
	  4) 다양한 형식, 매체를 활용한 제재
	-예: 공익광고, 캠페인 광고, 신문광고, 라디오 광고, TV광고, 인터넷 광고, 인터넷 게시판, 미니 홈피, 블로그, 페이스 북 등

위 표에서처럼 학습목표와 제재선정이 되었다면 학습활동의 방향을 결정지어야 한다. 일반적으로 학습활동은 내용탐구, 기능습득, 적용학습, 발전학습 등과 같은 교수학습의 요구들이 제시되어야 한다. 매체언어교육에 필요한 교재 개발의 경우는 학습활동의 방향을 일반적인 국어교육과는 차별의 두어, 매체의 특성이 보다 뚜렷이 드러나도록 구분 지었다.

3.2.1.3. 학습활동의 방향

◆생활중심 언어수행

학습자가 일상 언어생활에서 친숙하게 경험할 수 있는 상황이 드러나는 텍스트를 바탕으로, 텍스트의 내용과 관련된 학생들의 경험을 상기시키고 설득의 전략을 파악해 내는 활동을 마련해야 한다. 텍스트에 나타난 내용이 설득력이 있는가를 판단할 수 있는 활동, 설득력이 있다면 이용된 설득의 전략을 파악할 수 있는 활동, 앞의 활동을 바탕으로 설득의 전략을 파악하는 활동이 될 수 있도록 설계한다.

◆사회문화적 맥락 확장

사회, 문화, 미디어 등 맥락 확장의 학습활동을 중심으로 한다. 이 단원에서는 학생의 경험적 수준을 넘어서서 텍스트가 소통되는 사회 또는 문화적 맥락에 대해 이해할 수 있는 활동, 미디어 환경을 반영하거나 미디어를 활용한 활동이 마련되어야 한다. 기능 통합, 주제 통합 등 통합 중심 활동이 이루어져야 한다. 듣기와 말하기뿐만 아니라 읽기, 쓰기, 문학 등이 통합될 수 있는 텍스트와 활동, 주제 통합적 텍스트와 활동을 설계한다. 예를 들면 사회적 이슈가 되는 인터넷 게시판에 가상 투고글 혹은 댓글 쓰기 등과 같은 활동을 하거나 자신의 트윗, 페이스북과 같은 소셜 미디어를 활용하여 반응적 글쓰기를 하게 한다.

◆매체변용과 생산성 확대

학습자가 매체를 둘러싼 이론적인 부분과 사례들을 학습한 뒤, 텍스트 상호성 입장에서 예술 장르 간의 변용을 시도하거나, 아니면 직접 매체를 사용하여 제작해 보는 것이다. 예를 들면 문학 작품을 읽고 그 내용을 바탕으로 호소력 있는 광고를 만들어보기, 인터넷 게시판에서 이루어진 토론의 내용으로 짧은 소설 쓰기, 글을 읽거나 동영상을 보고 모둠토의하기, 소설을 읽고 섹션신문 제작하기, 동영상 콘티를 짜고 스토리보드를 만든 뒤 직접 영상을 제작해보기 등의 활동이 가능하다.

◆교수학습모형

단원의 성격, 목표, 학습 내용 및 방법 등과 관련된 다양한 교수학습모형을 참고, 개발, 적용하여 집필한다. 예를 들어, 이 단원에서는 매체와 설득의 전략에 대한 일반적인 이해를 바탕으로 글을 읽기 위해 직접교수학습모형을 적용할 수 있고, 듣기와 말하기를 통해 효과적인 설득을 위한 공감, 비판의 능력을 향상시키기 위해 문제해결 교수학습모형과 역할놀이 학습법을 적용할 수 있다.

실제 집필에서는 단원의 성취 기준이 전개·확장되어 나가는 구조로 집필하여야 한다. 학습자의 흥미와 관심을 불러일으킬 수 있는 텍스트, 학습자의 실제 언어생활을 반영하는 텍스트를 활용하는 것이 바람직하다. 감동과 즐거움, 자기성찰의 계기를 줄 수 있는 제재와 활동을 제시하는 것이 필요하며, 다양한 매체(글, 담화, 영상, 인터넷, 모바일 등)를 활용하는 것도 좋다.

3.2.2. 단원 개발 학습활동의 사례

3.2.2.1. 매체언어성 관련 학습활동

매체언어 교수학습의 핵심요소 중 하나인 매체언어성과 관련된 학습활동은 '매체 경험과 유형', '매체의 표현 방식'으로 나누어 볼 수 있다. 광고 매체와 관련하여 제시하면 아래와 같다.

◆ 매체 경험과 유형

[사례 1: 매체 경험의 경우]

자신이 최근에 보거나 들은 광고를 떠올려 보자. 그리고 왜 기억에 남아 있는지 그 이유를 생각해 보고 아래와 같이 정리해 봅시다.

매체 【광고 제목 】	이유
텔레비전 【 】	이유 1:
	이유 2:
	이유 3:
라디오 【 】	이유 1:
	이유 2:
	이유 3:

신문/잡지 【　　　】	이유 1:
	이유 2:
	이유 3:
인터넷 【　　　】	이유 1:
	이유 2:
	이유 3:

◆ 매체의 표현방식

[사례 2: 매체 표현방식의 경우]

<　광고가 우리를 유혹한다　>

　광고(廣告)는 널리 알린다는 뜻을 가지고 있다. 광고는 상품 혹은 이미지(캠페인)를 제시하고 사람들로 하여금 사고 싶은 욕구나 행동의 변화를 보이게 유도하는 것이다. 사람들의 마음을 사로잡기 위해서는 광고 전략이 필요하다. 광고 전략은 등장인물의 행동, 언어, 음악이나 음향, 이미지 등을 창의적으로 구성하여 소비자의 마음에 오래 남게 하는 것이다. 그러기 위해서는 사람의 마음에 호소할 수 있는 여러 가지 설득적인 장치들을 만들어야 한다.

　광고의 일반적인 구성은 다음과 같다.
 • 누가: 광고주
 • 무엇을: 상품 혹은 이미지(캠페인)
 • 누구에게: 소비자
 • 무엇으로: 매체
 • 어떻게: 설득적인 전략
 • 왜: 상품 판매 촉진시키고 신뢰감 높이기 위해

　광고의 설득적인 전략은 매체와 조화를 이룰 때 그 효과가 더 높게 나타난다. 광고 제작자는 매체의 특성을 반영하여 광고 전략을 꾸민다. 광고는 상식 파괴, 상식과 비상식의 대비, 호소하기, 놀라게 하기, 겁주기, 부러움 사게 하기 등의 기발한 아이디어를 통해 소비자를 설득하고 유혹한다. 광고의 성패는 소비자를 얼마나 잘 유혹할 수 있게 만들어졌느냐에 달려 있다고 해도 틀린 말이 아니다.

(1) 이 글에서 광고의 설득 전략을 모두 찾아보자.

---

(2) 광고 중에서 아래의 설득 전략에 의해 만들어진 것을 찾아봅시다.

설득 전략	광고이름	광고 찾고 분석하기
겁주기 전략		1) 누가: 2) 무엇을: 3) 누구에게: 4) 무엇으로: 5) 광고 효과:
부러움 유발하기 전략		1) 누가: 2) 무엇을: 3) 누구에게: 4) 무엇으로: 5) 광고 효과:
놀라게 하기 전략		1) 누가: 2) 무엇을: 3) 누구에게: 4) 무엇으로: 5) 광고 효과:

[사례 3: 매체 표현방식의 경우]

〈광고는 죽어서 광고 문구를 남긴다?〉

우리는 수없이 많은 광고를 접하며 살고 있지만, 막상 우리 머릿속에 남아 있는 광고를 떠올려 보면 그렇게 많지 않음을 알 수 있다. 어떤 광고가 우리 머릿속에 남아 있을까? 광고를 두고 하는 말 중에 이런 말이 있다. "사람은 죽어서 이름을 남기고, 광고는 죽어서 광고문구(카피)를 남긴다." 속담에 비유해서 한 말이지만 광고에서 광고 문구가 차지하는 비중이 얼마나 큰지를 상징적으로 보여주는 말이다.

오랜 세월이 지나 제품은 사라지고 없더라도, 광고의 로고송이나 광고 문구가 기억에 남아 있는 경우가 종종 있다. 잘 만들어진 광고 문구는 신조어를 만들어 어휘의 폭을 넓히거나, 새로운 개념을 언어로 인식되게 하기도 한다. 또한 창의적 언어 사용으로 인해 언어의 수사력을 풍부하게 해 주기도 한다.

그러나 오래 기억되는 광고 문구가 올바르게 쓰인 언어냐 하면 꼭 그런 것은 아니다. 오히려 광고 문구에는 비문법적 문장, 은어와 비속어 사용, 철자법 오류, 띄어쓰기 잘못, 외국어 남용 등 부적절한 언어 사용도 적지 않다. 이 점이 광고 문구의 특징이기도 하다. 광고 문구는 시간과 공간의 제약을 받기 때문에 어쩔 수 없이 문법 파괴를 하는 경우도 있고, 소비자의 관심을 끌기 위해 일부러 그렇게 하는 경우도 있다.

1. 가족들이 어린 시절 듣거나 보았던 광고 중에서 아직도 기억하고 있는 CM송이나 광고 문구가 있으면 소개해 봅시다.

아버지(얼굴 삽화)	
어머니(얼굴 삽화)	
형제(얼굴 삽화)	
나(얼굴 삽화)	

2. 재미있지만 언어표현이 잘못 사용된 광고를 찾아보고, 문법에 맞게 올바르게 바꾸어 봅시다.

잘못 사용된 광고 문구	광고	문법에 맞게 고쳐보기
은어/비속어 사용		
틀린 맞춤법		
외국어 남용		
띄어쓰기 잘못		

3. 금연광고를 만들고자 한다. 옆의 그림에 어울리는 문구(카피)를 써 봅시다.

3.2.2.2. 매체의 사회문화성 관련 학습활동

매체의 사회문화성 교육과 관련된 학습활동은 타인의 글을 읽고 반응하면서 나의 생각을 효과적으로 표현할 수 있는 전략수립과 관계된 내용과, 이 과정에서 정보 생산자가 지켜야 할 공중도덕과 윤리의식과 관계된 것이다.

◆ 매체 소통

[사례 1: 인터넷 게시판에 표현하기 경우]

1. 〈마음을 움직이는 댓글〉이란 소단원을 설정하고 "학원은 필요한가?"라는 주제 글에 대해 각자의 생각을 표현하기로 한다.

1) 제시된 토론 주제에 따라 각자의 생각을 찬성 혹은 반대의 입장에서 설득력 있게 표현한다.
2) 토론 주제에 따라 찬성한 글과 반대한 글을 구분하여 그 이유를 따져보자.
3) 토론 주제에 관한 댓글 중에서 가장 설득력 있게 표현된 글을 찾아서 그 이유를 말해보자.

[사례 2: 정보 생산자의 기본 윤리 알기의 경우]

1. 인터넷 토론이나 기존의 기사문의 댓들을 쓸 때 지켜야 할 예절에 대해 생각해 봅시다.

> 가) 청소년 흡연에 관한 신문 기사
> 나) 이 기사에 대한 댓글 5개

1) 가)의 기사에서 주장하고자 하는 것이 무엇인지 3줄로 요약해 보자.
2) 나)의 댓글 중 예의를 지킨 것과 그렇지 못한 것을 골라 보고, 그 이유를 따져 보자.
3) 인터넷 글쓰기에서 반드시 지켜야 할 예절 6개만 찾아보자.

3.2.2.3. 매체의 창의적 생산성

◆ 매체변용

[사례 1: 매체변용을 통한 텍스트 상호성 이해하기 경우]

텍스트 상호성 이론은 매체변용을 이해하기 위해 매체 유형별 작품의 특징과 그것의 또 다른 형태로의 변화에 대해 알아보고, 각기 다른 장르 간 서사기법이나 표현기법 또는 제작의 특징을 살펴보는 것이다. 학습자는 매체변용을 통해 의미를 생성해 가는 과정을 관찰하고, 그 과정 속에서 자신의 창의적 해석 능력과 창작 능력을 기르게 된다.

일반적으로 문학교육의 의의는 상상력의 세련, 삶의 총체성 경험, 문학적 소양의 문화적 고양이라 할 수 있다. 매체변용 후의 작품을 통해 작품을 인식하는 과정에서 발휘되는 매체적 상상력과 순수하지 않은 현실에 대해 비판을 할 수 있는 조응적 상상력을 가져올 수 있다. 그러므로 매체변용 후의 또 다른 장르의 작품을 통해 상상력이 어떤 방식으로 변화되고 재창조되는지를 경험할 수 있게 된다. 문학의 문화적 고양은 양극단을 조화시키고 인간의 본성과 인간다움과 인간의 가치를 최대한 고려하고 발휘하는 문화이니 만큼 현실의 약삭빠름과 극중의 순수성을 조화시켜 인간의 가치에 대해 탐구할 수 있을 것이다.

1. <소단원> 텍스트로 위기철의 소설 "아홉살 인생"과 윤인호 감독의 영화 "아홉살 인생"을 제시하고 텍스트 상호성 입장에서 문학교육 수업이 이루어질 수 있게 구성한다.

소설 '아홉 살 인생'	영화 '아홉 살 인생'

2. 소설 원작이 영화로 변용되었을 때의 작품 비교와 의미

1) 인물의 성격 창조 면에서 어떤 차이가 있는가?

∘ 소설 텍스트를 읽으며 인물의 성격을 알 수 있는 대목을 찾아 보고, 영상물에서는 어떻게 표현하고 있는지 비교하기

∘ 소설 텍스트 속의 인물 외양 묘사가 나타나 있는 대목을 찾아 보고, 영상물에서는 어떻게 표현되었는지 비교하기

∘ 소설에는 없는 인물이 영상물에 등장하는 경우 찾기 혹은 소설 에 있는 인물이 영상물에 빠진 경우 찾기

∘ 소설의 인물 성격 창조와 영상물에서의 인물 성격 창조 중 어 떤 것이 더 효과적이라고 생각했는지 정리해 보기

∘ 인물 비교표 작성하기

	소설	영화
백여민	소설에서는 부산 영도에서 살다가 서울 달동네로 전학 을 간다.	원래 부산에서 살던 아이. 애꾸눈인 어머니의 안경을 맞춰주려고 돈을 버는 모습의 효성이 지극한 아이.
장우림	여민의 학교 짝으로 명령조 로 말을 하고 제멋대로인 여 자아이. 인간관계가 좋지 않다.	부산으로 전학 온다. 자신의 아버지에 대해 거짓말을 한다. 금복과 여러 면에서 마찰을 일으키지만 다시 전학 갈 때 진실하게 말함으로 써 아이들과 화해.

2) 사건의 구성(plot)면에서 차이는 없는가?

◦ 소설과 영상물의 사건 순서가 어떻게 달라졌는지 플롯면에서 차이 비교하기

◦ 액자구성의 소설이라면 영상물에서는 어떤 식으로 구성했는가 알아보기

◦ 소설의 사건 중에서 영상물에 생략된 경우 찾기 혹은 소설에는 없는 사건이 영상물에서 다루어진 경우 찾아보기

◦ 사건 구성을 달리함으로써 주제 구현의 차이는 생기지 않았는지 관찰해보기

◦ 사건 비교표 작성하기

	플롯
소설	발단: 여민이 서울 학교로 전학 간다. 전개: 연필을 깎아 달라는 말과 함께 우림이 여민에게 관심을 가진다.
영화	• 쇼트(shot) 1: 여민, 금복, 기종이 손들고 벌 받는 모습이 보이다가 교장 선생님과 오는 우림의 모습이 보인다.(로우 앵글) 우림이 벌 받는 아이들을 돌아본다.(클로즈업, 느림화면) • 쇼트 2: 자습시간 우림이 연필을 깎다 손을 다친다.(익스트림 클로즈업) 졸고 있는 담임선생님의 모습(미디엄 숏) 우림의 다친 손을 지혈해주는 여민(눈높이 앵글)

3) 배경 면에서 차이는 없는가?

◦ 소설 텍스트에서 배경 제시한 대목을 찾아보고, 영상물에서는 어떻게 표현하고 있는지 살펴보기

◦ 배경 비교표 작성하기

	소설	영화
시간적 배경	1970년대	1970년대
공간적 배경	서울 달동네	경상도의 어느 국민학교
사회·문화적 배경	공업화가 진행되던 시기	주로 학교

4) 주제 면에서 서로 달라진 점은 없는가? 변용 후의 작품의 주제가 원작과 다른 이유는 무엇인가? 그 창작 의도는 무엇인가?

- 소설에서는 여민을 내세워 아이의 성장과 아이의 시각으로 바라본 비판이 담겨 있는데, 영화에서는 여민이 엄마를 생각하는 부분도 있지만, 여민의 사랑에 초점을 맞춰서 주제 면에서 사회적인 기능이 약해졌다.

- 영화의 경우는 당장의 흥행을 통해 수익을 창출해야 한다. 그렇기에 영화에는 소설에서 보여지는 '토굴할매'나 '풍뎅이 영감'에 대한 언급이 없다. 소설에서는 두 인물을 통해 소외된 사람의 장례를 치르는 일의 어려움, 가난한 사람들을 사정을 알면서도 악착같이 돈을 받아내려는 사람이 있는 현실의 리얼리티를 다루지만 영화에서는 이 부분이 아예 없다. 이런 리얼리티를 다루기보다는 아홉 살 아이의 순수한 사랑을 통해 정신적으로 피폐해진 사람들에게 호소하는 것이 더 흥행을 할 요소가 있을 것이기 때문이다. 창작 의도는 아홉 살 소년의 순수한 마음을 통해서 이 시대 사람들에게는 결핍되었다고 할 수 있는 순수성을 느끼게 해주려한 것이라고 생각한다.

5) 영상물의 기법은 주로 어떤 것이 사용되었는가?

- 영상물은 주제를 부각하기 위해 어떤 기법을 많이 사용했는가? 느린 화면, 클로즈업: 느린 화면을 통해서 앞으로 이어질 사건에 대한 암시와, 중요장면의 느낌을 잘 살리고, 클로즈업에서는 단적으로 인물의 상황이나 감정을 보여준다.

- 문자 언어와 시각 언어의 차이점을 발견할 수 있는가?

- 말로 표현할 것을 영상 시각적으로 어떻게 표현했는가?

◦ 우리 주변에서 소설이 영화, 애니메이션, 드라마, 게임 등으로 변용된 사례를 찾아봅시다.

◆ 매체 생산

[사례 1: 독서신문 제작을 통한 매체적 상상력 구현하기]

1. 현진건의 소설 "운수좋은 날"이 〈소단원〉으로 설정되었다고 가정했을 때, 본문학습이 끝난 후 학습활동의 마지막 차시에 이 과제를 제시한다. 과제 제시 후 성과물은 적어도 3주가량의 시간을 주고 수행하게 한다. 창의성 계발학습모형을 적용하여 수업하면 효과적이다.

1) "운수 좋은 날"에 나타난 요소들을 바탕으로 섹션신문을 만들 수 있다.

◦ 단계 1: 각 모둠별로 〈운수신보〉 제작을 위한 계획서를 작성하게 한다(신문 제작: 4절지 크기). 이 때 본문에서 새롭게 알게 된 내용과 정보 등을 특색 있게 꾸며 지면을 구성하도록 한다.

◦ 단계 2: 계획서 작성 시간이 끝나면 각 모둠별 계획서를 보고 제작 방향에 대해 조언한다.

◦ 단계 3: 각 모둠별로 신문 제작을 시작하게 한다. 이 때 백과사전이나 인터넷을 통해 자료를 추가로 찾아볼 수 있도록 한다.

◦ 단계 4: 각 모둠별로 제작한 신문을 앞에 게시하여 함께 평가하도록 한다.

◦ 단계 5: 신문에 대한 각 모둠별 상호 평가 내용을 발표하고, 가장 효과적으로 정보를 전달한 모둠을 선발하여 그 모둠이 만든 신문의 특징을 다함께 정리하여 매체의 특징을 이해하도록

한다. (평가 질문의 예: '어떤 점이 돋보이는 신문인가요?')

<표 5> 운수일보 계획서

2학년 1반 모둠 이름:	구성원: 조은정, 김동현, 김현수, 김현아			
1. 섹션 주제 정하기				
2. 섹션 신문 이름 정하기 －운수일보 이유: 제목 "운수 좋은 날"과 관련성				
3. 기사 내용 정하기				
4. 편집 구상하기				
1면 종합, 정치면 － － － － －광고	2면 사회면 － － － － 만화		3면 경제란 － － － 국제란 －	4면 문화란 － － 편집후기 개인소감
5. 역할나누기	번호	역할		

2. 신문 만들기의 유의점을 자세하게 설명한다.

신문의 제작과정과 기사 쓰기와 기사 배치의 유의 사항은 아래와 같다. 수업 시간에 제시하고 이 점에 유의하여 제작하도록 한다.

1) 섹션신문 제작과정
◦기자들이 맡은 부문을 취재해 온다(국내, 해외 뉴스).
◦기자들 취재해 온 기사 중에서 기사의 경중에 따라 취사선택한 후 하여 중요도에 따라 해당 지면에 배치한다.
◦기사에 어울리는 표제를 단다.
◦교정을 한다.
◦광고를 삽입한다.
◦전체 지형에 맞추어 편집을 한다.

2) 교과서 단원과 섹션신문의 상관성을 고려하여 작성한다.
◦기사는 소설의 구성을 고려하여 6H 원칙에 따라 쓴다.
◦인터넷 검색을 통해 소설의 시대상과 관련된 자료를 수집한다.
◦원자료를 그대로 붙이거나 그대로 옮겨 적지 말고 재구성한다.
◦큰 기사에서 작은 기사의 순으로 배치한다.
◦기사의 삽화와 사진을 조화롭게 배치한다.
◦여백을 여러 가지로 이용한다(컷 그림, 광고, 안내, 명언, 토막상식, 신문 제호 등을 넣어 활용).
◦읽기에 딱딱한 기사와 부담 없이 읽을 수 있는 기사를 적절하게 배치한다.

서기 1925 년 1월 30일 화요일 발행.

운 수 신 보

발행인 - 정탁조
구독 · 배달안내 :
02-800-2562

함께하면 운세가 좋아질 것만 같은 신문 - 운 수 신 보 !

흑흑… 되라질년 왜 못 먹어!
- 김첨지와 그의 아내의 죽음

어제 오후 7시 20분 경 서울 판자촌에서는 어느 사내의 울음소리와 아기 울음 소리로 시작하여, 온 동네가 울음바다가 되어버렸다. 사연을 들은 즉, 그 사내의 이름은 김첨지, 그는 보잘것없어 보이는 인력꾼이나, 약 한번 지어주지 못해 더 병이 깊게 든 아내와 세 살인 아들 개똥이에게 든든한 남편이고 아버지였다. 어제 오전 10시경에 그는 인력거를 가지고 일을 나가 첫 손님부터 아주 넉넉하게 돈을 벌기 시작했다. 오랜만에 만져보는 돈은 계속해서 그의 손에 쥐어졌다고 한다. 추적추적 내리는 빗속을 힘차게 나아갈 때 아내의 가지 말라던 음성이 들려왔지만, 더 많이 벌어 아내가 먹고 싶어하는 설렁탕을 사주기 위해서 그는 욕심을 내어서 더 열심히 일을 하였다고……. 그런 다음 설렁탕을 사 들고 가기 전, 삼칸 친구를 만나 주막에서 오랜만에 벌어들인 큰돈으로 술을 거하게 마셨고 그 사이에서 약간의 다툼이 있었다고 한다. 그 뒤로 집에 들어가기 싫은 발걸음을 억지로 내딛었을 때 정적한 방과 개똥이의 울음…… 아내가 그렇게 먹고 싶어하던 설렁탕 냄새에도 꼬박하지 않음을 보고 그는 아내의 죽음을 알게되고 **흑흑… 되라질년 왜 못 먹어!** 라고 말했다고 한다.

가난의 아픔과 고통을 누구보다 가장 잘 아는 우리들에게 이 사건은 잔잔한 냇가에 돌을 던져 여울이 생기듯, 우리들 마음속에 작은 요동을 일으키고 있다.

안은영 기자

<오늘의 독서 날씨>

오전	오후
☀	☂
3/13℃	7/12℃
10/20%	80/90%
맑은 후 점차 흐려짐	흐리고 비

"괴상하게도 오늘은 운수가 좋더니만……"

남대문 밖 김첨지의 아내가 처량하게 죽고 김첨지의 한 맺힌 울음 들으니 어찌 아니 슬플소냐!

관련기사
아내 임종 전, 선술집에서 난동 부린 김첨지…

어제 저녁 아내를 잃은 김첨지는 아내의 죽음을 확인하기 전 선술집에서 친구인 O치삼씨와 함께 모주를 마시며 난동을 부렸던 사실이 확인되었다. 주위 사람들의 증언에 따르면 김첨지는 주문한 음식이 나오는 족족 게눈 감추듯 집어넣며 술을 더 달라며 난동을 부렸다 한다. 옆에서 술을 마시며 이를 지켜보았다는 김 개똥씨는 '김첨지가 꼬깃꼬깃 접힌 돈을 내놓으며 술 내라고 고래고래 소리를 지르더라고…' 그리고 '내 아내가 오늘 죽었다'고 말하는 것을 들었다고 한다. 이는 김첨지가 아내의 죽음을 이미 예견한 것이 아닐,하고 주위 사람들은 얘기하고 있다. 김첨지와 함께 술을 마신 친구 치삼씨도 "그 김첨지가 엊저녁 돈을 많이 벌었던 모양이더라고. 그러면서 마누라 죽었다며 통곡을 하는데 이상해 보이더라. 그리곤 집에 갈 때 설렁탕을 사간다고 그러데"라며 그날 저녁 김첨지의 행동을 증언했다. 사람들은 몇날 며칠을 돈 구경을 해보지 못한 김첨지가 이날 운수 좋게도 계속 돈을 벌어들이다가 집에 두고 온 병든 부인이 눈에 자꾸만 걸리고 첫먹이 아들인 개똥이에게 여태 잘해주지 못한 것이 못내 미안해 이 같은 마음에 난동을 부린 것으로 보고 있다.

유성철 기자

<문화행사 광고>
인력거 달리기 경주대회

조선총독부 경성지부에서는 전차시대의 도래로 인하야 위기를 맞고 있는 인력거꾼들을 위해 다음과 같이 "인력거 달리기 경주대회"를 개최하기로 하였다.

행사를 주최한 총독부 경성지부의 한 고위 관계자는 이번 행사로 인력거꾼들이 이 힘든 경제적 도탄시기에 서로간에 협력을 다질 수 있는 기회가 될 것이라고 말하고 있다. 이번 행사에는 서울에 거주하며 인력거를 운영하고 계신 모든 분들이 참석할 수 있다. 많은 참가를 통해 서로간에 협력을 도모할 수 있는 행사가 되길 바라는 바이다.

· 참가대상: 서울에 거주하는 인력거꾼
· 일 시: 1925년 2월3일(토) 14:00
· 장 소: 서울 동소문 앞
· 구 간: 「동광학교~남대문정거장」

항상 운수 좋은 신문, 항상 즐거운 신문 - 운수신보!

〈그림 3〉 운수신보

[사례 2: 스토리보드 작성하고 영상 제작하기]

영상제작은 혼자하기에 벅찬 과제이므로 조별로 역할을 분담하여 제작과정에 따라 최종 산출물을 생산하도록 한다. 주제 선정에서 촬영, 편집, 완성에 이르기까지는 단계별 절차에 따라 전략적으로 접근할 수 한다.

1. 단계 1: 아이디어생성 및 협의 단계

먼저 조원이 결성되고 나면 온라인, 오프라인별 협의내용을 구분하고 비중을 설정한다. 교사는 모둠카드 양식을 제공하여 조원들이 책임감을 갖고 임무 수행할 수 있게 지도한다. 그 절차는 "온라인 협의하기－브레인스토밍－주제 제안하기－오프라인 협의하기－주제 결정하기－역할 정하기－모둠카드 작성하기"로 이루어진다.

〈표 6〉 모둠카드 양식

모둠명	최고조(모둠이 다른 조에 비해 최고로 좋다는 의미)	
제목	오늘은 제가 죽는 날입니다	
성취 목표	·SNS 상의 언어폭력을 드러내 그 심각성을 느낄 수 있도록 하여 따돌림 문화를 퇴치한다.	
모둠원	사진, 이름	활동 역할
	000	모둠장, 연기, 자막처리 편집
	000	장소 섭외, 연기, 동영상 편집
	000	온·오프라라인 대화록 작성, 모둠카드 작성
	000	조별 활동일지 제작, 스토리보드 제작
기타		

* 조원 연락 메일, 휴대전화 번호 목록
* 활동수칙

2. 단계 2: 스토리보드 작성 단계

영화, 애니메이션, 광고, 게임 등 각종 영상매체를 만들기 전에 주요 시퀀스를 일러스트나 사진을 이용하여 시각적으로 정리해 놓은 것을 말한다. 즉, 각종 영상 제작에 들어가기 전, 작품의 줄거리나 화면 구성 등 작품의 흐름을 시각적으로 그려 놓은 일종의 연출을 위한 삽화라 할 수 있다.

스토리보드 상세화는 스토리의 구성 단계를 나누고, 각 단계별로 최소화된 적정 수의 장면을 선정한 뒤 아이디어생성의 의도가 충분히 반영되도록 구성한다. 너무 많은 수는 작성에 부담을 줌으로 30초에 1장 정도 만들면 된다.

<표 7> 스토리보드 작성 예

S#03	화면 구성		음악	17세의 비망록 (조성우)
			음향 효과	어둡고 강한 배경음악을 통해 영상 집중을 유도한다.
	자막	친구들에게 당하던 시절을 끝내는 대신 가족들을 볼 수 없다는 생각에 마음이 아프네요.	대사	없음
	모션	SNS로 인한 집단 따돌림을 당해 정신적 스트레스를 견디지 못하고 학교 옥상에서 자살을 하려고 이동한다.		
	유의점	어둡고 무거운 분위기를 조성하며 카메라의 흔들림을 최소화한다. 촬영기법: ZOOM IN, 기타: FULL SHOT		

〈스토리 구성요소〉

1) 씬, 컷:시나리오상의 씬 컷이 구분되어야 순서를 알 수 있음. 대부분 씬은 S# 컷은 C#라고 표시.
2) 그림: 해당 컷의 화각이나 구도가 어떠한 움직임을 보이는지 구체적으로 볼 수 있게 함.
3) 모션: 해당 컷 안의 인물이나 캐릭터의 움직임에 대한 설명을 넣음.
4) 대사: 해당 컷의 캐릭터들의 대화 내용이 들어감.
5) 음악, 음향효과: 해당 컷이 시현되었을 때 배경이 되는 음악.

3. 단계 3: 촬영 및 자료수집 단계

촬영 시에는 연기보다는 사건, 장면에 집중할 수 있는 촬영 기법을 살린다. 이때 새로 촬영한 영상이 아니더라도 기존의 스냅사진, 그림, 만화, 음악 등 기초자료도 풍부히 활용한다. 촬영할 때는 피사체를 바라보는 카메라의 위치와 각도에 대한 앵글의 종류와 한 화면에 어떤 모습으로 담을지에 대한 숏(롱숏, 풀숏, 미디엄 숏, 클로즈업)에 대한 기본 교육을 시킨다.

〈영화 장면의 단위〉

프레임: 영화의 시각적 최소단위로서 사진 한 장에 해당.
장면(씬): 동일한 시간과 장소에서 구성되는 일련의 동작이나 말.
숏: 한 번의 연속 촬영으로 찍은 장면으로 영화 문법의 기본 단위.
시퀀스: 시작과 끝을 가진 이야기가 독립적으로 구성된 것.

4. 단계 4: 편집 및 텍스트텔링 단계

편집은 영상, 사진, 이미지, 음악, 텍스트에 인과관계를 부여하며, 인과관계를 통해 통일된 스토리로 완성되어 가는 과정이다. UCC 제작에서의 편집 단계는 스토리와 텔링을 효과적으로 조합하여 산출물의 완성도를 높이는 과정이다. 이때 영상 중심의 구성보다는, 영상을 재료로 한 편집자의 말하기(텔링)에 더 큰 무게를 두어 편집하도록 한다.

제2부
매체언어 교수학습
자료 개발과 실천

1. 문화적 문식성 교육과 UCC 제작

1.1. UCC 제작과정에서 제작 단계별 전략수립

1.1.1. UCC 제작 필요성

매체는 메시지를 형상화하는 제작 도구로 활용되기도 하지만 사람들 간의 언어적 상호작용을 가능하게 하는 소통의 통로이기도 하다. 디지털 시대가 도래한 이후 매체는 새로운 저작도구의 활용이라는 관점에서 교육현장에 접목되고 착근되어 왔다. 매체는 낯설음이 익숙함으로, 새로움이 일상적인 것으로 바뀐 요즈음에 와서는 소통의 창구로서의 역할이 더 강화되고 있다.

UCC 제작이 1인 1 홈페이지 갖기의 열광을 넘어서는 것도 바로 소통과 그 소통방식의 확장성에 있다. 어찌 보면 소통을 전제하지 않은 UCC는 없다고 해도 과언이 아닐 것이다. 페이스북과 유튜브(Youtube)와 같은 SNS의 등장은 UCC 방식의 의사표현이 일상화되었음을 보여주는 좋은 사례라 할 것이다. 일반적으로 UCC가 본격적으로 등장한 것은 2005년 웹2.0의 등장과 함께라고 말해지는바, 이는 본격적인 쌍방향 의사소통이 실천적 단계로 접어들었음을 의미한다(연합뉴스, 2007.9.3, "미디어 2.0 네트워크 준비 모임 TV 2.0 제시").

UCC는 영상이 문자와 결합하여 문자 기능을 보완하고 음향과 동행하여 음향 기능을 강화하여 문자와 음향이 애초 갖고 있었던 기능을 훨씬 능가하는 자승력을 과시한다. 또한 사진 영상이 UCC로 옮겨지면 동영상과 같은 격을 유지하게 된다. 이 모든 것이 UCC가 갖는 외연의 힘(오마이뉴스, 2007.2.22, "가치 있는 UCC의 열 가지 조건")이며, 이러한 범주에 국어교육이 제외될 수는 없다.

UCC는 언어, 행동, 음악, 이미지가 스토리를 가진 영상의 형태로 구성된 것이지만 그 내용의 상당 부분은 언어로 형상화되고 소통을 전제로 텍스트텔링(text-telling)되고 있다는 점에서 매체언어의 한 형태로 볼 수 있다. 국어교육 분야에서는 "도구로서의 매체가 표현하고 있는 문자적·기호적·행위적 형상체"(최병우·이채연·최지현, 2000: 8)란 의미로 매체언어를 정의하고 있다. UCC에는 사진이나 그림, 음악과 같은 비언어적 요소가 있긴 하지만 스토리 구성을 위한 '텔링'의 배경으로 사용되는 제한적 기능을 한다. 이런 점을 고려할 때, UCC는 확장된 개념의 매체언어 범주에 포함시켜도 무방할 것이다.

국어교육이 변화된 학습 환경을 수용하여 현실 친화적인 수업으로 전환되어야 한다는 것은 강조하지 않아도 너무나 자명한 사실이다. 이런 노력은 개정 7차 교육과정에서부터 본격화되어 검인정 교과서 개발로 이어지면서 자연스레 학교 수업과 연계되기 시작했다. 교과서에 따라 다소간의 차이가 있기는 하지만, 대부분의 교과서에서는 매체언어를 비중 있게 다루고 있다. 학습자의 수준과 매체 친숙도, 교과 내용영역의 차이에 따라 그 활성 빈도에 차이가 있긴 하지만, UCC 제작이 매체적 상상력 구현의 가장 최상위 수준에서 이루어지는 수업이라는 점은 부정할 수 없는 사실이다.

문제는, 수업 주도권을 쥔 교사의 매체에 대한 인식과 제작의 경험이 어느 정도이냐는 것이다. 매체 조작이 능숙하고 매체 친화적인 학생과 그렇지 못한 교사가 같은 교실에서 매체 관련 단원으로 수업을 하고 있다고 가정해 보자. 아니면 매체 경험이 풍부한 교사와 그렇지 못한 교사가 동일한 단원을 가지고 수업을 하고 있다고 가정해 보자. 그 어느 쪽이든 수업의 부조화가 생길 수밖에 없을 것이다. UCC의 최종 목적은 감성전달(김기범·김경수, 2011: 449)이기 때문에 학습자의 학습동기와 의욕을 고취시키는 데 도움을 줄 수 있을 것이다.

필자는 이러한 교실 안의 풍경을 상정하면서, 이런 문제를 해결하기 위해서는 교사가 직접 매체제작 경험에 노출되어 있어야 함을 주장해 왔다. 교사의 실천 노력이 선행되어야만 학습자의 시행착오를 최소화하고, 교사의 통제 아래서 자신감 있는 수업이 이루어질 수 있다.

본 연구는 국어과의 특성을 살린 UCC 제작과 제작 단계별 핵심 전략, 그리고 문제해결 과정에서의 지도방법 등을 지침 수준으로 상세화하는 데 그 목적을 두고 있다. 이를 위해 사범대학

예비교사를 대상으로 직접 UCC를 제작해 보게 하고, 실제 그들이 어떤 방식으로 UCC 제작에 접근하는지를 추적하면서 제작 단계별 적용 전략을 찾아볼 것이다. 그 결과 어떤 전략을 설정하는 것이 학습자 지도에 가장 효과적일 수 있는지를 귀납적 방법을 통해 추출해 보고자 한다(이하 내용은 이채연의 2014년도 연구를 일부 수정·보완하여 수록한 것임).

1.1.2. 교육과정, 교과서, 그리고 UCC

국어교과의 역사에 있어서 2007년 교육과정(개정 7차 교육과정)은 교육대상 및 교육내용, 교육방법적인 면에서 여러 가지 시사하는 바가 많다. 교육철학과 교수학습 이론에서는 여전히 7차 교육과정을 승계하고 있지만, 정보통신 변혁의 역사적 산물들을 교육과정 속에 수용하려한 노력은 아쉬운 결과와 상관없이 높이 평가되어야 한다.

'매체언어'라는 새로운 과목이 듣기/말하기/읽기/쓰기/문법/문학과 어깨를 나란히 하면서 국어교육의 일곱 번째 심화교육영역으로 설정되었다. 무엇을 가르칠 것인가, 어떻게 가르칠 것인가의 논란 속에 성취기준과 내용 요소 그리고 교수학습 방법 체계가 확정되어 독자적인 교육과정 체계가 만들어졌다. 그러나 교육과정 결정 고시문에서까지 존재했고, 교과서 개발 단계까지 갔던 '매체언어' 과목은 2009년 교육과정에서는 그 명칭이 사라지게 된다. 심화선택 과목에서 사라지는 대신 각 영역 내용체계의 '지식', '맥락' 부분에 분산 배치됨으로써 교수학습 활동의 일환으로 구실하게 되었다.

이는 매체언어라는 과목의 정체성에 대한 국어교육 종사자들 간의 합의와 암묵적 동의가 부족했음을 의미하는 것이다. 교육과 정 속 편입은 정보통신 패러다임, 학습도구와 변화된 학습자 의식, 제도권 교육에 대한 사회적 질책과 같은 시대적 담론을 무시할 수 없었기에 가능했다. 그러나 학습내용으로서의 존재에 대해서는 인정하면서도, 과목의 독자성에 대해서는 허용하지 않았다. 고등학교 심화과목이 선택교과라는 점도 한 요인으로 작용한 것으로 보인다. 매체언어의 독립교과로서의 등장은 나머지 과목에 대한 위협으로 인식될 수도 있었다. 실제 수업을 담당할 교사와 학생들의 요구가 어떠한가 하는 문제는 고려의 대상에서 제외되었다는 점이 아쉬울 따름이다. 이처럼 2007년 교육과정은 교육과 정이라는 전범적 규칙의 보수적 견고성을 확인하는 자리였지만, 한편으로는 변화된 언어 환경에 대한 수용을 더 이상 미룰 수 없다는 인식을 하게 한 점에서 의의를 가진다.

2011년 교육과정에서는 각 영역 내용체계의 실제 부분에서 목적별 언어사용(정보전달, 설득, 친교 및 정서표현)과 매체를 같은 수준에서 다룸으로써 매체활용이 훨씬 더 강화되었다. 교육과정 실제 부분은 "듣기·말하기/읽기/쓰기와 매체", "다양한 국어자료와 매체", "다양한 매체와 문학"이란 용어로 영역별로 반영되었다. 여기서 매체란 용어는 매체언어를 의미할 수도, 매체 그 자체를 의미할 수도 있다. 앞의 경우는 언어 양식성을, 뒤의 경우는 도구성을 강조한 것이라 할 수 있는데, 실제 국어활동에서는 두 가지의 경우가 다 활용된다. 결과적으로, 매체언어가 국어교육 교육과정에 접목됨으로써 학습자의 언어사용을 이해와 수용이라는 피동적인 입장에서 비판과 소통이라는 과정을 거쳐 변용과 제작이라는 능동적 입장으로 바꾸어 놓는 계기가 되었다. 나아가 학습자의 UCC 제작이 정상적인 국어 학습 활동의 하나로 인정됨으로써 매체언어 생산이 곧 창의적 언어활동의 하나로 인식될 수 있었다.

일반적인 학습상황은 학습자로 하여금 기존에 구축되어 있는 언어, 언어문화, 언어문화현상을 수용하거나 전달하는 피동적 위치에 머물게 한다. 그렇지만 UCC 제작은 산출물의 완성도 여부와 관계없이 학습자로 하여금 주체적, 총체적, 집약적인 언어 능력을 발현하게 한다. UCC 제작 체험이야말로 학습자 자기주도적 언어활용 능력을 극대화시키는 실천적 학습활동이라 할 것이다.

매체언어 교수학습은 학습자의 수준과 능력, 매체 친숙도와 언어 양식성의 차이 등을 고려해 다음과 같이 정할 수 있다. 그 위계는 "기본적 수준(지식-이해 단계), 발전적 수준(비판-수용 단계), 심화적 수준(표현-변용의 단계), 최상위 수준(매체적 상상력의 구현-제작 단계)"으로 구체화된다. 매체 문식성의 입장에서 볼 때, 기본적 수준은 기능적 문식성을, 발전적 수준은 비판적 문식성을, 심화적 수준과 최상위 수준은 문화적 문식성을 의미한다.

이 위계에 따르면 UCC제작은 매체적 상상력을 구현하는 최상위 단계에서 일어나는 문화적 문식성에 해당된다. 국어교육에서 상상력이라 함은 문학적 상상력에 국한되어 논의되는 경우가 대부분이다. 개인 학습자의 사고과정을 통한 무한대의 상상, 실현 가능성을 전제하지 않는 자의적 구성, 마치 혼자만의 꿈을 꾸는 것과 같이 말이다. 현실적 실현 가능성을 전제하지 않아도 된다는 점에서 순순하기도 하고, 낭만적이기도 한 것이 바로 문학적 상상력이다.

그러나 매체적 상상력은 반드시 시청각적으로 확인할 수 있는 실현 가능한 상태임을 전제로 성립된다. 디지털 저작도구는 매체적 상상력을 효과적으로 구현할 수 있는 가장 유용한 수단이다. 비록 아마추어 수준의 학습자라 할지라도 소프트웨어와 하드웨어를 어느 정도만 다룰 줄 안다면 가시적인 결과물을 생성해 낼 수 있다. 프로 제작자가 지향하는 미학적인 완결성에는 미치지 못하더라도, 풋풋한 아이디어와 생기발랄함만 있어도 상대를 설득하고 공감받기에는 충분하다.

영화는 움직이는 그림의 실현욕에서 발현했고, TV는 멀리 있는 것을 가깝게 보고 싶은 욕구에서 비롯되었다면 UCC는 개개인의 영상 표현욕구와 참여욕에서 탄생했다(오명환, 2008: 9). 이미 영화와 TV가 7차 교육과정 이전부터 교육과정과 교과서에 반영되었다면, 2007년, 2011년 교육과정부터는 UCC가 본격적으로 반영되기에 이르렀다.

2007년 교육과정 개정 이후 검인정 체제의 교과서가 등장하면서 매체언어에 대한 교수학습 상황에서의 활용 빈도는 국정 체제에 비해 훨씬 다양하고 적극적으로 바뀌었다. 교과서 개발자들은 매체 관련 부분의 교육과정 내용을 지식적인 차원이 아니라 기능과 맥락의 차원에서 이해하고 학습자의 실천적 학습활동을 통해 성취하도록 구성하였다.

〈그림 1〉은 D출판사가 제작한 중학교 1학년 국어교과서에 나오는 것이다. 이미 중학교 1학년 과정에서부터 UCC 제작이 학습활동으로 들어가 있다. 학교 사랑을 주제로 한 공익광고를 모둠활동별 역할, 영상 장면, 자막과 해설이라는 구성요소에 따라 제작하게 하고, 산출 작품에 대해 동료평가를 하게 한다. 이 과제는

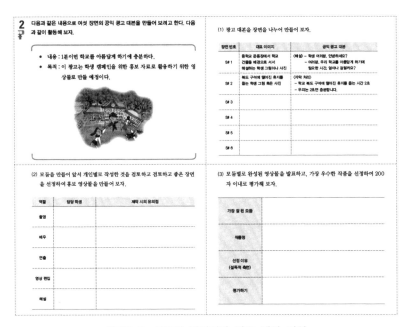

〈그림 1〉 설득적 말하기와 광고 제작 단원

모둠 활동이 아니면 해결할 수 없게 되어 있는데, 최근 개발된 교과서의 대체적인 경향이 모두 이러하다.

학습활동 '(1) 광고 대본을 장면을 나누어 만들어 보자.'는 제시된 형식이 단순하지만 스토리보드를 작성해 보라는 의미이다. 장면번호는 씬을, 대표 이미지는 그림이나 사진, 공익광고 대본은 성우의 목소리나 자막 처리하라는 의미이다. 중학교 1학년 수준을 고려하여 스토리보드를 단순화시켰지만, 기본 요소는 다 포함하고 있다.

'(2) 모둠을 만들어 앞서 개인별로 작성한 것을 검토하고, 좋은 장면을 선정하여 홍보영상물을 만들어 보자'는 최소 4명의 조원은 있어야 수행할 수 있는 활동이다. 배우, 연출, 촬영과 편집까지

해야 하므로 영화 혹은 영상 제작과 편집의 과정에 따라 과제를 수행해야 한다.

학습활동 (1)과 (2)의 "1분이면 학교를 아름답게 하기에 충분하다."라는 간단해 보이는 내용이지만, 실제 작업은 결코 간단한 문제가 아니다. 학습자들은 과제에 부담을 느낄 수 있고, 조별 활동에 있어서도 전문성 부족과 역할 배분에서 오는 갈등이 표출될 수도 있다. 이때 교사의 조언과 방향제시가 무엇보다도 필요하지만, UCC 제작 경험이 없는 교사의 경우 매우 당혹스러울 수 있는 내용이다.

1.1.3. UCC 제작과정 및 유형별 활동양상

본 연구자는 '매체언어교육론'을 강의하면서 2007년부터 2015년까지 수강생들에게 조별 UCC 제작 과제를 내어 주었다. 8년 전 매체제작 인프라가 부족할 때부터 1인 촬영 편집이 가능한 지금에까지 많은 수강생들이 최선을 다해 과제를 수행했다. (본 연구는 이들의 열정과 시행착오를 귀한 자산으로 생각하고, 그 노력에 감사한다.)

학습자들의 UCC 제작은 과제의 특성 상 조별과제로 실시되었다. 학습자들은 교수로부터 UCC 일반론에 대한 설명과 함께 과제 목표와 주제선정 범위에 대한 지침을 듣고 5인 이내로 조원을 편성하여 작업에 임했다. 조원 구성은 학생들이 임의대로 정했으며 과제 수행에서 최종 산출물이 나오는 과정은 모두 기록으로 남기도록 했다. 담당교수는 학생들로 하여금 과제를 접수시키고 발표하는 자리에서 문제해결의 어려움과 극복과정, 그리고 자체

정리한 제작 단계별 해결 전략을 요약해서 제출할 것을 요구했다. 과제의 목표와 내용은 넓은 의미의 국어교육 범주에 들어갈 수 있는 것으로 제안했고, 작품의 제출 기한은 2주로 한정했으며 상영 시간은 10분을 넘지 않게 하였다.

UCC 과제가 부여된 뒤 각 조별로 어떤 활동을 하는지 살펴보기 위해 지금까지 제출된 41편의 작품을 유형별로 분류해 보았다. 그 형식은 크게 '영화/드라마/뮤직비디오'(7편), '다큐멘터리/탐사보도'(18편), '교육학습용'(12편), '오락·교양프로그램'(4편)의 네 영역으로 나눌 수 있다. 이들 중 '다큐멘터리/탐사보도'가 17편으로 가장 많고, '오락·교양프로그램'이 4편으로 가장 적었다.

여기서는 이들의 이름을 영상형(영화/드라마/뮤직비디오), 다큐형(다큐멘터리/탐사보도), 교육형(교육학습용), 오락형(오락·교양프로그램)으로 명명하였다. 제목 뒤의 ( ) 안의 숫자는 제작 연도를 의미한다.

〈표 1〉 UCC 형식별 작품 목록

형식	제목	내용
영상형	링크 드라마(07)	유학생의 증가와 한·중 국제결혼
	영상 '봄봄'(08)	소설 '봄봄'의 영상화
	소리없는 나의 기다림(11)	소설 '소나기'의 영상화
	무진기행(12)	소설 '무진기행'의 영상화
	후조(13)	시 '후조'의 뮤직 비디오
	꿈(14)	시 '꿈'의 영상화
	욕지기(15)	비속어 사용 실태 고발 드라마
다큐형	한글의 재발견(07)	뉴미디어와 한글의 과학성과 소통
	대중가요와 한글(07)	대중가요에 사용되는 외래어 비판
	리얼 미니다큐 '소통'(07)	매체에서 표현되는 의사소통의 양상

형 식	제목	내용
다큐형	매체의 두 얼굴(07)	대중문화의 세계와 현실 구별하기
	언어와 세대차이(07)	세대 간의 언어 차이와 극복하기
	댓글문화의 양면성(08)	댓글문화를 비판적 입장에서 분석하기
	언어, 문화를 얻다(09)	언어의 특성과 문화와의 관계
	위기탈출 우리 말(09)	한글이 걸어온 길과 앞으로 가야 할 길
	매체언어 탐구생활(10)	매체의 특성을 고려한 효과적인 언어생활
	한국어의 세계화(10)	한국어의 세계적 위상
	보이는 라디오(10)	한국어의 특징과 아름다움
	야누스의 두 얼굴(11)	한국어의 혼탁, 그 해결과 대안
	매력적인 대학생활(11)	교환 학생의 대학생활, 그리고 축제
	지금 우리 학교는(13)	중등학교 학교 폭력 실태 고발
	하나로(13)	남북한 언어 이질성 극복 방안
	학교폭력과 SNS(14)	SNS 언어표현의 실태
	2044년, 대한민국(14)	2044년에서 온 편지, 한글의 위기
	한국인의 조건(15)	외국어, 외래어 사용 않고 하루살기
교육형	표준어와 방언(07)	표준어를 통해 방언의 가치를 재조명
	한국어가 좋아요(08)	외국인 유학생 입장에서 한국어 바라보기
	소개하기의 모든 것(09)	소개하는 말하기의 특성 알기
	위로의 여왕(09)	격려와 위로의 말을 하자
	속담의 재구성(09)	관용표현과 속담의 사회성
	은어, 은어, 은어(10)	전문어, 유행어, 은어, 비속어의 개념
	품사의 세계(11)	역할극으로 풀이하는 한국어 품사
	사투리의 역습(14)	사투리의 장점, 가치, 사투리의 재해석
	세대공감 올드앤뉴(15)	신조어를 둘러싼 세대갈등 해소
	다 니끼가(15)	잘 모르고 사용하는 일본어 실태 고발
	국교과로 오세요(15)	학과 홍보 동영상
	우리말 지킴이(15)	바람직한 우리말 사용 실천
오락형	행복 두 개더(08)	언어 사용실태 조사와 세대 간의 언어장벽
	유학생의 수다(09)	유학생을 통한 한글의 세계화 확인
	잠깐 도전(15)	남북 언어 이질성 패러디
	뮤직비디오 빠빠빠(15)	비속어 추방 뮤직 비디오

학습자에게는 몇 가지 UCC 제작 관련 모형이 제시되었고, 자신들의 과제 특성에 맞게 적당한 것을 취사선택하거나 수정하여 사용할 수 있게 했다. 먼저 'UCC 일반모형'은 강의 시간에 제공된 모형이며, 그 이외의 모형은 영화 혹은 국어교과에서 활용하는 매체 제작 관련 모형들이다. 자세한 내용은 아래와 같다.

- UCC 일반 모형(강의 모형)
  〈기획-시놉시스-촬영-편집-발표〉

- 일반적인 영화 제작 모형(영화진흥회)
  〈프리 프로덕션 단계(기획, 촬영준비, 시나리오 선정, 배우 및 스텝 선정)-프로덕션 단계(시놉시스, 촬영)-포스트 프로덕션 단계(편집, 옵티컬 작업, 녹음, 배급, 상영)〉

- 매체제작 프로젝트의 절차 모형(최지현: 2007)
  〈과제인식-과제목적 확인-과제기획-과제실행-과제시연-과제평가-과제수행에 대한 평가〉

- 국어과 영화 제작 수업모형(박기범: 2008)
  〈계획-준비-촬영-편집-상영/평가〉

- 동영상 UCC 활용을 위한 교수학습 설계 과정(허영주: 2009)
  〈환경 분석-동영상 UCC 적절성 판단-동영상 UCC 활용방법 및 시점 결정-동영상 UCC 제작 및 형성평가-동영상 UCC 활용 및 사전사후 활동〉

그럼 학습자들이 제작 단계별 어떤 전략을 구사하여 최종 산출물을 만들었는지 형식 유형별로 분석해 보기로 한다.

1.1.3.1. 영상형의 제작과정

영상형 UCC는 교과서 소재 문학작품을 텍스트 상호성의 관점에서 영상으로 변용하거나 순수 창작한 영상소설과 같은 것이다. 전자의 경우는 소설 전부를 드라마화 혹은 단편 영화화하거나, 결말 재구성과 같이 특정 부분만을 영상으로 옮긴 경우도 있다. 또한 시를 뮤직 드라마화하여 시가 갖는 서정성을 음악과 영상으로 아름답게 변용한 경우도 있다. 순수 창작은 대본에서부터 편집까지 다 새롭게 만든 것인데 의욕에 비해 그 완성도는 떨어지는 한계를 가지고 있다.

영상형은 강의모형을 바탕으로 영화진흥회와 박기범 모형을 중심으로 제작되는 경향을 보였다. 드라마와 영화 제작을 목적으로 하였기에 배역 선정, 촬영, 소품, 음향 및 동시 녹음과 같은 영화 중심의 사고와 제작 태도를 유지했다. 그렇다 보니 조원들의 연기력이 부족할 경우는 조 밖의 다른 인물에게 주인공의 역할을 맡기는 경우도 있었다. 소설이든 시든 텍스트가 존재하기 때문에 시나리오 창작 작업이 생략될 수 있어 배우의 연기력과 영상 장소 섭외, 소품 준비 등과 같은 일에 과도한 시간을 소비했다. 그러다 보니 애초에 기획했던 원작의 창조적 재해석은 약화되고, 여러 차례 다시 촬영하는 우를 범하게 되었다.

순수 창작 영상형은 시나리오를 작성하여 제작에 임했는데, 스토리보드 작성 단계에서 지나치게 많은 장면을 그릴 경우 정작 촬영 단계에서는 활용되지도 않고 버려지기도 했다. 영상만으로 제작할 수 있는 능력이 부족하다 보니 제작자의 과도한 개입(자막)이 일어나 영상 자체 몰입을 방해하기도 했다. 그러나 영상형은 시나리오에 입각해 일관된 영상제작 문법에 충실함으로써 복제, 변형, 가공, 조합과 같은 요소들이 최소화되어 있어 비창의적이라는 느낌은 주지 않았다. 다만, 두 경우 모두 교육연극 수준이라면 몰라도 제대로 된 영상미학을 구현할 수준에 도달하기에는 난제가 많아 보였다.

1.1.3.2. 다큐형의 제작과정

다큐형은 대부분 순수 기획한 창작물이 많지만 일부는 공중파 방송의 시사 고발프로그램의 형식을 차용한 것도 있다. 기획관점이 문제해결의 과정을 풀어나가는 형식을 취하는 것이 많아 다른 UCC 형식에 비해서 신선한 느낌을 주는 작품이 많았다. 참신한 아이디어만 있으면 아마추어도 얼마든지 완성도 높은 작품을 만들 수 있는 형식으로 보이며, 상대적으로 가장 많은 작품수를 보여주었다.

다큐형은 대체로 아이디어생성 및 협의 단계에 많은 시간을 할애하는 경향이 강했다. 온라인 협의과정에서는 브레인스토밍 과정을 겪으면서 다양한 아이디어가 제안되었고, 최종 정리된 몇 개의 안은 오프라인 회의에서 최종 선정되었다. 다만, 아이디어 생성과정에서 의견이 맞지 않아 조원끼리 불편한 경우도 있었고, 제작 능력을 무시한 과도한 발상으로 인해 제작이 중간에 중단되기도 했다.

이 유형의 성패는 주제 선정과 문제해결 과정에서의 다양한 자료 수집에 달려 있다. 영상 촬영과 편집이 잘 되더라도 문제해결의 결과가 분명하게 드러나지 않으면 감동을 불러일으키지 못했다. 직접 제작한 영상만큼이나 다양한 자료(신문기사, 뉴스 영상, 보고서, 광고 등)가 취재 수준으로 뒷받침될 때 편집과정을 통해 기획의도가 구체화되었다. 다큐형은 영상의 질적 수준이 그리 높지 않아도 작품의 완성도를 훼손시키지 않았고 강의모형, 최지현, 박기범 모형이 변형되어 사용되었다.

1.1.3.3. 교육형의 제작과정

교육형은 교육과정 혹은 교과서와 연계하여 성취기준, 학습목표를 구현하는데 실제적인 도움을 줄 목적으로 제작된 작품이다. 이들 작품은 언어의 특징과 같은 추상적인 개념이나, 품사의 분류와 역할 및 기능, 댓글 문화와 같은 교과서 수준의 학습 활동을 효과적으로 이해시키기 위해 제작되었다. 교육 학술적 성격이 가미된 것이기에 추상적 개념을 시각화하거나, 복잡한 내용을 설명 대신 사례를 들어가며 이해시키는 시도가 엿보였다. 이런 점에서 1인칭 제작자 관점이 아니라, 3인칭의 그(들)의 관점에서 사건을 전개시켰다. 교육형은 온라인으로 아이디어를 생성하는 데는 불편함이 많았다. 오히려 오프라인 모임에서 더 좋은 결과가 나왔고, 그 이유는 교육이라는 주제의 무거움에서 비롯된 것이라 생각되었다. 제작 주체의 관점이 아닌 교육 대상의 관점이 선행하다 보니 설득 화법의 학습 보조제의 성격을 띠는 것도 있었다. 이 경우는 허영주 모형이 주로 많이 적용되었다.

1.1.3.4. 오락형의 제작과정

오락형은 지상파나 케이블 방송의 특정 오락프로 형식을 차용한 것이 대부분인데, 이는 오락 형식의 특징 상 새로운 창의적 대안을 만들기 어려울 뿐만 아니라 기존 형식을 차용할 경우 형식에 대한 고민 없이 수월하게 제작할 수 있다는 점이 작용한 것으로 보인다. 오락형은 기존의 소스 콘텐츠에 이용자의 의견을 첨가하거나 다른 소스 콘텐츠를 조합 변형시킨 UMC나, 기존에 존재하는 두 가지 이상의 콘텐츠를 조합하여 전혀 새로운 의미를 생산해내는 URC의 형태가 많았다. 오락형은 UMC나 URC의 형태로 제작되었기 때문에 아이디어생성 단계에서의 고민의 흔적은 적었다. 형식이 결정되었기 때문에 제작 시간은 다른 유형에 비해 짧았다. 스토리보드 형식도 복잡할 필요가 없었고, 촬영 또한 풀샷 화면으로 채워져도 전체 맥락을 유지하는 데 문제가 없었다. 그러나 UCC의 표현 양식상의 개방성, 유동성이 폭넓게 인정될수록 다른 사람들로부터 공감을 얻는 데는 불리하게 작용하였다. 작품의 완성도는 높지만 감동은 떨어지는 역설이 존재했다. 대체로 강의모형에 준하여 제작되었다.

학습자들은 네 유형 모두 편집의 중요성에 공감했다. 일차적으로 아이디어생성이 중요하다고 생각했고, 그 이후에는 촬영이 중요하다고 여겼지만, 발표 시점에 와서는 역시 편집을 통한 텔링(telling) 과정이 작품의 완성도를 결정짓는 것임을 알게 되었다. 어차피 디지털이란 0과 1로 조합된 다양한 객체들의 조합이기에 그것들을 재구성하는 작업은 또 다른 과제로 남았다. 편집과정에서는 초기 익숙하지 못한 소프트웨어의 활용이 장애 요인이었지만, 곧 익숙해진 후에는 기술적인 면이 아니라 텍스트텔링을 얼마나 맛깔스럽게 잘 하느냐가 더 중요하다고 인식하였다.

학습자들이 처음 UCC 제작에 임했을 때는 영화 제작 방법론에 입각해서 접근했지만, 최종 결과물이 산출될 즈음에는 전통적인 작문과정(계획하기 – 내용생성하기 – 내용조직하기 – 초고쓰기 – 고쳐쓰기)과도 사고과정에 있어서는 유사점이 있다는 것을 알게 되었다. 다만 글자에서 영상으로, 수정에서 편집으로 그 대상이 바뀌면서 UCC 학습 활동은 새로운 형식의 텍스트텔링(text-telling) 표현방식이라는 결론을 얻게 되었다.

1.1.4. UCC 제작 단계별 전략 추출과 그 함의

그럼, 직접 UCC 제작에 참여한 학습자들이 제안하고 구성한 내용들을 제작 단계별로 정리해 보기로 한다. 이 제안은 매우 세부적이기도 하지만, 향후 중·고등학교 학습자들의 교육 길라잡이가 될 것으로 생각하고 절차적 흐름 중심으로 전략을 추출하였다.

1.1.4.1. 아이디어생성 및 협의 단계

> • 전략 1: 온라인, 오프라인별 협의내용을 구분하고 비중을 설정한다.
> • 전략 2: 모둠카드를 작성하여 역할에 대한 책임감을 부여한다.

이 단계에서는 과제 수행을 위한 아이디어 구축과 구성원끼리의 팀워크 및 역할을 결정해야 한다. 팀 프로젝트의 성패는 구성원 간의 신뢰와 격려, 상호 존중하는 태도에 달려 있다. 누구의 역할이 더 부담스럽고, 덜 부담스러운지에 대해 저울질을 하지 말아야 하며 일단 역할이 결정되면 작업이 끝날 때까지 지켜야 한다. 이를 효과적으로 추진하기 위해서는 반드시 팀장이 있어야 하며, 팀장은 호선으로 선정한 후 그의 리더십을 인정하는 것이 무엇보다도 중요하다.

이 단계에서는 문제 해결을 위해서 다음과 같은 과정을 거치는 것이 효과적이다. 그 과정은 "온라인 협의하기 – 브레인스토밍 – 주제 제안하기 – 오프라인 협의하기 – 주제 결정하기 – 역할 정하기 – 모둠카드 작성하기"의 단계로 진행된다. UCC 제작을 위한 온라인, 오프라인 협의과정의 비중은 작품 유형에 따라 차별화시키는 것이 더 효율적이다. 가령, 영상형은 온라인과 오프라인의 비중을 3:7로 하는 것이 적절하며, 다큐형은 7:3으로, 교육형은 4:6으로, 오락형은 5:5로 배분하는 것이 아이디어와 협의단계를 효과적으로 수행할 수 있다.

온라인 토론의 경우, 구성원들끼리 약속된 시간대를 선정하여 채팅을 통해 집중적, 집약적인 논의를 하는 것이 아이디어생성에 효과적이다. 브레인스토밍을 통해 자유스러운 분위기에서 주제 및 실천 방향에 대해 제안하고, 토의된 내용 중 핵심적인 안을 몇 개로 정리한 뒤 오프라인 협의에서 결정하게 한다. 온라인 토의 과정에서는 모바일 채팅보다는 글자판이 큰 유선 인터넷 채팅이 더 효과적이다.

오프라인 협의과정에서는 주제 결정 및 역할별 임무 배정을 논의하며, 격려와 단합 효과가 이루어질 수 있게 한다. 작품 유형별로 온·오프라인 협의의 비중을 달리한다. 이 단계에서는 조원들의 성취 역량에 관해 객관적인 검토 또한 매우 필요하다. 수행 수준을 넘어선 아이디어는 차후 단계에서 많은 문제점을 야기하므로 지나친 욕심은 자제해야 한다. 이런 자기점검 없이 이를 추진하다가 다음 단계에서 수정할 일이 생길 경우 팀원들 간의 불화가 생겨 정상적인 작업을 수행할 수 없는 일이 생기고 만다.

모둠카드에는 조이름, 목표, 개인별 역할표, 연락처, 활동수칙, 회의 일지를 작성하여 각자 맡은 일에 대한 책임감을 느끼게 한다.

1.1.4.2. 스토리보드 상세화 단계

- 전략 1: 서사적 맥락을 고려하여 장면 중심 스토리보드를 작성한다.
- 전략 2: 스토리보드는 구체적 양식으로 최소 적정 수만 제작한다.

UCC는 영화나 드라마처럼 시나리오나 시놉시스를 작성하지 않고 스토리보드만으로도 전체 체계를 잡는 것에 불편이 없다. 시놉시스를 구성하려면 주제, 기획 및 집필의도, 등장인물, 전체 줄거리를 기본요소로 다 고려해야 하기 때문에 너무 많은 에너지가 소모된다. 그것보다는 30초당 스토리보드 1개, 5분에 10개 정도 작성하여 전체적인 흐름과 맥락을 연결시켜 주는 수준이면 된다.

스토리보드 상세화는 스토리의 구성 단계를 나누고, 각 단계별로 최소화된 적정 수의 장면을 선정한 뒤 아이디어생성의 의도가 충분히 반영되도록 구성한다. 스토리보드 양식은 제작 의도를 한

눈에 알 수 있게 매우 구체적으로 작성하여 단계별 절차에 따라 자연스레 일이 추진될 수 있게 설계한다.

이때, 영화와 드라마처럼 프레임별로 너무 자세히 작성할 필요가 없다. 핵심 주제에 해당하는 장면을 선정하고 화면설명, 음악, 음향효과, 대사, 자막, 제작 시 유의점 등만 양식에 맞추어 간략히 작성하도록 한다. 영상형을 제외하고는 처음 만드는 UCC는 5분을 넘지 않는 것이 좋다. 제작 역량이 축적되기 전까지는 짧고 간결하게 만드는 것이 설득적 화법을 구사하는데 더 효과적이라 했다.

1.1.4.3. 촬영 및 자료수집 단계

> • 전략 1: 연기보다는 사건, 장면에 집중할 수 있는 촬영 기법을 살린다.
> • 전략 2: 스냅 사진, 그림, 만화, 음악 등 기초자료 수집한다.

영화의 기본단위는 프레임(面)이다. TV는 주사선(線)이다(오명환, 1998: 295). UCC는 면과 선을 초월한 디지털 사이트(窓)이다. 매체의 접촉 장소와 지향점이 서로 다르다. 영화는 어둠 속에서 대화면과 시청각 기능의 초대형화를 지향한다. TV는 밝은 가정에서 중 화면 속의 다기능화와 고화질을 지향한다. 반면 UCC는 장소에 구애받지 않고 현전하면서 작은 화면에서의 휴대화, 첨단화를 지향한다(오명환, 2008: 9).

그러므로 UCC의 영상 촬영은 카메라, 마이크, 조명과 같은 장비의 성능과 기능에 비중을 두기보다는 스토리보드에서 정한 대로 장면의 의미를 효과적으로 구현하고 잘 전달할 수 있는 촬영

기법에 주목하는 것이 더 중요하다.

사용한 카메라는 동영상 전용 캠코더에서 카메라의 동영상 기능, 스마트폰 카메라까지 다양하다. 영상 촬영 시 반드시 삼각대와 같은 지지대를 사용하고, 피사체를 중심으로 앵글의 위치, 원근, 조명에 따라 의미전달이 달라지므로 초보적인 단계이지만 영상 기법에 대한 학습을 해야 한다. 카메라는 피사체를 대상으로 위, 가운데, 아래의 각도로 촬영하거나 롱숏, 미디어숏, 클로즈업숏을 적절히 조합하여 촬영한다. 이때 마이크를 사용하여 주위 잡음이 들어가지 않게 녹음한다.

특히, 영상형은 촬영 기법에 대한 사전 교육이 좀 더 필요하며 다큐형, 교육형, 오락형은 따로 학습할 필요까지는 없다. 동영상이 아닌 스냅사진과 같은 단편 자료라도 스토리의 맥락을 유지할 수 있다면 편집과정을 거쳐 영상으로 완성될 수 있기 때문이다. 영화의 주인공처럼 너무 잘 연기하려고 노력할 필요는 없다. 영화에서는 배우가 중요하지만, UCC는 배우도 여러 재료 중의 하나일 뿐이다. 오히려 아마추어적인 표현에서 더 신선한 호소력을 느낄 수 있다.

1.1.4.4. 편집 및 텍스트텔링 단계

- 전략 1: 스토리의 맥락을 이어주는 텍스트텔링의 관점에서 편집한다.
- 전략 2: 1인칭 관점의 상대의 반응을 기다리는 현재 진행형이다.

편집은 영상, 사진, 이미지, 음악, 텍스트에 인과관계를 부여하며, 인과관계를 통해 통일된 스토리로 완성되어 가는 과정이다.

UCC 제작에서의 편집 단계는 스토리와 텔링을 효과적으로 조합하여 산출물의 완성도를 높이는 과정이다. 화자(제작자)가 청자(상대방)에게 어떤 메시지를 영상, 사진, 그림, 음악 등 갖가지 형식 등을 빌려 재미있고 생생한 이야기로 설득력 있게 말하는(telling) 것을 의미한다.

이런 점에서 영화와 UCC는 다르다. 영화는 영화가 가진 영상문법에 의해 제작되고 편집되고 완성된다. 소규모 독립영화라 할지라도 규모만 작다 뿐이지 영상미학이 지녀야 할 조건은 모두 갖추고 있다. UCC 제작도 영화처럼 편집의 과정을 거치지만 일반적인 영상편집과는 다르게 이해되어야 한다. 영화와 드라마는 파편적인 영상장면을 편집이라는 방식을 통해 연속적이고 유기성을 가진 완결된 스토리로 재구성한다. 즉 초 단위로 생산된 수많은 영상 프레임을 시나리오와 시놉시스에 따라 숏, 씬, 시퀀스의 순서로 퍼즐 맞추듯 스토리로 엮어나가는 것이다. 감독 혹은 제작자는 하고 싶은 말이 있어도 역할이 정해진 배우를 통해서 메시지를 던지는 것이지 직접 자기 목소리를 내는 경우는 없다.

그러나 UCC는 영상 중심의 구성보다는, 영상을 재료로 한 편집자의 말하기(텔링)에 더 큰 무게를 두어야 한다. User Created Contents란 말이 의미하듯 스토리텔링의 원재료는 동영상, 사진, 그림, 만화, 소리 등 다양하다. 동영상이 주요 요소 중 큰 비중을 차지하지만, 비중에 비해 요소별 역할에서는 사진 한 장의 기능과 같다. 즉, 여러 요리 재료 중의 하나인 것이다. 무엇보다도 제작자, 즉 말하려는 사람의 말(텍스트)이 중요한 것이다. 어디까지나 UCC는 1인칭 관점, 자기중심적 사고를 기저에 깔고 시작하기 때문에 완성도 높은 '훌륭한' 작품보다는 이해와 공감이라는 '소박한' 세계를 지향한다.

학습자들은 편집 단계에 와서야 영화와 UCC 영상 간에는 차이가 큼을 깨닫게 되었다. 촬영 단계에서의 부족한 부분, 즉 조악한 장비와 어색한 연기로 인한 질 낮은 영상을 다시 찍을지 말지 고민하거나 부끄러워할 필요가 없었다는 것을 알게 된다. 부족한 부분은 스틸 사진으로 보완할 수도 있고, 다른 보조 자료를 활용해 재치 있게 문제점을 보완할 수도 있다. 중요한 것은 소위 자막이라는 방식을 통해 전달하고자 하는 텍스트를 설득적으로 잘 표현했느냐 하는 점이다. 특히, 국어과의 텍스트텔링은 스토리를 구성하는 영상, 사진, 그림과 같은 재료보다 이것들을 유기적으로 연결시켜 맥락을 구성해 주는 텍스트 표현에 좀 더 비중을 두어야 한다.

디지털 영상은 끊임없이 생성과 소멸이라는 과정을 통해 최종적인 상태를 향해 나아가지만, 그 역시 언제든지 변화에 열려 있는 영상(전경란, 2008: 364)이다. UCC는 현재 진행형의 1인칭 설득적 말 건넴의 과정이므로, 상대방의 반응이나 입장을 기다리는 여운을 가지게 제작되어야 한다. 완성본이 SNS에 올려졌을 때, 수많은 팔로어의 링크 혹은 댓글과 소통하는 기쁨을 맛볼 수 있다는 점에서 개방된 진행형이다.

1.1.4.5. 발표 및 SNS 공유 단계

최종 작품이 완성되면 저작권에 위배되는 개체를 활용한 것은 없는지를 확인하고, 공유과정을 원활하게 하기 위해 파일을 경량화시킨다.

지금까지 살펴 본 UCC 제작의 단계와 단계별 문제해결 전략을 추출하여 표로 정리하면 다음과 같다.

〈표 2〉 UCC 제작 단계와 단계별 전략

제작 단계	단계별 전략
아이디어생성 및 협의 단계 ⇩	• 온라인, 오프라인별 협의내용 구분하고 시간 비중 설정
	• 모둠카드 작성으로 역할에 대한 책임감 부여
스토리보드 상세화 단계 ⇩	• 서사적 맥락을 고려한 장면 중심 스토리보드 작성
	• 스토리보드는 구체적 양식으로 최소 적정 수만 제작
자료수집 및 촬영 단계 ⇩	• 연기보다는 사건, 장면의 유기성에 집중할 수 있는 촬영 기법
	• 스냅 사진, 그림, 만화, 음악 등 기초자료 수집
편집 및 텍스트텔링 단계 ⇩	• 스토리의 맥락을 이어주는 텍스트텔링 관점에서 편집
	• 1인칭 관점의 상대의 반응을 기다리는 현재 진행형
발표 및 SNS 공유	• 전송 속도를 고려한 파일 경량화
	• 저작권 위배 여부 검토

지금까지 국어과 특성을 살린 UCC 제작과정을 제안하기 위해 학습자들의 실제적 제작 경험과 결과물을 분석 검토해 보고, 이를 바탕으로 효율적인 제작 전략을 귀납적 방법으로 구성해 보았다. 지금까지 논의된 바를 정리하여 결론으로 제시하면 다음과 같다.

UCC는 언어, 행동, 음악, 이미지가 스토리를 가진 영상의 형태로 구성된 것이지만, 그 내용의 상당 부분은 언어로 형상화되고 또 제작자가 상대에게 소통을 전제로 텍스트텔링 하고 있다는 점에서 매체언어의 한 형태로 볼 수 있었다. 뿐만 아니라 문자와 영상, 음향이 결합하여 동영상의 모습을 갖추고 있지만 이것 또한 국어교육의 외연 확장이라는 의미에서 교수학습의 대상으로 적극 수용할 필요가 있었다.

UCC 제작은 학습자의 수준과 능력, 매체 친숙도와 언어 양식성의 차이 등을 고려할 때 매체적 상상력을 구현하는 최상위 단계에서 일어나는 문화적 문식성에 해당되었다. 그런 점에서 이를 지도하는 교사의 매체 경험과 실제적 체험을 통한 전략 구안이 필요하였다. 학습자를 대상으로 UCC 제작의 일반 모형을 제시한 뒤 제작 단계별 전략과 산출물을 생산하게 하고 그 결과를 분석해 보았다.

학습자들이 처음 UCC 제작에 임했을 때는 영화 제작 방법론에 입각해서 접근했지만, 최종 결과물이 산출될 즈음에는 전통적인 작문과정의 사고흐름과도 유사점이 있다는 것을 알게 되었다. 다만 글자에서 영상으로, 수정에서 편집으로 그 대상이 바뀌면서 UCC 학습 활동은 새로운 형식의 텍스트텔링 표현방식이라는 결론을 얻게 되었다.

국어과에 적용될 수 있는 보편적 제작 모형으로는 〈아이디어 생성 및 협의 단계-스토리보드 상세화 단계-자료수집 및 촬영 단계-편집 및 텍스트텔링 단계-발표 및 SNS 공유〉로 추출되었다.

첫째, 아이디어생성 및 협의 단계는 1) 온라인 브레인스토밍, 오프라인 협의로 구분하고 그 비율은 작품 유형별로 배분 비율을 정한 뒤 각자의 역할을 설정한다. 2) 모둠카드 작성으로 역할에 대한 책임감을 부여하는 전략을 세웠다.

둘째, 스토리보드 작성 단계의 전략은 1) 스토리의 구성 단계를 나누고, 각 단계별로 최소 씬을 선정한 뒤 아이디어생성의 의도가 충분히 반영되도록 구성한다. 2) 제작 의도를 한 눈에 알 수 있게 양식을 개발하여 단계별 절차에 의해 진행될 수 있게 구체화하였다.

셋째, 촬영 및 자료수집 단계의 전략은 1) 연기보다는 사건, 장면과 장면의 유기성에 집중할 수 있는 촬영의 기법을 살리고, 2) 스냅사진, 그림, 만화, 음악 등 기초자료를 풍부하게 수집한 뒤 편집과정에서 효과적으로 활용될 수 있도록 하였다.

넷째, 편집 및 텍스트텔링의 단계는 1) 영상 중심의 구성보다는, 영상을 재료로 한 1인칭 관점의 말하기/글쓰기에 더 큰 무게를 두어야 한다. 그 결과 완성도 높은 '훌륭한' 작품보다는 이해와 공감이라는 '소박한' 세계를 지향하도록 편집하였다. 2) UCC는 현재 진행형의 설득적 말 건넴의 과정이므로, 상대방의 반응이나 입장을 기다리는 여운을 가지게 제작하는 전략을 설정하였다.

다섯째, 글꼴 및 멀티미디어 자료와 같이 저작권에 위배되는 개체들이 있는지 확인하고, 파일을 경량화시켜 공유할 수 있도록 하였다.

1.2. UCC 제작의 실제

1.2.1. 과제제시 및 수행방향 안내

1. 과제목표: 국어, 국어생활과 관련된 주제를 선정한 뒤 UCC를 제작할 수 있다.

2. 과제작성 관점: 국어교육, 국어문화, 언어와 문화, 언어의 도구성과 민족성, 바람직한 언어생활, 이중 언어정책, 국어교육과 영어 몰입교육, 한류와 한국어, 언어와 매체, 광고와 언어, SNS의 명과 암, 그밖에 일반적인 학교생활과 관련된 다양한 주제를 선정하여, 바람직한 국어생활의 방향을 제시한다.

3. 과제제출 내용: 모둠카드 및 회의자료(hwp), 발표 파일(ppt, prezi), 동영상 파일(mp4, wmv 등)

4. 평가중점: 기획의도의 참신성, 주제 표현의 구체성, 교수학습의 활용성, 자료의 다양성, 작품의 완성도, 발표의 설득력

5. 제출 기한: 2주, UCC 10분 이내

※ 주의할 점: 글꼴 저작권에 조심.

※ 모둠카드, 스토리보드 등의 양식은 사전 커뮤니티에 제공

1.2.2. UCC 제작과정과 산출물

〈 산출물 〉
1. 모둠카드
2. 조별 활동일지
3. 스토리보드
4. 작품

<표 3> 모둠카드

모둠명	스펀지밥 ≪스펀지처럼 정보를 빠르게 흡수하고, 펀(fun)! 한 분위기 속에서 지혜를 발휘하며 밥힘으로 단결되는 조≫
모둠 성취목표	• 국어경시 풍조가 만연하는 현 시대 상황의 문제점을 파악한다. • 국어의 중요성을 깨닫고 현 시대 상황을 반성해본다. • 국어 퇴보 현상의 원인과 해결책을 반영하여 UCC를 제작해본다.

역할 분담

과제	국어교육과 UCC	

	사진, 이름	활동 역할
모둠원	김도연	모둠장, 시나리오·스토리보드·프레지·후기영상·모둠카드 제작, 소품 준비
	조예진	시나리오·스토리보드·후기영상 제작
	조유섬	영상편집 및 기획, 대화록(온·오프라인) 제작, 소품 준비
	황혜은	영상편집 및 기획, 조별 활동일지 제작

기 타

김도연 (연락처: 010-****-****, 메일 주소: tnrejr***@naver.com)
조유섬 (연락처: 010-****-****, 메일 주소: tab**@hanmail.net)
조예진 (연락처: 010-****-****, 메일 주소: wwj***@naver.com)
황혜은 (연락처: 010-****-****, 메일 주소: tns***@hanmail.net)

-활동 수칙-
1. 자신이 맡은 역할은 정해진 시간 내에 완수한다.
2. 조원들 간의 역할 분배가 공평하게 이루어지도록 한다.
3. 모든 활동을 즐기는 마음가짐을 가지고 적극적으로 참여한다.

〈표 4〉 조별 활동일지

과제	UCC 만들기
주제	• 국어사용 실태를 모티브로 한, 10년 뒤의 대한민국의 모습 • 국어가 경시되고 있는 현실을 자각하고 반성하자
UCC 제목	2024년 대한민국에서 온 메시지
목표	• 어린이와 청소년들의 언어 사용 실태와 그로 인해 생기는 세대 간 의사소통의 장애의 문제를 파악한다. • 세대 간 활발한 의사소통을 위한 '언어 파괴 문제의 해결점'에 대해 논의하여 본다. • UCC를 통해 바른 대화 생활을 권장한다.
교육과정과의 연계	• 【8-말-(5)】세대 간 차이를 인정하면서 효과적으로 대화할 수 있는 방안에 대해 토론한다. 〈텍스트〉 ◦ 세대 간 텍스트/토론 〈내용 요소〉 ◦ 특정 세대가 선호하는 어휘 조사하기 ◦ 세대 간의 공통적 관심사와 개별적 관심사 조사하기 ◦ 주장에 맞는 적절한 근거 대기 ◦ 대화에 나타난 세대 간 갈등 상황 이해하기 ◦ 소통 세대 간 대화 방안 제시하기
온라인 - 5월 16일 (금)	논의주제: 조이름 정하기, UCC 아이디어 구상하기, 스케줄 조정 활동내용: -온라인상 첫 모임 (이용: PC 카카오톡 단체 대화) -조이름: 스펀지밥 조 (스: 스펀지처럼 모든 정보를 빠르게 흡수하면서/ 펀: fun한 분위기 속에서/ 지: 지혜를 발휘하며/ 밥: 밥심으로 단결된다)는 뜻을 가짐 그 외 조 이름 후보 및 주제 1) 밥 조 (모임을 할 때 항상 같이 식사를 하며 자유로운 분위기에서 창의적인 의견을 낸다는 의미) 2) 자막. 간판 통해 올바른 국어 표기에 대한 다큐 3) 초등학생들의 잘못된 국어사용 실태 알기 -UCC 아이디어 구상하기 ① 프로그램 '롤러코스터'의 형식을 딴 '남북한 언어' 제작하기

	② '전국 방언'에 대한 특징을 살린 영상 제작하기 ③ 스케줄 조정: 모둠원들과의 오프라인 만남 날짜 조정 ('화, 금, 토, 일' 오프라인 만남+카카오톡 화면 사진)
온라인 - 5월 18일 (일)	논의주제: UCC 주제 선정, 장비대여 알아보기
	활동내용: -온라인 모임(이용:PC 카카오톡 단체대화) -장비대여(시청자 미디어센터 문의 및 장비에 관한 의견 나눔→ 시 청자 미디어 센터 장비를 빌리기로 하였으나, 정회원 신청 및 교육 시간이 맞지 않으며 장비를 빌리기까지 시간이 오래 걸려 각자의 아이디어를 모아 휴대폰, 캠코더로 대체 제작하기로 함) -UCC 주제선정: 전국 방언 특징에 대한 UCC제작
오프라인 - 5월 20일 (화)	논의주제: UCC 주제 변경, 역할 분담
	활동내용: -오프라인 첫 만남(장소: 사대 4층 원형 강의실) -UCC 주제 변경: 전국 방언 특징 에 대한 UCC 제작 → '마녀 사냥' TV프로그램을 모티브로 한 국어 사용 실태 및 문제에 대한 UCC -역할 분담: 도연, 예진-시나리오 및 각본 구성 혜은, 유섬-영상 편집 및 정보 수집
오프라인 - 5월 21일 (수)	논의주제: UCC 주제 변경, 시나리오 틀 구성, 역할 분담 재조정, 촬영 소품 논의 및 준비
	활동내용: -오프라인 만남(장소: 사대 3층 컴퓨터실) -UCC 주제 변경: '마녀 사냥' 모티브로한 국어 사용 실태 및 문제에 대한 UCC 제작 → 창의적 구상을 위해 새로운 프로그램을 만들고 자 함. 즉, '판도라'라는 고민 상담 tv프로그램을 제작하기 → 다큐 멘터리의 느낌을 살려 점차 퇴보되고 있는 국어의 모습을 미래시 점을 통해 UCC제작하기 -시나리오를 구상: 국어사용의 퇴보에 대한 심각성을 깨우치기 위 해 여러 문제 상황을 제시하고, 무겁고 어두운 느낌의 영상 편집을 강조하기 -역할 분담 재조정: UCC 주제가 바뀌었기에 역할 분담도 재조정됨 모두>UCC장면 구상, UCC필요한 자료수집

	예진〉스토리보드 제작, 후기 작성, 시나리오 구상 도연〉모둠카드제작, 프레지제작, 스토리보드제작, 시나리오구성 혜은〉영상편집 및 제작, 조별 활동일지 제작, 후기 작성 유섬〉영상편집 및 제작, 후기작성, 대화록 편집 −촬영소품 준비: 수수깡, 테이프 등등
온라인 - 5월 22일 (목)	논의주제: 대본 작성, 영상 자료 수집 및 제작

	활동내용:
	−사대 4층 사색(도연, 예진),
	  온라인 모임(PC카카오톡 단체대화 이용)
	−대본 작성
	−영상자료 수집 및 논의: 효과음, 배경음악, 로고 제작 등 전반적인
	  영상 제작에 돌입.

오프라인 - 5월 23일 (금)	논의주제: 촬영, 영상 제작 및 편집
	활동내용: −촬영 오프라인 만남 (사대 4층 원강 −도연, 예진, 유섬, 혜은) 발자국 영상(학교 캠퍼스 전 체), 까페(화랑관), 4층 원강을 다니면서 촬영 −영상 제작 및 편집 온라인 모임(PC카톡 단체 대화 이용) 당일 촬영 분들을 바로 편집하여 영상 제작에 돌입 앞부분에 오프닝 영상 완성 
오프라인 - 5월 24일 (토)	논의주제: 영상 제작 및 편집, 촬영
	활동내용: −촬영 오프라인 모임 (사대 4층 원강−유 섬, 예진, 도연, 혜은) 예진, 도연−스토리보드 작성, 시간 표 제작하고, 국어에 관련 된 책을 모아 영상에 들어갈 소품 준비, 그리 고 촬영. 만들어지는 영상을 보며 피 드백 해줌 유섬, 혜은−촬영한 영상들을 편집, 피드백 함, 효과음 찾기, 영상에 사용 

될 폰트, 로고 제작, 배경음악 영상에 입히기

온라인 - 5월 25일 (일)	논의주제: 촬영, 영상 편집

	활동내용:
	-오프라인 모임(사대 6층 원강)
	-유섬, 예진, 도연, 혜은
	  도연, 예진-시간표 영상 재촬영, 스토리
	    보드 작성, 영상 편집 피드백
	  예진-나레이션 녹음함
	  유섬-촬영한 영상 바로바로 받아서 음
	      성입히고 편집, 다른 곳에서 음
	      원 따와서 붙이기
	  혜은-유섬이한테 영상 받아서 전체 영
	      상에 이어 붙이고 음성 입히기
	  오후 1시에 만나 10시 반에 해산 

온라인 - 5월 26일 (월)	논의주제: 촬영, 영상 제작 및 편집, 후기영상 제작
	활동내용: -사대 4층 사색 (도연, 예진, 유섬, 혜은) 혜은은 영상 제작 및 편집을 하고 도연, 예진, 유섬은 국제관 잉글리 쉬 카페에 가서 외국인(쥬디)을 섭외하여 S#수재씬을 촬영함. 촬영 분을 이어붙이고 음성을 입힘 -활동일지, 스토리보드 편집 당일 활동일지 내용과 스토리보드 내용을 편집함 혜은, 유섬은 사대 3층 원강에서 영상편집을, 예진, 도연은 4층 PC실 에서 후기영상을 제작함

〈표 5〉 UCC 설계방향

과제명	10년 후, 대한민국에서 보내온 메시지
관련 교육과정	7-(법)-(4) 한글의 의의를 알고 우수성을 설명한다. 7-(문)-(3) 이어질 내용을 상상하여 이야기를 꾸민다. 8-(쓰)-(2) 어떤 사실에 대한 자신의 의견이 잘 드러나게 글을 쓴다. 8-(쓰)-(4) 상상한 것을 바탕으로 사건 사이의 관계가 잘 드러나게 이야기를 쓴다.
교수학습 방법 및 절차	1. 만들어진 영상을 보여준다. 2. 조를 나누고 자유롭게 토론을 시킨다. 3. UCC를 제작한다. 4. 서로 평가하고 비판한다.
과제범위	일상에서 보이는 국어경시의 현실
목표분석	국어의 중요성을 깨닫고 현 시대의 상황을 반성해 본다.
전략수립	조원들 모두 다 회의에 적극적으로 참여하여 자유로운 분위기에서 창의적인 의견을 낸다.
자료설명	현 시대를 비판하고 반성하자는 제작의도를 가지고 있는 만큼 가벼운 분위기의 예능 프로나, 드라마 형식이 아니라 나레이션과 자막을 이용한 차분하고 무거운 분위기의 다큐멘터리 형식이다.
활용방법	UCC를 보여주기 전에 미래 가상 상황임을 인지시킨다. 그리고 정말로 국어가 사라진다면 어떨까 하는 가상 상황을 머릿속에 계속 그리면서 UCC를 시청하도록 한다.
학습활동의 예	학습활동에서 국어가 경시되고 있는 사례를 하나씩 말해보도록 하고 그에 대한 원인과 해결방안을 발표해보도록 함으로써 국어의 중요성을 깨닫게 하고 자긍심을 기르도록 한다.
설계자	김도연, 조예진, 조유섬, 황혜은 〈검토자〉 이채연

〈표 6〉 스토리보드

자료번호	2014-05-28	
기본화면 구성 및 설명	기본 화면 구성	설명
		Media Language Education이라는 우리만의 로고를 만들어 차별화를 두려하였다. 매체 UCC 과제로만 끝나는 것이 아니라 우리만의 유씨씨 브랜드를 만들고자 하였다. 그리고 로고를 보여줌으로써 이목을 집중시키려는 목적을 두었다.
대사	각 테마별로 표시	
음악 (BGM)	elisa-eppure sentire	
음향 효과	각 씬마다 별도 표시	
제작상의 유의점	1. 시간제한에 초과하지 않도록 유의하며 촬영한다. 2. 우리가 전달하고자 하는 내용을 효과적으로 표현하고자 한다.	
참고자료	없음.	

페이지 번호: 01

장면	비디오		오디오	
S# 01	화면구성	2 0 4 4	음악 (BGM)	elisa-eppure sentire
			음향효과	Fade out
	자막	2014 ~ 2024	대사	없음
	화면설명	발로 걷는 영상을 통해 2014년에서 2024년으로 시간이 흘렀음을 함축적으로 나타낸다.		
	유의점	촬영 시 카메라를 고정하여 촬영하는 것이 올바르나, 역동적인 느낌을 주기 위해 앵글이 흔들리도록 촬영한다.		

180

장면	비디오		오디오	
S#02	화면구성	10년 후, 대한민국에서 보내온 메시지	음악 (BGM)	elisa-eppure sentire
			음향효과	Fade in
	자막	10년 후, 대한민국에서 보내 온 메시지	대사	없음
	화면설명	전체 영상의 제목을 보여 줌으로써 시청자들의 호기심을 자극 시킨다.		
	유의점	제목을 크게 부각시키고 효과를 줌으로써 영상을 시작한다.		

장면	비디오		오디오	
S#03	화면구성		음악 (BGM)	없음
			음향효과	없음
	자막	fashionable, edge	대사	혜은: 야~ 니 오늘 좀 패셔너블하네~ 도연: 맞제? 내 오늘 좀 엣지있지 않나? 혜은: 어어. 옷맵시 좀 괜찮은 듯. 도연: 왕? 옷 뭐가 괜찮다고?? 혜은: 옷맵시~!! 니 오늘 옷맵시 좀 좋다고. 도연: ...옷맵시가 뭔데..?
	화면설명	혜은과 도연이 카페에서 대화를 나누는 장면으로 순우리말을 알아듣지 못하는 현대인(도연)의 모습을 보여주고자 한다.		
	유의점	촬영기법: full shot, close up 기타: 중요한 대사는 클로즈업으로 촬영하여 대사를 부각시키고 표정변화를 상세히 담는다.		

장면	비디오		오디오	
S#04	화면구성		음악 (BGM)	없음
			음향효과	없음
	자 막	없음	대사	딸: 학교 다녀왔습니다~ 엄마: 그래 왔니? 밥은 먹었니? 딸: 아, 맞다. 엄마, 나 버카충하게 돈 좀 줘요 엄마: 버카충....? 그게 뭐니? 딸: (답답하다는 듯이) 아 버 스 카 드 충 전 이 요!!! 버!카!충! 엄마: 아유..뭔 놈의 요즘 애들이 쓰는 말은 당최 알아들을 수가 있어야지. 딸: 요즘 쓰는 말도 제대로 모르시면서 엄마: ....
	화면설명	엄마와 딸의 대화를 통해 기성세대와 신세대 간의 의사소통이 되지 않음을 보여준다.		
	유의점	촬영기법: full shot, close up 기타: 일상 장면인 만큼 자연스러운 사투리를 대사로 설정하였으며 특히나 이 장면은 감정표현이 관건이다.		

장면	비디오		오디오	
S#05	화면 구성		음악 (BGM)	없음
			음향효과	없음
	자막	없음	대사	수재: 현재 국내에서는 전주생물소재 연구소와 민간 기업인 (주)여명테크가 LED식물공장을 설치하여 신선한 야채를 생성하고 있으나 우리나라 식물공장의 경우 운영시스템에 대한 기술 축적이 부족하므로 외국의 기술적 자본과 정부차원에서의 적극적 지원이 절실하다고 사료됩니다.
	화면 설명	기업 바이어들과의 피티 현장에서 외국 바이어들이 대한민국에 대해 어필해달라는 요청을 하자 머뭇거리는 예진의 모습, 퇴보해가는 국어사용으로 인한 자긍심의 부재의 심각성을 나타낸다.		사회자: 네, 이상으로 OOO씨의 프레젠테이션이 끝났습니다. 질문 있으신 분 계십니까? – 손을 드는 외국계기업 임원. 임원: OOO씨가 생각하기에 외국의 기업이 대한민국이라는 나라의 식물공장에 ICT기술을 도입하기 위해 왜 투자를 해야 한다고 보시나요? 수재: (당혹스러운 표정, 말투로) 네..? 어...저기.. 음.. 임원 외 사람들: (탐탁치 않은 표정)
	유의점	촬영기법: full shot, close up 기타: 수재 배역을 맡은 배우의 표정이 중요하다. 당혹스러움을 효과적으로 표현해야 한다.		

장면		비디오		오디오
S#06	화면 구성		음악 (BGM)	얼음연못 - 두번째달
			음향 효과	Fade In
	자막	국어의 무관심	대사	
	화면 설명	국민들의 국어의 무관심으로 인한 국어가 사라질 수도 있다는 가상 상황을 나타냄.		
	유의점	촬영기법: 파노라마, long shot 기타: 카메라를 한 자리에 고정시켜 최대한 파노라마를 자연스럽게 표현한다. 여러 장의 사진을 이어 붙여서 책이 자연스럽게 사라지도록 한다.		
S#07	화면 구성		음악 (BGM)	elisa-eppure sentire
			음향 효과	Fade Out, Fade In
	자막	2024년 현재, 대한민국 국민들은 아름다운 순우리말을 알아듣지 못한다. 기성세대와 신세대가 소통하지 못한다. 외국어보다 국어(國語)를 덜 배운다. 나라에 대한 자긍심을 잃게 되었다.	대사	2024년 현재, 대한민국 국민들은 알아듣지 못하게 되었고, 소통하지 못하게 되었다. 무엇보다 올바른 국어 사용의 중요성을 간과하는 국민들의 인식이 가장 문제가 아닐까.
	화면 설명	앞서 보여진 영상들을 한 장면으로 함축적으로 설명하는 부분이다.		
	유의점	나레이션: 차분한 목소리로 대사를 읽는다.		

장면	비디오		오디오	
S#08	화면 구성		음악 (BGM)	없음
			음향 효과	없음
	자막	없음	대사	임원: ...외국계 기업들을 상대로 설득시켜주시겠습 니까?
	화면 설명	올바른 국어의 사용은 국가에 대한 자긍심도 기른다는 것을 보여준다.		
	유의점	촬영기법: close up 기타: 배우의 자신감 있는 연기가 매우 중요하다. 자신 있게 PR하 는 모습을 클로즈업 한다. 표정연기가 관건!		

장면	비디오		오디오	
S#09	화면 구성		음악 (BGM)	아리랑, 나레이션
			음향 효과	없음
	자막	없음	대사	우리의 말을 우리가 사랑 하지 않고 아끼지 않는다 면 과연 어느 누가 관심을 가져줄까. 무엇보다 우리 에게 가장 중요한 것은 국 어를 사랑하고 아끼는 마 음이 아닐까?
	화면 설명	칠판을 비추어 주고, 국어시 간인 듯 단원명과 성취목표 가 적혀 있다.		
	유의점	촬영기법: close up, long shot 기타: (나레이션) - 차분한 목소리로 대사를 읽는다.		

장면	비디오		오디오	
S#10	화면 구성		음악 (BGM)	아리랑
			음향 효과	fade in
	자막	시나리오: 김도연 조예진 영상 편집 및 기획: 조유심 황혜은 나레이션: 조예진	대사	없음
	화면 설명	credit title로 영상을 마무리 한다.		
	유의점	끝까지 여운을 남게 하는 편집이 관건! (아련하게)		

2. 사이버학습 콘텐츠 개발 및 설계전략

2.1. 국어과 콘텐츠 유형 결정 요인

국어과 사이버학습 콘텐츠 유형은 사이버학습이라는 교육적 보편성에 바탕을 두고 국어라는 과목의 독자성이 구체적으로 드러날 수 있는 최적의 유형을 탐색하여 결정한다. 결정 과정에 대한 자세한 흐름은 〈그림 1〉과 같다(이하 내용은 이채연·공명철·이상복·유동기(2006)의 연구를 수정 보완한 것임).

◆ 국어과 교육과정의 특성 반영
: 국어과 교육과정은 지식, 기능, 태도, 실제 부분으로 나누어 있다 (2011년 교육과정 기준). 이 점을 고려하여 다양한 콘텐츠 유형 중 이 부분이 효과적으로 반영될 수 있는 것을 선택한다.

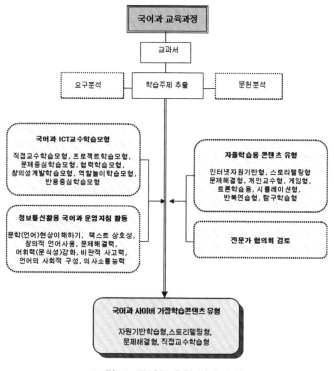

〈그림 1〉 콘텐츠 유형 결정 요인

◆범교과 콘텐츠 유형 반영

: 사이버교육과 관련된 다양한 콘텐츠의 문헌분석 및 활용 사례를 통해 국어과에 특수성을 가장 효과적으로 구현할 수 있는 것을 선택한다.

◆교사, 학습자, 개발자 요구분석 결과 반영

: 교사, 학습자, 개발자들 대상으로 기존 개발된 콘텐츠에 대한 오류 분석 및 요구분석을 실시한다. 그 결과가 콘텐츠 유형 결정에 반영될 수 있게 한다.

◆국어과 ICT 교수학습모형 반영

: 교실수업을 전제로 개발된 OFF-LINE 기반의 국어과 ICT 교수학습
모형들을 ON-LINE 기반 학습용 모형으로 전환한 뒤 사이버학습용
콘텐츠 유형으로 개발한다.

◆국어과 정보통신활용 운영지침 반영

: 정보통신활용 운영지침에 반영된 국어과의 활용방안 및 실제적인
방법 등이 사이버학습을 통해서도 이루어질 수 있도록 고려하였다.

이상의 내용을 참고하여 국어과 사이버학습용 콘텐츠는 직접
교수학습유형, 자원기반학습유형, 스토리텔링형, 문제해결유형
으로 결정하였다. 이 유형들은 〈표 1〉에서 보는 바와 같이 자율학
습용 콘텐츠를 기반으로 하면서 국어과 학습주제 분포 및 수정된
ON-LINE 기반 ICT 모형과 정보통신기술교육 국어과 운영지침

〈표 1〉 국어 콘텐츠 유형 상호관련성

국어 콘텐츠 유형		정보통신기술 교육 운영지침	국어 ICT 교수학습모형	자율학습용 콘텐츠 유형	국어과 학습주제
직접교수 학습형	⇔	언어문학 현상의 이해	직접교수 학습모형		기능, 지식
자원기반 학습형	⇔	언어의 사회적 구성	프로젝트 학습모형/ 문제중심 학습모형	인터넷자원 기반형	기능, 태도
스토리텔링형	⇔	텍스트상호성, 창의적 언어사용	창의성계발 학습모형	스토리텔링형	기능, 태도
문제해결형	⇔	문제해결력	문제해결 학습모형	문제해결형, 개인교수형	지식

에서 제시되는 활동 등과의 상호관련성을 가지는 것이다.

2.2. 유형별 콘텐츠 개발 및 설계전략

국어과의 특징을 잘 살릴 수 있고 사이버학습체제에서 학습자
들이 좀 더 능동적이고 자기주도적으로 학습을 할 수 있도록 유
도하는 데 효과적인 유형들을 중심으로 4가지의 국어과 콘텐츠
유형을 선정하였다. 4가지의 콘텐츠 유형은 자원기반학습형, 스
토리텔링형, 문제해결형, 직접교수학습형이며, 각 유형의 개념
및 특징, 단계별 구성 방법 및 전략 등에 대한 구체적인 내용은
다음과 같다.

2.2.1. 자원기반학습형 설계 및 스토리보드

2.1.1.1. 유형 개요

자원기반학습형은 인터넷에 존재하는 여러 가지 형태의 학습
자원을 기초로 하여 학습자들이 자신의 관심과 능력에 따라서 다
양한 학습활동 전개해 나가도록 하는 유형이다(한국교육학술정보
원, CR 2005-2). 이는 학습자에게 문제 상황을 구체화시켜 제시함
으로써 인터넷을 통한 관련 자료를 적절히 탐색하고 분석하여 해
결하는 것이 매우 중요하다. 또한 파악된 문제 상황을 중심으로
하여 학습 활동을 계획하고 탐구활동을 하며 다양한 형태의 탐구
결과가 제시된다. 이 유형은 대부분 학습자 스스로 인터넷 자원
을 기반으로 하여 학습을 해결해 나가지만, 필요시에는 튜터의

지원을 통해 학습 내용에 대한 피드백을 제공받을 수도 있다. 이때 튜터는 크게 두 부류로 나뉜다. 내부 튜터(콘텐츠 내의 가상 캐릭터)와 외부 튜터(교사)가 그것이다.

〈적용 주제 예시〉
- 다양한 매체가 전달하는 정보를 재조직하며 듣고 읽는다.(듣기/읽기)
- 다양한 매체에서 정보를 수집하여 말할 수 있다.(말하기)
- 보조자료를 활용하여 말할 수 있다.(말하기)
- 수집한 내용이 주제와 어울리는지 평가하여 말할 수 있다.(말하기)
- 극의 내용을 이해하기 위하여 다양한 매체를 활용할 수 있다.(읽기)
- 적절한 배경지식과 방법을 활용하면서 읽는 태도를 지닌다.(읽기)
- 내용을 선정하여 글을 쓸 수 있다.(쓰기)
- 형식에 맞추어 기사문과 보고문을 쓸 수 있다.(쓰기)
- 읽기와 쓰기가 의사소통 행위임을 이해한다.(읽기/쓰기)
- 한국 현대 문학의 역사적 전개 과정을 이해할 수 있다.(문학)
- 적절한 배경지식과 방법을 활용하면서 읽는 태도를 지닌다.(문학)
- 작품의 사회적, 역사적, 문화적 상황을 이해할 수 있다.(문학)
- 문학작품이 쓰인 시대의 사회적·문화적·역사적 상황을 고려하며 문학작품을 감상할 수 있다.(문학)
- 작품에 나타난 사회적·문화적 상황을 창작동기와 관련지어 설명할 수 있다.(문학)

2.1.1.2. 유형 구조 및 학습 절차

본 연구에서 제시하는 자원기반학습유형의 구조는 다음 〈그림

2>와 같다.

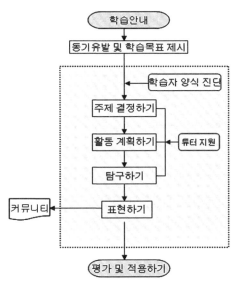

〈그림 2〉 자원기반학습형의 학습 단계

　자원기반학습형 콘텐츠는 학습자의 경험과 능력에 맞게 주제를 결정하도록 하거나 몇 개의 예시 주제를 선정하여 제시한다. 문제 상황에 대한 질문을 구체적으로 제시하여 학습자의 관련 자료 탐색과 문제 분석, 해결에 도움이 되도록 구성한다. 즉, 학습자는 학습 주제를 해결하기 위해 필요한 정보를 확인하고, 구체적인 탐색 방법을 수립한 후 정보를 수집, 분석, 가공, 종합하는 과정을 통하여 탐구하며 탐구의 결과를 도출한다. 학습 내용 설계자는 주제어 또는 검색어를 목록화하여 제공하거나 자료의 출처를 학습자에게 제공하여 학습자가 의도하지 않은 방향으로 학습이 이루어지지 않도록 자세한 설계가 이루어져야 한다.

이 유형은 콘텐츠의 대부분이 학습자가 주도적으로 문제를 탐색하고 해결 하도록 구성되지만, 필요시 올바른 학습방향을 결정해주고 결과에 대한 피드백을 위한 외부 튜터(교사)의 지원을 제공할 수 있다. 끝으로 평가 및 적용하기 단계에서는 탐구활동의 결과물을 프레젠테이션을 이용한 표현이나 게시물의 탑재 등으로 나타내며, 학습자가 학습의 전 과정을 성찰해보도록 해야 한다.

2.1.1.3. 설계내용 및 전략

자원기반학습형 콘텐츠의 단계별 활동 및 구체적인 구성 전략을 살펴보면 〈표 2〉와 같다.

〈표 2〉 자원기반학습형의 단계별 설계 내용 및 전략

단계	설계 내용 및 전략
주제 결정하기	• 명확한 학습문제를 제시한 뒤 학습자 수준진단을 통해 학습자가 주제를 결정하도록 하고, 이와 관련된 사진, 동영상, 애니메이션, 소리자료, 만화, 모듈 프로그램, 통계 자료, 신문기사, 인터뷰 내용 등을 보여줌으로써 흥미를 유도 • 학습자는 예비 주제 중에서 온라인 투표 방식이나 내부 튜터(콘텐츠 내 가상 캐릭터)의 주제 결정을 위한 조언을 통하여 스스로 하나를 결정하도록 할 수도 있음 • 학습 주제는 인터넷 자원을 활용하여 학습자가 흥미롭게 탐구할 수 있고, 다양한 멀티미디어 자료를 바탕으로 학습활동이 가능하며 다양한 경험과 심화된 활동을 할 수 있는 것을 선정 예: 문학 유적지 답사 보고서 작성, 영상 매체로 변용된 문학 작품 비교 분석하기, 인터넷의 언어 사용 실태 조사 발표하기, 세미나 형식의 발표 보고서(문학/비문학) 작성하기 등
활동 계획하기	• 학습 주제와 연관이 되도록 다양한 멀티미디어 자료를 활용하며, 학습 주제에 대한 문제 해결을 위한 기본적인 학습 내용이나 다양한 용어에 대한 설명을 학습자에게 제공 • 학습 주제에 대하여 문제 해결을 하기 위해 기간, 절차, 방법, 역할 분담, 탐구 범위 등을 설정

단계	설계 내용 및 전략
활동 계획하기	• 학습자의 정보 탐색을 도와 줄 수 있는 간단한 질문들을 제시하여 정보 수집 활동을 도와줄 수 있음(예: 인터넷에서 언어 사용 실태를 조사하는 방법은?) • 인터넷 정보가 많을 경우 주요 핵심어를 파악하기 쉽도록 주제어와 검색어를 목록으로 만들어 제공함 • 학습 주제 해결에 필요한 최신 자료와 출처를 학습자에게 상세히 제공해야 함 • 학습자에게 인터넷을 통해 다양한 학습자료를 활용하도록 구체적인 안내를 제시할 수 있음 • 필요시 내부 튜터(콘텐츠 내 가상 캐릭터)의 도움을 받아 학습 주제 해결을 위한 학습 활동계획에 대하여 조언을 받을 수 있다.
탐구하기	• 학습자가 스스로 문제를 해결하기 위해 문제에 대한 충분한 자료가 필요하며, 인터넷의 기능을 충분히 할 수 있도록 인터넷 자료와 관련 사이트 안내 등의 자양한 자료와 연계가 되어야 함 • 학습 주제나 학습자의 연령을 고려하여 탐색 단계를 세분화하여 각 단계별 활동 결과를 정리하면서 학습을 진행하도록 구성할 수 있음 • 학습자가 해결해야 하는 학습문제에 대한 결과를 도출할 때, 학습 결과보다는 과정을 중시해야 하며, 학습활동 진행 과정을 간단한 보고서를 작성하도록 하여 과정을 점검할 수 있음
표현하기	• 학습 결과를 게시판, 토론방과 같은 커뮤니티를 이용하여 다른 학습자와 공유하거나 외부 튜터(교사)가 확인하도록 함으로써 학습 활동의 과정에 대한 점검을 받도록 함 • 학습 결과는 가급적 보고서 형태로 구성한 다음 제출하여 탐구 결과 정리와 함께 학습자가 자신의 탐구 과정을 스스로 점검할 수 있는 기회를 제공함 • 학습자 동료 간 수집된 정보를 나누어보고 상호 평가하도록 할 수도 있음
튜터지원 (선택)	• 내부 튜터(가상캐릭터)는 학습자들이 학습 주제의 결과에 원만하게 이를 수 있도록 학습자의 개별학습을 지원함(선택) • 학습자의 학습과정과 결과에 문제가 발견되면 외부 튜터(교사)는 학습자의 오류를 지적하여 개별학습자가 탐구결과를 다시 도출할 수 있도록 지원해야 함
평가 및 적용하기	• 인터넷 자원을 활용하여 학습한 결과를 보고서, 포트폴리오, 토론방, 게시판 등의 내용을 중심으로 평가 • 학습 성취도와 정보의 탐색과정, 정보의 활용 과정을 평가(예: 본인이 인터넷자료를 통해 학습 주제를 해결하기 위해 진행한 방법을 간단하게 써보세요.)

2.1.1.4. 학습활동 지원 기능

자원기반학습형 콘텐츠 설계 및 개발시 필요한 학습활동 지원 기능들을 살펴보면 〈표 3〉과 같다.

〈표 3〉 자원기반학습형 학습활동 지원 기능

기능	활용 방법
자료실	• 정보 수집을 위한 유용한 검색 방법 및 사이트 공유 • 인터넷을 통해 수집한 정보를 공유함
과제방	• 학습자의 과제(문제에 대한 해결안 도출)를 공유할 수 있으며, 다른 학습자의 과제에 대한 의견을 제시할 수 있음
토론방	• 과제 수행에 필요한 의견을 교환하기 위해 학습자 간 비동시적 상호작용이 이루어짐
채팅방	• 과제 수행에 필요한 의견을 교환하기 위해 학습자 간 동시적 상호작용이 이루어짐
질의/응답방	• 탐구 문제 해결 과정에서 생기는 또 다른 의문을 제시하여 다른 학습자와 공유함
튜터지원	• 내부 튜터(콘텐츠 내 가상 캐릭터) 문제 해결 과정 및 해결안 제시 결과에 대한 적절한 지원 제공 • 외부 튜터(교사)와 대화채널을 위한 이메일, 메신저 활용

2.1.1.5. 유형 적용 시 유의점

자원기반학습형을 실제 콘텐츠 개발에 적용하기 위해서는 다음의 사항에 유의해야 한다.

첫째, 이 유형은 학습자가 수행해야 할 학습주제를 분명하게 제시하여야 하며, 학습주제에 따라 다양한 학습활동이 가능하므로 학습자들이 미리 구상하여 선택하도록 한다.

둘째, 학습주제는 다양한 답이 가능한 문제, 단편적 지식이나 특정 양식에 의해 쉽게 풀릴 수 없는 문제, 정형화되지 않은 문제 등의 다양한 문제를 정하며, 인터넷 자원과 다양한 멀티미디어 자료를 기반으로 학습활동이 가능한 주제를 선정하여야 한다.

셋째, 탐구하기 과정에서는 여러 가지 활동이 이루어질 수 있도록 PC 마이크를 이용한 인터뷰 또는 음성 녹음하기, 역할극 녹화하기, 그림판을 이용하여 그림으로 나타내기 등의 다양한 활동과 국어 지식, 어휘, 문학 작품 조사하기 등의 자료 수집이 이루어지도록 한다.

넷째, 탐구문제 해결을 위한 자료의 수집, 분석, 정리의 어려움이 있을 수 있으므로 콘텐츠의 설계시 자료의 충분한 제시와 단서를 제공하도록 한다.

다섯째, 이 유형은 인터넷 자원을 이용한 학습 문제 해결의 과정에 중점을 두고 있으므로, 학습자들이 학습 결과 정리나 평가에 너무 치우치지 말고 대화와 토론을 통해 자신의 탐구활동에 대한 반성과 성찰을 유도하도록 한다.

여섯째, 튜터의 지원을 받거나 도움기능을 활용하여 학습자가 수집한 정보의 결과를 평가하거나 학습자 동료 간에 수집된 정보를 공유하고 상호평가하도록 구성할 수 있다.

2.1.1.6. 유형의 적용 예시

학년	고등 10학년	학기	1학기
단원	1. 읽기의 즐거움과 보람 (1) 황소 개구리와 우리말		
학습 주제	영어공용화에 관한 찬반 토론		

<표 4> 고등 국어교과 단계별 구성내용

학습 단계	구성 내용	학습 유형	시량
학습안내 및 전시학습 활동안내	• 본시 학습의 전체적인 흐름 안내 • 전시 학습 활동 내용 상기	공통	1분
학습목표	• 본시 학습 목표 제시(찬반 의견 결정하여 표현하기)	공통	1분
학습자 수준진단	• 간단한 문항을 통한 학습 수준의 진단	공통	1분
주제 결정하기	• 본시 주제를 도출하기 위한 사전 학습 자료 제시(토론 자료 제시) • 본시 활동 학습 주제의 제시	공통	5분
활동 계획하기	• 중간 진단 포함(검색 및 쓰기 활동 능력 체크) • 내부 튜터의 도움을 받아 활동 계획 세우기(선택)	공통	1분
탐구하기	• 주제와 관련된 자료 검색하고 검색 자료 정리하기	공통	10분
표현하기	• 학습자의 언어 생산물을 보고서 형태로 작성(인쇄 및 저장하기 기능, 게시판 탑재 기능)	공통	8분
결과평가 및 정리	• 커뮤니티에 산출물을 탑재하여 상호 공유 및 상호 평가 • 외부 튜터의 지도 조언 및 평가	공통	5분

2.1.1.7. 자원기반학습형 설계 포인트 및 스토리보드

자원기반학습형에 부합하는 학습주제를 선정하고 콘텐츠 개발을 위한 설계 포인트를 제시하면 아래와 같다.

가. 학습주제 목록 및 포인트 적용 예시

단원	소단원	학습주제	학습 내용	콘텐츠 유형	적용 포인트
1. 읽기의 즐거움과 보람	(1) 황소개구리와 우리말	읽기 활동을 적절히 조절하면서 읽는 태도를 기를 수 있다.	• 점검하며 읽기의 필요성 알기 • 글쓴이의 의도 파악하기 • 글쓴이의 관점과 자신의 관점을 비교해 보기	자원기반학습형	• 이 주제는 폭넓은 언어 자료(외국어의 침투로 인한 자국어의 오염, 자국어 보존을 위한 여러 나라의 노력)를 조사하는 활동이 우선이므로 자원기반학습 유형이 적절하다. • 아울러 외국어의 범람과 이로 인한 우리 언어 위축 현상에 대한 대책 등을 모색해 보는 토론학습이 필요하다. 따라서 논지에 맞는 근거를 찾아보는 자원기반학습 유형과 각자의 주장을 정리해 보는 문제해결형 학습이 적절하다.

나. 스토리보드 흐름도

위의 학습 주제 목록을 바탕으로 작성된 샘플 스토리보드는 다음과 같다.

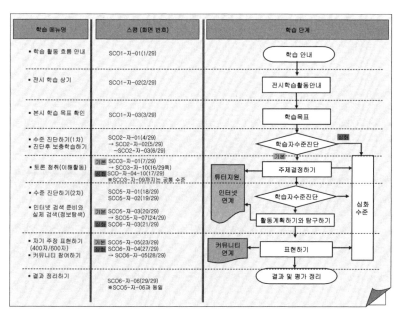

〈그림 3〉 자원기반학습형의 스토리보드 흐름도

위의 샘플 스토리보드는 '읽기' 활동 성격의 단원을 토대로, '듣기(이해)' 활동에 '쓰기(표현)' 활동을 통합한 학습 과정을 보여준다. 이는 총 6개의 SCO로 이루어져 있다. 'SCO1'은 학습활동 안내, 전시학습활동 상기, 본시학습 활동의 목표 제시로 이루어진다. 'SCO2'는 학습자 자기 진단이 포함된 모듈로서 응답 결과에 따라 토론 활동에 익숙한지 그렇지 않은지가 결정되고 그에 맞춰 각기 상이한 학습 과정이 이어지게 된다.

‘SCO3’과 ‘SCO4’는 하나의 주제에 관해 벌이는 토론을 청취하는 활동과 토론 내용을 정리해 보는 활동을 공통으로 포함하고 있되, 토론에 익숙하지 않은 학생을 위한 ‘SCO3’은 기본 수준의 학습을, 토론에 익숙한 학생을 위한 ‘SCO4’는 심화 수준의 학습을 하게 된다. 이것은 자원기반학습형에서 ‘주제결정하기’ 단계에 해당한다. ‘이해’ 활동 다음에는 ‘표현’ 활동으로 이어지게 되는데 여기에 두 번째 학습자 수준 진단 코너를 두었다. 즉 인터넷 자원을 효과적으로 활용할 수 있는지, 자기 생각을 표현하는 활동에 익숙한지를 점검하도록 했다. ‘SCO6’은 학습 활동을 계획하거나 학습의 진도나 방향 조절 능력이 있는 학생을 위한 모듈로서, 자유 검색 활동과 긴 분량의 글쓰기와 같은 심화 수준의 활동이 가능할 수 있도록 설계했다.

　‘SCO5~SCO6’의 단계들은 ‘자원기반학습유형’에서 〈활동 계획하기→탐구하기→표현하기→결과 및 평가 정리하기〉 단계에 해당한다. 이 역시 커뮤니티를 기반으로 함으로써 생산된 언어자료들이 공유될 수 있도록 하며, 보충·심화 활동으로서 읽기자료 읽기나 토론 참여하기와 같은 활동이 이어지도록 한다. 전체 스콤 중에서 앞 일부를 소개하면 다음과 같다.

다. 스토리보드의 실제

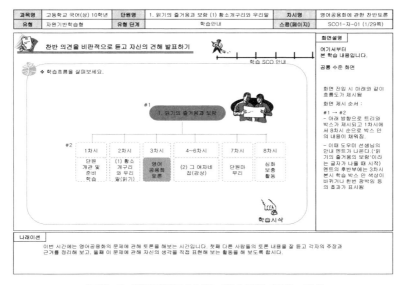

과목명	고등학교 국어(상) 10학년	단원명	1. 읽기의 즐거움과 보람 (1) 황소개구리와 우리말	차시명	영어공용화에 관한 찬반토론
유형	자원기반학습형	유형 단계	학습안내	스콜(페이지)	SCO1-자-01 (1/29쪽)

찬반 의견을 비판적으로 듣고 자신의 견해 발표하기

학습 SCO 안내

❖ 학습흐름을 살펴보세요.

#1 1. 읽기의 즐거움과 보람

#2

1차시	2차시	3차시	4~6차시	7차시	8차시
단원 개관 및 준비 학습	(1) 황소 개구리와 우리 말(읽기)	영어 공용화 토론	(2) 그 여자네 집(감상)	단원마 무리	심화 보충 활동

학습시작

화면설명

여기서부터 본 학습 내용입니다.

공통 수준 화면

화면 진입 시 아래와 같이 흐름도가 제시됨

화면 제시 순서 :

#1 → #2
- 아래 방향으로 트리와 박스가 제시되고 1차시에서 8차시 순으로 박스 안의 내용이 채워짐.

- 이때 도우미 선생님의 안내 멘트가 나온다.('읽기의 즐거움의 보람'이라는 글자가 나올 때 시작) 멘트의 후반부에는 3차시 본시 학습 박스 안 색상이 바뀌거나 한번 깜박임 등의 효과가 표시됨

나레이션

이번 시간에는 영어공용화의 문제에 관해 토론을 해보는 시간입니다. 첫째 다른 사람들의 토론 내용을 잘 듣고 각자의 주장과 근거를 정리해 보고, 둘째 이 문제에 관해 자신의 생각을 직접 표현해 보는 활동을 해 보도록 합시다.

〈그림 4〉 자원기반학습형의 〈학습활동 안내〉 예시

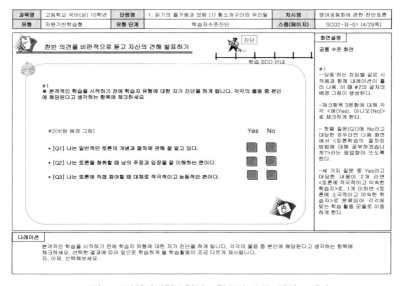

과목명	고등학교 국어(상) 10학년	단원명	1. 읽기의 즐거움과 보람 (1) 황소개구리와 우리말	차시명	영어공용화에 관한 찬반토론
유형	자원기반학습형	유형 단계	학습자수준진단	스콜(페이지)	SCO2-자-01 (4/29쪽)

찬반 의견을 비판적으로 듣고 자신의 견해 발표하기

진단

학습 SCO 안내

#1
※ 본격적인 학습을 시작하기 전에 학습자 유형에 대한 자가 진단을 하게 됩니다. 각각의 물음 중 본인에 해당된다고 생각하는 항목에 체크하세요.

#2(바탕 배경 그림)   Yes   No

• [Q1] 나는 일반적인 토론의 개념과 절차에 관해 잘 알고 있다.   ☐   ☐

• [Q2] 나는 토론을 청취할 때 남의 주장과 입장을 잘 이해하는 편이다.   ☐   ☐

• [Q3] 나는 토론에 직접 참여할 때 대체로 적극적이고 능동적인 편이다.   ☐   ☐

화면설명

공통 수준 화면

#1
-'딩동'하는 차임벨 같은 시작음과 함께 내레이션이 흘러 나옴. 이 때 #2의 글자의 배경 그림이 생성된다.

-체크항목 3문항에 대해 각각 <예(Yes), 아니오(No)>로 체크하게 한다.

- 첫째 질문(Q1)에 No라고 대답한 경우라면 다음 화면에서 <토론학습의 절차와 방법에 대해 공부하겠습니까?>라는 팝업창이 뜨도록 한다.

-세 가지 질문 중 Yes라고 대답한 내용이 2개 이상 라면 <토론에 적극적이고 익숙한 학습자>로, 1개 이하면 <토론에 소극적이고 미숙한 학습자>로 분류되어 각각에 맞는 학습 활동 모듈로 이동하게 한다.

나레이션

본격적인 학습을 시작하기 전에 학습자 유형에 대한 자가 진단을 하게 됩니다. 각각의 물음 중 본인에 해당된다고 생각하는 항목에 체크하세요. 선택한 결과에 따라 앞으로 학습하게 될 학습활동이 조금 다르게 제시됩니다. 자, 이제, 선택해보세요..

〈그림 5〉 자원기반학습형의 〈학습자 수준 진단〉 예시

2.2.2. 스토리텔링형 설계 및 스토리보드

2.2.2.1. 유형 개요

스토리텔링형은 텍스트 상호성에 입각하여 기본적으로 주어지는 자료를 바탕으로 새로운 텍스트를 재구성 혹은 창작하는 학습에 활용된다. 이 유형은 특히 문학영역에서 학습자의 창조적인 국어사용 능력을 향상시키기 위하여 다양한 언어 자료(음성언어, 시각 언어, 문자 언어)를 활용하는 것으로, 여러 종류의 멀티미디어 자료를 활용하여 수업을 전개해 나간다면 학습자 스스로 적극적으로 문학작품을 이해하는 학습활동으로 활용할 수 있다. 그리고 문학작품에 대한 학습자의 이해 정도와 내면화에 따라 능동적인 학습 활동이 이루어지며, 특히 학습자의 생각과 문학적인 정서를 바탕으로 창의적으로 표현하는 활동으로 이어질 수 있다.

이 유형은 초등학교 저학년의 경우에는 문학작품을 감상하는 것으로 활용하고, 초등학교 4학년 이상부터는 문학작품을 통하여 문학작품의 의도나 사상, 내용을 살펴서 작품을 이해하는 활동을 강조함으로써 학습자 나름대로 문학작품에 대한 해석 정도를 창의적으로 나타내는 데에 활용이 가능하다. 중학교 이상에서는 패러디 기법의 활용, 매체 간 변용, 제작과 같은 활동을 할 수 있다.

〈적용 주제 예시〉
- 문학적 표현의 방법을 활용하여 자신의 정서를 효과적으로 표현할 수 있다.(말하기/쓰기)
- 동일한 내용을 글로 읽을 때와 다른 매체를 통해서 이해할 때의

차이점을 말할 수 있다.(말하기)

- 글을 매개로 집단과 집단, 사회와 사회가 시대를 초월하여 의사소통을 할 수 있음을 이해한다.(읽기)
- 영화를 소개하는 글을 쓸 수 있다.(쓰기)
- 여러 가지 표현 방법으로 광고문과 안내문을 쓸 수 있다.(쓰기)
- 전통의 창조적 계승을 위해 창의적으로 표현하는 태도를 기른다.(문학)
- 작품을 창조적으로 수용하는 것이 왜 중요한지 알 수 있다.(문학)
- 작가, 독자, 문학 작품사이의 관계를 고려하여 문학작품의 의미를 능동적으로 이해하는 능력과 태도를 기른다.(문학)
- 문학작품에 반영된 사회적·문화적 상황을 이해하고 이를 재조직하여 작품을 감상한다.(문학)

2.2.2.2. 유형 구조 및 학습 절차

이 연구에서 제시하는 스토리텔링형의 구조는 〈그림 6〉과 같다. 스토리텔링형은 학습자가 텍스트에 대한 기초 소양을 터득한 후 텍스트 상호성에 입각하여 다양한 창의력 실험을 한 뒤 자신의 관점에서 텍스트를 재해석, 재창조하게 하는 학습유형이다. '인식하기' 단계에서는 학습자에게 작품과 관련된 텍스트나 동영상, 애니메이션, 이미지 등을 제공하여 작품에 대한 기본적인 내용이나 특징을 알 수 있게 한다. '작품과 대화하기' 단계에서는 먼저 작품에 대한 줄거리, 인물, 배경, 사건에 대하여 먼저 살펴본후, 다음으로 작품에 대한 자신의 생각이나 느낌을 나타내고, 친구들과 감상 내용을 공유하고 비교하여 공통점과 차이점을 알아보는 활동이 있다. 그리고 작품 속의 인물과의 대화를 통하여 작

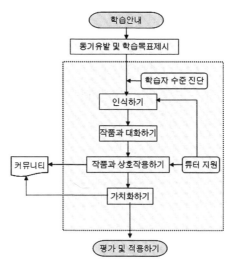

〈그림 6〉 스토리텔링형의 학습 단계

품 속의 갈등의 원인과 해결 과정, 인물의 심리 상태를 파악하는 활동 또는 작품의 시대적 배경과 시대 상황이 작품에 어떻게 반영되었는지를 알아보는 활동 등을 할 수 있다.

'작품과 상호작용하기' 단계에서는 학습자가 다양한 방법으로 발표를 하게 되는데, 학습자의 자발적인 참여를 전제로 하여 작품에 대한 창의적인 내용을 수용해야 한다. 이때, 작품 결과물에 대하여 개별적으로 보기보다는 모둠 또는 전체적으로 살펴보고 토의의 과정이 이루어지는 것이 보다 다양한 의견 수렴이 가능하다. 문학작품을 패러디하거나 새로운 장르로 변용하는 작업을 할 수 있다. 필요시 내·외부 튜터(가상캐릭터, 교사)의 지원을 받아 선택 상황에 대한 도움을 받을 수 있다.

'가치화하기' 단계에서는 최종 작품 또는 결과물을 게시판, 과제방에 탑재하여 생산언어자료로서 산출물을 상호비교를 통한 내면화할 수 있다.

2.2.2.3. 설계내용 및 전략

스토리텔링형 콘텐츠의 단계별 활동 및 구체적인 구성 전략을 살펴보면 〈표 5〉와 같다.

〈표 5〉 스토리텔링형의 단계별 설계내용 및 전략

단계	설계 내용 및 전략
학습자 학습 수준 진단(선택)	• 학습자 학습수준은 간단한 설문 문항을 통해 진단하고, 그 결과에 따라 각기 다른 방식의 콘텐츠를 제공할 수 있음 • 학습수준은 학습주제에 따라 선택적으로 적용이 가능하다
인식하기	• 작품의 기본 내용 및 특징을 파악하는 토대를 마련하기 위하여 작품과 관련된 동영상이나 애니메이션, 이미지 등을 제공하여 학습자의 흥미를 유발하도록 함 　－말하기·듣기 영역에서의 예로는 인터넷으로 뮤지컬, 오페라, TV 드라마를 보여 주거나 'TV동화 아름다운 세상'의 장면을 활용할 수 있다. 　－읽기 영역에서의 예로는 문학 작품과 관련 있는 텍스트 자료나 신문기사, 광고를 검색하여 활용할 수 있다. 　－쓰기 영역에서의 예로는 가족신문이나 웹 학급 문집, 자기 소개서, 음악이 있는 동시 등을 활용할 수 있다. • 문학적 경험이 부족한 학습자를 위하여 내부 튜터가 콘텐츠 문학 작품에 대한 문답식 질문을 선정하여 작품 내용의 이해와 참여를 유도함(선택지원)
작품과 대화하기	• 학습자에게 작품을 감상하는 방법에 대하여 미리 사전에 구체적으로 안내하며, 이를 통하여 작품의 줄거리, 인물, 배경, 사건을 살펴보게 하고, 작품에 대한 자신의 생각이나 느낌을 정리하도록 함 • 작품을 다른 각도에서 검토하는 방법을 나타내기 위해 시, 소설, 희곡 등의 문학작품의 언어와 일상의 언어를 비교하여 공통점을 찾고 문학과 일상 세계의 언어와의 관계를 찾을 수 있도록 구성할 수 있으며, 동일 작품에 대한 다양한 비평문 읽기 등을 제시함 • 작가의 생각을 나타낸 부분이나 개성 있는 표현 찾기, 가상 인터뷰 등을 통해 작가의 의도나 사상, 감정을 찾을 수 있도록 구성 • 작품 속의 주요 인물과의 대화를 통해 인물의 행동, 성격, 가치관

단계	설계 내용 및 전략
작품과 대화하기	등을 파악하도록 구성 • 작품의 시대적 배경을 찾고 작품의 시대 상황이 어떻게 반영되었는지 살피는 방법을 제시하거나 참고 사이트를 제시하는데, 시대적 배경을 찾을 때 사실의 나열보다는 작품과 관련된 내용을 강조
작품과 상호작용 하기	• 내부 튜터의 도움으로 자율적으로 작품과 상호작용하는 방법에 대한 설명 및 발표 방법 청취 • 채팅방을 이용해 소설 결말 재구성 해보기 • 웹 게시판을 활용해 모둠 토의하며 창작한 작품 고쳐 쓰기 • 학습자가 작품에 대해 탐색한 사례를 워드프로세서를 이용한 텍스트 또는 프레젠테이션 기능 활용, Html로 표현하기 등으로 자신의 생각을 표현하며 다양한 형태로 발표하여 커뮤니티에 탑재하여 공유 • 외부 튜터(교사)의 작품 평가는 내용의 화려함보다는 작품에 대한 창의성에 비중을 두고 살펴보도록 구성 • 원래의 작품과 학습자가 작성한 결과물의 비교를 통해 결과물이 가지고 있는 창의성과 다양성을 접하도록 구성 • 말하기·듣기 영역에서 토론하기의 경우에는 주제에 맞는 보조 자료를 활용하거나 자신이 말한 내용을 녹음하여 듣고 주제에서 벗어난 내용을 검토하도록 구성할 수 있음 • 읽기 영역에서는 텍스트를 이용한 문자뿐만 아니라 영상 언어(광고 읽기나 드라마 읽기 등의 영상 자료)로도 할 수 있으며, 웹에 탑재된 글을 찾아 읽고 주제를 파악하거나 틀린 부분을 찾는 활동을 할 수 있음 • 쓰기 영역에서는 자신이 쓴 글을 게시판에 탑재하여, 다른 학습자가 자신의 생각을 댓글로 나타내거나, 주제에서 벗어난 내용을 고쳐서 탑재할 수 있도록 구성하며, 가장 잘 쓴 글에 대한 인터넷 설문조사를 할 수도 있음
가치화 하기	• 문답 활동을 통해 학습 내용을 정리하며, 외부 튜터(교사)의 지원을 선택적으로 받을 수 있음 • 게시판에 개인별 혹은 모둠별로 학습 내용을 공유하도록 하여, 타인의 관점을 자신의 것과 비교함으로써 다양한 감상을 경험하도록 함 • 지금까지의 활동을 정리하고 내면화함으로써 텍스트 상호성에 대한 문화 감식력을 증대시킴
평가 및 적용하기	• 학습자가 작성한 작품을 과제방이나 게시판, 자료방에 탑재하고 공유하여 학습자 상호간에 의견을 교환하도록 함 • 결과물의 완성도와 내용의 화려함에 중점을 두기보다는 창의성에 관점을 두고 평가가 이루어져야 함

2.2.2.4. 학습활동 지원 기능

스토리텔링형 콘텐츠 설계 및 개발시 필요한 학습활동 지원 기능들을 살펴보면 〈표 6〉과 같다.

〈표 6〉 스토리텔링형 학습활동 지원기능

기능	활용 방법
커뮤니티	• 학습자들이 게시판에 자료를 공유하고 결과를 탑재 • 재해석된 작품에 대하여 학습자들이 자신의 생각을 답글로 나타내거나, 주제에서 벗어난 내용을 고쳐서 탑재할 수 있도록 구성
자료실	• 작품과 관련된 동영상이나 애니메이션, 이미지, 영상 언어(광고 읽기나 드라마 읽기 등의 영상 자료) 등을 제공 • 문학 작품의 원본 내용이나 정리된 자료를 제공 • 최종 결과물을 게시판 또는 자료방에 탑재하도록 하며, 학습 활동의 과정을 나타내게 함
과제방	• 개인 또는 모둠별로 문학 작품에 대한 재해석이나 느낌을 공유할 수 있으며, 다른 학습자의 과제에 대한 의견을 제시할 수 있음
토론방	• 개인 또는 모둠별로 제작한 여러 가지 형태의 발표물에 대하여 토의하는 과정을 거쳐 다양한 의견을 수렴하도록 구성
튜터지원	• 외부 튜터와 대화채널을 위한 이메일, 메신저 활용

2.2.2.5. 유형 적용 시 유의점

스토리텔링형을 실제 콘텐츠 개발에 적용하기 위해서는 다음의 사항에 유의해야 한다.

첫째, 이 형은 문학 작품에 대해 학습자 자신의 생각과 문학적인 정서를 창의적으로 표현하는 활동이 이루어져야 하므로 처음부터 정답을 요구하기보다는 여러 가지 방식으로 모색하도록 설계되어야 한다.

둘째, 초등학교 저학년의 경우에는 문학작품을 감상하도록 구성하며, 4학년 이상부터 문학작품을 통하여 창의력을 계발하는 학습이 가능하므로, 학습자의 나이와 정의적 발달 단계를 충분히 고려한다.

셋째, 문학 작품의 인식하기 단계에서는 문학작품의 내용 이해와 흥미를 유발하기 위하여 다양한 멀티미디어 자료를 활용하도하되 자칫 지나친 보여주기가 상상력을 차단시키는 부정적인 부분도 있으므로 세심한 배려가 필요하다.

넷째, 작품과 대화하기 단계에서의 활동은 작품 감상이 주가되어야 함으로 적절한 멀티미디어 효과가 배경에 깔리도록 한다. 감상 이후에 작품에서 작가의 의도나 사상, 감정을 살펴보는 활동이 뒤따르게 설계한다.

다섯째, 작품과 상호하기 단계에서는 자신의 문학작품 감상 결과물과 다른 학습자 또는 모둠에서 만든 과제물과의 상호 비교를 통하여 다양성을 확인할 수 있도록 상호작용이 가능한 시스템으로 구성한다. 가장 잘 쓴 글에 대한 인터넷 설문 조사가 가능하도록 제작한다.

여섯째, 가치화하기 단계에서는 학습자들이 활동한 내용을 정리하고 요약하여 일반화하고, 문학작품에 대한 다양한 시각을 가지도록 하는 것이 중요하다. 내면화의 단계에 이른 느낌을 외부 튜터와의 대화를 통해 교감할 수 있게 설계한다. 다시 한 번 작품을 감상할 수 있게 제시해 줄 필요가 있다.

2.2.2.6. 유형의 적용 예시

학년	고등 10학년	학기	2학기
단원	2. 정보의 조직과 활용 (2) 허생전		
학습 주제	소설의 인물, 사건 정보의 조직과 활용 살펴보기		

〈표 7〉 고등 국어교과 단계별 구성내용

학습 단계	구성 내용	학습 유형	시량
학습안내	• 본 학습의 활동 안내	공통	1분
학습목표	• 본시 학습 활동 목표 제시(소설의 인물 및 사건 정보 파악, 작가·등장인물과 대화 나누기)	공통	1분
인식하기	• 기본 학습 진행(줄거리 확인해보기)을 통한 활동 내용 인식하기	공통	3분
학습자 수준진단	• 기본 학습 후 학습자 양식 진단(소설 감상에 익숙한지 미숙한지 확인하는 문항)	공통	1분
작품과 대화나누기	• 소설의 인물, 사건, 배경 정보의 조직 양상을 살펴보며 작품과 대화 나누기(기본과 심화 구분) • 인물의 성격과 작품의 주제 파악하기	공통	10분
작품과 상호 작용하기	• 등장인물이나 작가에게 편기 쓰기(기본), 작품의 주제와 관련하여 주장하는 글쓰기(심화)와 같은 활동을 통해 작품과 상호 작용하기	공통	15분
가치화하기	• 학습자의 학습 결과물 정리하여 커뮤니티에 탑재하여 공유하기(저장, 인쇄, 게시판 탑재 기능), 가치화·내면화하기	공통	5분
결과평가 및 정리	• 커뮤니티에서 다른 학생의 결과물을 확인하고 의견 나누기 • 외부 튜터(교사)의 지도 조언	공통	3분

2.2.2.7. 스토리텔링형 설계 포인트 및 스토리보드

가. 학습주제 목록 및 포인트 적용예시

단원	소단원	학습주제	학습 내용	콘텐츠 유형	적용 포인트
2. 정보의 조직과 활용	(2) 허생전	문학 작품에 반영된 사회·문화적 상황을 이해하고 이를 재조직하여 작품을 감상한다.	• 작가의 상황과 관점 이해하기 • 문학 작품에 반영된 사회·문화적 상황에 대한 정보를 재조직하여 감상하기 • 작가의 상황과 관점을 고려하며 작품을 감상하기	스토리텔링형	• 허생전의 사건은 하이퍼텍스트적 성격을 많이 띠고 있다. 예컨대 허생의 독서가 단지 과거 급제를 위한 것이었느냐, 아니면 새로운 시대에 걸맞는 사회상과 인간상의 방향을 탐색하기 위한 것이었느냐에 따라 인물의 성격과 이후 전개되는 사건의 의미가 달라진다. 또한 허생이 경제 행위를 한 이후 어떻게 돈을 처분했는가에 따라 의미가 달라진다. 따라서 일차적으로는 이야기를 들려주고 중간 중간에 소설 요소와 그 의미를 확인하는 데에는 스토리텔링형으로 콘텐츠를 설계하는 것이 좋다. • 나아가 작품에 반영된 사회문화적 상황에 관한 정보를 바탕으로 다양한 각도에서 작가의 생각을 추리해보거나 소설 양식이 아닌 논리적인 글쓰기로서 '지식인의 바람직한 역할'에 관한 글쓰기를 해보게 하는 것도 바람직하다. • 한편 학습주제에 따라 다른 유형을 적용할 수 있다. 예컨대 작품이 창작된 당대의 사상적, 사회문화의 배경을 찾아보고 이해하는 활동에 초점을 맞춘다면 자원기반학습유형이 적절하다.

나. 스토리보드 흐름도

위의 학습 주제 목록을 바탕으로 작성된 샘플 스토리보드는 다음과 같다.

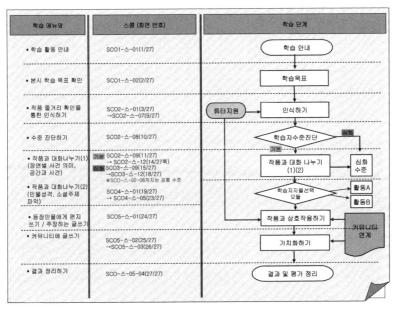

〈그림 7〉 스토리텔링형의 스토리보드 흐름도

위의 샘플 스토리보드는 '정보의 조직과 활용'이란 대단원 속에 소단원으로 설정된 '허생전'이란 소설 작품의 학습 과정을 보여주고 있다. 인물·사건·배경의 구성 요소로 이루어지는 소설의 정보 조직은 일반적인 텍스트의 정보 조직과 달리 정보가 직설적이지 않고 함축적이거나 암시적이기도 하고 때로는 우회적이기도 하다. 그리고 여기에는 작가의 문제의식은 물론 작품이 생산될 시점의 정치사회적, 문화적 배경 정보가 작품 속에 들어간다는 점도 고려해야 한다.

스토리텔링형으로 개발된 위의 샘플 스토리보드는 총 5개의 SCO로 구성되어 있다. 'SCO1'은 학습의 출발점으로서 학습 활동의 안내와 학습 목표가 제시되는 부분이다. 'SCO2'와 'SCO3'은 각각 소설 감상에 익숙한 학습자와 미숙한 학습자를 위해 분지가 되어 있는 학습 모듈이다. 여기에는 '학습자 진단'이 포함되어 있다. 즉 소설 감상에 익숙한 학습자나 그렇지 않은 학습자나 모두 공통적으로 소설의 줄거리를 이야기 형식으로 들려주는 부분을 듣게 된다. 이 줄거리를 듣고 난 뒤에 학습자 스스로 진단하는 코스의 응답 결과에 따라 각기 다른 학습 모듈을 밟게 된다. 감상에 미숙한 학습자를 위한 'SCO2'는 사건의 순서를 바로 잡아보기나 사건과 공간의 의미(기본)를 살펴보는 부분으로 이루어져 있고, 감상에 익숙한 학습자를 위한 'SCO3'은 장면별 사건의 의미나 사건과 공간성의 의미를 심층적으로 살펴보는 부분으로 이루어져 있다. 그 다음에는 공통 학습 과정으로 인물의 성격이나 작품의 주제를 파악하는 'SCO4'가 이어진다. 여기까지는 스토리텔링형 학습 단계에서 '인식하기'와 '작품과 대화하기' 단계에 해당한다.

끝으로 자율선택 학습 모듈로서 'SCO5'(등장인물이나 작가에게 편지쓰기)와 'SCO6'(주장하는 글쓰기)을 두었는데, 이는 커뮤니티 기반 학습 활동으로 이루어진다. 이는 스토리텔링형 학습 단계에서 '작품과 상호작용하기' 단계에 해당한다. 생산된 학습자의 언어적 결과물들은 게시판이나 과제방에 탑재하여 학습자끼리 상호 공유가 가능할 수 있도록 하여 작품을 내면화('가치화')하는 데에 도움을 줄 수 있도록 한다.

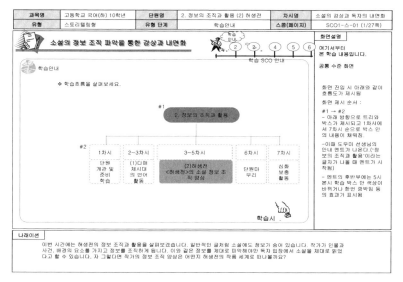

〈그림 8〉 스토리텔링형의 〈학습안내 제시〉 예시

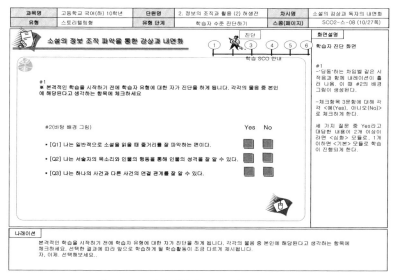

〈그림 9〉 스토리텔링형의 〈학습자 수준진단〉 예시

2.2.3. 문제해결형 설계 및 스토리보드

2.2.3.1. 유형 개요

문제해결형은 학습자가 제시된 문제를 풀며 적극적으로 학습하는 콘텐츠 유형이다. 학습 주제의 핵심적 내용으로 구성된 문제를 학습자에게 던지고, 그것을 적극적으로 푸는 과정에서 학습자는 배우게 될 학습 주제의 내용을 추측하고, 재구성하며, 이해하게 된다. 문제를 풀기 위해 활성화된 배경지식은 문제 풀이 활동을 통해 학습 내용과 자연스럽게 연결이 되어 학습 주제 파악을 돕는다. 또한 파악된 학습 주제를 바탕으로 학습 내용을 학습자는 재구성하고 이해하게 된다.

즉 문제해결형은 학습자의 적극적인 배경지식 활성화와 이를 통한 학습내용의 체계적인 이해를 돕는 학습 유형이다. 따라서 학습할 내용에 대해 학습자가 수동적으로 받아들이게 하기보다는 적극적으로 참여하게 만든다. 이런 점에서 문제해결형은 자기 주도적으로 학습하는 태도를 키울 수 있다. 또한 학습에 관한 흥미를 높이고, 스스로의 생각을 돌이켜 보게 함으로써 성찰적 학습을 하게 한다.

일반적으로 문제해결형이라 함은 학습자의 문제해결의 방법과 구성 절차를 중시하는 구성주의 기반 콘텐츠 유형을 의미한다. 본 연구에서 사용한 문제해결은 일반적인 용어보다 그 함의가 축소된 문제풀이의 성격이 강한 것이다. 그럼에도 동일 용어를 사용하는 것은 문제풀이의 과정이 오프라인 학습과는 달리 튜터의 지원이나 커뮤니티를 통한 상호작용 활동이 병행되면서 이루어지므로 넓은 의미에서 구성주의적 문제해결의 과정으로 보아도 무방하다고 보았기 때문이다.

⟨적용 주제 예시⟩
- 국어의 역사를 안다.(듣기)
- 국어의 음운·문법·의미·표기법의 시대별 변화상을 안다.(듣기)
- 문법의 규칙을 이해하며, 그러한 규칙을 바르게 활용할 수 있도록 한다.(듣기)
- 문법의 규칙을 이해하며, 그러한 규칙을 바르게 활용할 수 있도록 한다.(말하기)
- 맞춤법에 맞게 글을 써야 하는 까닭을 안다.(쓰기)
- 문장의 짜임새를 안다.(쓰기)
- 문학적 표현의 효과와 방법을 안다.(쓰기)
- 문법에 맞게 국어활동을 할 수 있다.(쓰기)
- 한국문학의 개념과 특질을 설명할 수 있다.(문학)
- 음성언어와 문자언어의 특성을 이해할 수 있다.(국어지식)
- 낱말과 형태소의 개념을 이해할 수 있다.(국어지식)
- 낱말과 형태소의 관계를 말할 수 있다.(국어지식)
- 각 품사의 특성을 알 수 있다.(국어지식)

2.2.3.2. 유형 구조 및 학습 절차

문제해결형은 활용 목적과 내용에 따라 다양한 형태가 나올 수 있다. 특히 문제 풀이 활동에서 학습 목표와 학습 주제에 따라 풀이 활동 단계는 여러 개가 될 수 있으며, 문제의 유형과 풀이

방식 또한 학습 내용에 따라 다양할 수 있다. 그리고 문제해결형은 문제 풀이를 통한 학습자의 학습 내용 재구성을 목적으로 하기 때문에 학습 수준과 학습자의 능력에 따라 내부 튜터(콘텐츠 내 가상 캐릭터)의 지원을 받을 수도 있고 그렇지 않을 수도 있다. 단순 뜻이나 개념을 알리는 학습 내용에서는 튜터지원을 두는 것보다는 문제 풀이의 내용을 정리하는 것이 바람직하다. 하지만 원리, 체계적인 설명을 요하는 학습 내용에는 문제를 통한 학습자의 학습 내용 재구성에 무리가 있어 튜터의 지원과 연계되어야 한다. 따라서 완전한 틀을 갖춘 모형보다는 가장 기본이 될 수 있는 내용으로 문제해결형 설계 단계와 전략을 다루고자 한다.

문제해결형의 학습 단계는 〈그림 10〉과 같다.

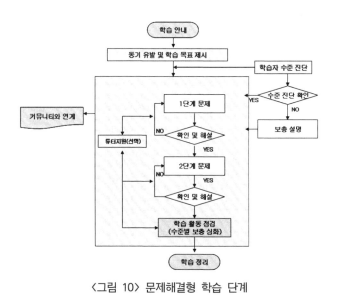

〈그림 10〉 문제해결형 학습 단계

문제해결학습모형은 '학습 안내' 단계를 시작으로 콘텐츠가 시작된다. '학습 안내'에서는 어떤 주제를 가지고 이번 콘텐츠에서 배울 것인가를 제시한다. 구체적인 설명보다는 직관적인 그림이나 간단한 애니메이션을 통해 전달한다. 그리고 학습 주제에 대한 동기유발을 통해 학습 목표를 제시하는 것이 '동기 유발 및 학습 목표 제시' 단계이다. 동기 유발은 학습에 적극적으로 참여할 수 있도록 흥미를 유발하는 단계이기에 학습자와 공감할 수 있는 소재를 선택하며, 동기유발과 학습목표는 연속적인 형태로 제시된다. 학습 목표가 제시되었으면 '문제해결활동' 단계로 진행된다. 이때 학습자의 수준을 확인하기 위해 진단평가의 형태로 간단한 질문을 만들어 수준을 파악하여, 수준이 낮은 학습자의 경우 보충설명을 듣고 '문제해결활동' 단계로 넘어가도록 분지시킬 수 있다.

학습자는 자신의 수준에 맞는 '문제해결활동' 단계에서 문제 풀이를 하며, 문제 풀이에 대한 정답을 확인하고 내부 튜터(콘텐츠 내 가상 캐릭터)의 도움과 정리된 내용을 통해 배우게 될 학습 내용을 확인한다. 이때 내부 튜터는 학습자가 학습 내용을 이해한 수준에 따라 개별적으로 선택할 수 있다. 그리고 문제를 푸는 과정에서 질문이 생기는 내용은 커뮤니티와 연계되어 게시판에 올리고, 외부 튜터(교사)로부터 조언과 설명을 듣는다. '문제해결활동' 단계가 끝나고 나면 전체적인 학습 활동 점검을 간단한 질문을 통해 확인한다. 수준별 학습은 학습에 대한 이해에 따라서 '문제해결활동' 단계의 내용을 쉽게 재구성한 보충의 형태나 '문제해결활동' 단계의 내용을 심화시킬 수 있는 심화의 단계를 '학습 활동 점검' 단계에서 이동하여 다시 한 번 더 문제 풀이 활동을 한다. 이때 내부 튜터의 조언을 받을 수도 있다. 학습이 성공적으로 이루어졌음을 확인하면 '학습 정리' 단계로 가서 학습을 끝낸다. 학습 정리 단계는 지금까지 활동한 내용을 적절한 보상과 함께 종합적으로 정리한다.

2.2.3.3. 설계내용 및 전략

문제해결형 콘텐츠 개발 각 단계별 활동 내용 및 구성 전략을 살펴보면 〈표 8〉과 같다.

〈표 8〉 문제해결형 단계별 설계내용 및 전략

단계	설계 내용 및 전략
학습 안내	• 학습하게 될 내용을 제시하는 단계 • 자세한 설명보다는 그림이나 간단히 애니메이션을 이용하여 직관적으로 알 수 있도록 제시함 - 학습자의 흥미를 끌 수 있는 소재를 사용하거나, 학습할 내용의 핵심적인 내용을 구조화하여 표현

동기
유발
및
학습
목표
제시
	• 학습자의 흥미를 유발하고 학습을 통해 도달할 목표를 전달하는 단계
	• 동기 유발은 학습할 주제에 관심과 흥미를 유도할 수 있는 1분 내외의 시나리오를 애니메이션이나 동영상 등으로 다이나믹하게 구성함
	• 학습할 내용을 구체적으로 제시하는 방법보다는 학습자가 짐작하거나 필요성을 느낄 수 있도록 유도함
	• 학습 목표는 학습자가 문제해결활동을 통해 달성해야 할 것으로 동기유발의 내용과 연결하여 제시함
	• 애니메이션이나, 멀티미디어 요소를 다양하게 활용하기보다는 간단하고 명료하게 목표를 제시함
	  - 문제해결활동을 통해 얻어지는 학습자의 변화 또는 기대되는 행동이 잘 드러나도록 설정함.
	  - 학습자가 쉽게 이해할 수 있는 낱말을 간단하고 간결하게 표현하며, 학습 할 내용과 기대되는 행동이 모두 포함되어야 함.

학습자 수준	• 간단한 진단 평가의 형식을 통해 학습자의 수준을 알아보는 단계 • O, X 문제, 줄 잇기 문제, 5지 선다형 문제 등 다양한 형식의 문제를 5문항

단계	설계 내용 및 전략
진단	전후로 출제하여 학습자 스스로 자신의 수준을 알아보도록 하며 필요에 따라 강제로 분지하여 보충 설명을 듣고 학습을 시작하도록 함 －학습 주제를 이해하기에 필요한 사전 지식이나 개념을 진단함 －문항의 수는 홀수로 하여 기준 이상 맞추었을 경우나, 문항 자체의 난이도에 따라 배점을 달리하여 학습자의 수준을 평가할 수 있음
문제 해결 활동	• 문제해결활동은 학습 주제를 재구성한 문제를 학습자가 풀이하는 단계 • 학습 주제의 내용에 따라 1개 이상의 세부 활동으로 구성됨 • 각 세부 활동은 학습자가 직접 해결하는 과정인 '문제' 단계와 풀이한 문제에 대한 정답을 확인하고 설명을 듣는 '확인 및 해설' 단계로 나누어지며, '확인 및 해설'의 단계에서 학습자의 선택에 따라 내부 튜터(콘텐츠 내 가상 캐릭터)를 활용할 수 있음 －문제는 학습 주제의 중심적 내용을 긴밀하게 담아내야 함 －학습 내용을 문제화하기 어렵거나, 학습자가 출제 의도와 다르게 이해할 가능성이 있거나, 주의할 사항이 있는 경우 커뮤니티와 연계하여 외부 튜터(교사)의 조언을 받을 수 있도록 함 －조금 복잡한 구성일 경우 '안내'의 역할을 할 수 있는 도움말을 넣어 학습자가 충분히 혼자서 학습 활동을 전개할 수 있도록 함 －학습자가 문제를 해결하면 바로 정답을 확인하도록 해주고, 정답해설을 통해 학습 주제의 내용을 이해하도록 하며, 이때 학습자의 선택이나 강제로 내부 튜터가 나와서 보상을 해주면서 설명을 할 수도 있고, 학습자가 직접 읽고 이해할 수 있는 구조화된 형태로 제시 －오답의 경우 문제를 풀 수 있는 '도움글'을 제시한 후 다시 같은 문제를 풀 수 있도록 하며, 그래도 학습자가 풀지 못할 경우 학습자로 하여금 내부 튜터나 좀 더 자세한 학습 내용을 보고 문제를 풀 수 있도록 함 －문제의 정답 및 학습 내용과 관련하여 질문이 있을 경우 커뮤니티와 연계할 수 있도록 함 －내부 튜터의 활용은 학습자의 선택에 맡기도록 하며, 튜터에 의한 설명의 경우 정답에 대한 설명 및 학습 내용을 중간 수준의 학습자에 맞추어 해설함 －오답의 경우 문제 해결의 정답이 아닌 자양한 단서(학습자로 하여금 인터넷을 활용하여 문제에 대한 정답의 단서를 찾을 수 있도록 유도할 수도 있음)를 제공하여 학습자가 계속적으로 흥미를 가지고 문제를 풀 수 있도록 함 • 문제를 모두 해결한 학습자에게는 점수나 다양한 형태의 아이템을 보상으로 지급할 수 있음

단계	설계 내용 및 전략
문제 해결 활동	−학습자의 문제 해결 결과를 가지고 적절하게 보상함으로 해서, 학습자가 문제 해결을 유의미한 활동으로 이해하도록 함 −학습자의 문제 해결 점수를 보충 및 심화학습의 단계를 분지에 사용함 • 한 문제가 끝나면 자동으로 다음 문제로 이동함
학습 활동 점검	• 학습 활동 점검은 문제해결활동이 끝나고 난 뒤 전체적으로 학습한 내용을 확인 및 수준별로 나누는 단계임 −간단한 질문을 통해 문제 풀이 활동의 내용을 이해하고 기억하는지 확인함 −질문의 형태는 '확인 및 해설' 단계의 내용으로 하며 형식은 5지 선다형 객관식이나 O, X 형태, 빈칸 채워넣기 등의 학습자가 직관적으로 알 수 있는 단순한 형식임 −학습자가 질문에 대해 정답을 선택하며 '맞다'는 표시와 함께 문제에 대한 설명을 제시하고, 오답을 선택하면 '틀리다'는 표시와 함께 문제에 대한 설명을 제시한다. 이때 좀 더 친절한 설명을 위해서 내부 튜터를 활용하여 왜 오답인지에 대한 설명을 할 수도 있음 −학습자가 학습 활동 점검 단계에서 맞춘 문항의 수에 따라 보충·심화로 나누어 수준별 학습을 한 후 자동으로 학습 정리 단계로 이동하며 이때 흐름도는 '분지형'이 됨
학습 정리	• 학습 정리는 문제해결활동에서 이해한 내용을 전체적인 학습 주제와 연계되어 정리하는 단계임 −자세한 방식으로 설명하기보다는 학습한 내용을 구조화하여 보여주고, 학습자의 선택에 의해 내부 튜터의 설명을 들을 수 있음 −학습 정리 시 내용을 클릭하면 보여주는 방식이나, 내용이 긴 경우 마우스로 스크롤바를 제일 아래로 이동했을 때 종료 버튼이 활성화되는 방식을 활용함 −'학습 활동' 도착 시간이나, 오답률 등으로 점수, 아바타 등의 보상을 함

2.2.3.4. 학습 활동 지원 기능

문제해결형 콘텐츠 설계 및 개발시 필요한 학습활동 지원기능을 살펴보면 〈표 9〉와 같다.

〈표 9〉 문제해결형 학습 활동 지원 기능

기능	활용 방법
자료실	문제 풀이 학습 유형 관련 자료 제공
커뮤니티	학습자들이 해결했던 자료를 공유하고 결과를 탑재
튜터지원	문제 풀이 과정에서 생기는 질문에 대한 적절한 지원
토론방	공동의 문제 풀이 활동에 대한 학습자 간 비동시적 상호작용
채팅방	문제 풀이 활동에 대한 의견을 교환하기 위한 동시적 상호작용

2.2.3.5. 적용 시 고려사항

문제해결형 모형을 실제 콘텐츠에 적용할 경우 다음과 같은 사항에 유의해야 한다.

첫째, 많은 문제를 내기보다는 학습 주제를 잘 담아내면서 학습 목표를 정확히 달성할 수 있는 문제를 만들어야 한다. 여러 가지의 문제를 만들다보면 학습 주제와는 거리가 먼 문제가 만들어지고, 문제 풀이를 통해 학습해야 할 내용을 학습자가 다르게 받아들이는 문제가 발생할 수 있어, 문제를 만들면서 학습 주제와 학습 목표가 잘 반영될 수 있도록 해야 한다.

둘째, 문제 해결에 대한 즉각적인 반응을 보임으로써 학습자가 자신이 한 학습 활동에 대해 알 수 있도록 해야 한다. 문제 해결을 하고도 바로 정답을 알 수 없거나 설명이 어려워 학습자가 자신의 학습이 어떤 의미를 갖는지 모른다면 학습 의욕이 떨어져 적극적인 참여가 불가능해진다. 문제해결학습 유형의 중요한 부분이 바로 학습자의 적극적인 문제해결 활동 참여를 통한 내용학습이기 때문이다.

셋째, 문제의 유형을 잘 고려해야 한다. 학습자의 흥미를 끌 수 있는 유형의 문제를 만드는 것도 중요하지만, 문제해결 방법이 복잡하고, 안내에 대한 설명이 충분하지 않은 경우 문제해결학습에 참여하려고 해도 학습자가 어떻게 문제를 해결할지 몰라 포기를 하는 경우가 있다. 따라서 문제의 유형은 학습자의 흥미를 끌 수 있는 유형이어야 하지만 쉽게 참여할 수 있도록 해야 한다.

넷째, 문제의 유형은 다양해야 한다. 동일한 유형의 문제가 반복적으로 나올 경우 학습자는 쉽게 지루함을 느껴, 적극적인 학습 참여가 어려워진다.

다섯째, 문제의 난이도는 학습자의 개인적인 실력차이를 고려해야 한다. 학습자 수준 진단에서 나누어진 실력에 맞추어 문제를 구성하는 것이 바람직하다.

2.2.3.6. 유형의 적용 예시

학년	중등 2학년	학기	1학기
단원	2. 어떻게 읽을까		
학습 주제	(1) 읽기란 무엇인가		

〈표 10〉 중등 국어교과 단계별 구성내용

학습 단계	구성 내용	학습 유형	시량
학습안내	• 본 수업의 전체적인 구조 및 간단한 안내 제공	공통	10초
동기유발 및 학습목표	• 잡지를 보면서 무비판적으로 물건을 사는 모습을 통해 동기유발 • 학습목표 제시: 문제와 해결의 짜임으로 글을 써 봅시다	공통	30초
수준진단	• 문제를 3문항 전후로 출제하여 학습자 스스로 자신의 수준을 알아보도록 하며 필요에 따라 강제로 분지	공통/개별	2분
문제풀이 활동 1	• 이해의 과정에 대한 설명을 들으면서 읽기에 대해 이해를 함 • 백과사전을 통한 이해의 과정을 예시로 풀면서 내용 파악함	공통	3분
문제풀이 활동 2	• '광고글' 및 '기사문'을 보고 글의 종류, 내용 파악, 읽을 때 유의점 풀기 • '안내문' 및 '수필'을 보고 글의 종류, 내용 파악, 읽을 때 유의점 풀기	공통	9분 20초
학습활동 점검	• 문제풀이 활동의 내용을 잘 이해했는지 형성평가 문제로 확인하고 보충 심화로 나눔	공통/개별	8분
결과평가 및 정리	• 학습 도우미의 안내를 통해 배운 내용을 정리함 • 정리된 내용을 프린트하고 궁금한 것 질문·답하기	공통	2분

2.2.3.7. 문제해결형의 설계 포인트 및 스토리보드

가. 학습 주제 목록 및 적용 포인트 예시

단원	소단원	학습주제	학습 내용	콘텐츠 유형	적용 포인트
2. 어떻게 읽을까	(1) 읽기란 무엇인가?	글의 특성과 글을 읽는 상황에 따라 읽는 방법이 다를 수 있음을 안다.	• 읽기의 목적 알기 • 이해에 대해 알기 • 읽기 방법 알기 • 광고문, 설명서, 기사문, 정서적인 글을 특성에 마주어 읽고, 특성에 따라 읽기 방법이 달라짐을 이해하기	문제해결형	• 이 주제의 요점은 우리가 왜 글을 읽는지와 어떻게 이해하는지를 통해 읽기 방법에 대해 아는 것이다. • 읽기의 목적과 이해가 이루어지는 과정 및 읽기 방법에 대해 설명을 하고 학습자가 정리하도록 한다. • 광고, 안내문, 기사문, 수필 등을 제시하고 기본적인 내용 파악에서부터 글의 목적 및 읽기의 주의 사항을 골라 넣는 활동을 통해 구체적인 글을 통해 읽기의 방법을 학습자가 습득하도록 한다.

나. 스토리보드 흐름도

위의 학습 주제 목록을 바탕으로 작성된 샘플 스토리보드는 다음과 같다.

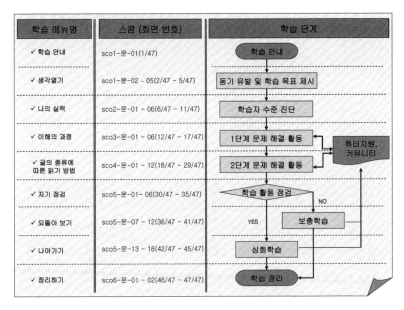

학습 메뉴명	스콤 (화면 번호)	학습 단계
✓ 학습 안내	sco1-문-01(1/47)	학습 안내
✓ 생각열기	sco1-문-02 – 05(2/47 – 5/47)	동기 유발 및 학습 목표 제시
✓ 나의 실력	sco2-문-01 – 06(6/47 – 11/47)	학습자 수준 진단
✓ 이해의 과정	sco3-문-01 – 06(12/47 – 17/47)	1단계 문제 해결 활동
✓ 글의 종류에 따른 읽기 방법	sco4-문-01 – 12(18/47 – 29/47)	2단계 문제 해결 활동
✓ 자기 점검	sco5-문-01 – 06(30/47 – 35/47)	학습 활동 점검
✓ 되돌아 보기	sco5-문-07 – 12(36/47 – 41/47)	YES / NO 보충학습
✓ 나아가기	sco5-문-13 – 16(42/47 – 45/47)	심화학습
✓ 정리하기	sco6-문-01 – 02(46/47 – 47/47)	학습 정리

튜터지원, 커뮤니티

〈그림 11〉 문제해결형의 스토리보드 흐름도

위 샘플 스토리보드는 중학교 2학년 1학기의 대단원 '어떻게 읽을까'의 소단원 '읽기란 무엇인가'의 학습 과정을 보여주고 있다. 읽기의 지식 영역에 해당하는 이해의 개념과 글의 종류에 따른 읽기 방법을 학습자가 문제를 푸는 과정에서 적극적으로 지식을 재구성할 수 있도록 설계되어 있다.

총 6개의 SCO로 구성된 학습의 흐름은 먼저 현재 학습자가 무엇을 배우고 있는지를 알리는 '학습 안내'와 일상에서 쉽게 접할 수 있는 일화를 통하여 학습자의 흥미를 유발하고 학습 목표를 제시하는 '생각열기'까지가 'SCO1'에 해당한다. 본시 학습을 하기 전에 학습자의 수준을 진단하고 학습 관련 사전 정보를 제공함으로써 학습에 대한 이해도를 높일 수 있는 'SCO2'를 시작으로 학습의 준비를 마친다. 본격적인 문제 풀이 활동의 단계가 'SCO3'과 'SCO4'이다. 이해의 과정에 대해 설명을 듣고, 백과사전 이해의 과정을 풀어봄으로써 이해의 과정을 학습하는 것이 'SCO3'이라면, 글의 특성에 따른 읽기 방법 맞추기 활동과 내부 튜터(가상 개릭터)의 도움을 받을 수 있는 것이 'SCO4'이다. 이때 학습자의 이해를 돕기 위해서 커뮤니티를 적극적으로 활용할 수 있다. 'SCO5'는 문제해결 활동 단계에서 배운 내용에 대한 이해도를 확인하고, 그 이해도에 따라 수준별로 나누어지는 학습 활동 점검 단계이다. 본시학습을 충분히 이해한 학습자는 효과적인 읽기 전략인 SQ3R에 대해 학습하고, 잘 이해했는지 점검 및 내부 튜터의 도움을 받는 심화학습으로 이동하며, 그렇지 못한 학습자는 본시학습의 내용을 쉽게 재구성한 보충학습을 한다. 보충학습에서도 이해가 잘 되지 않는 부분에 대해서는 심화학습에서처럼 내부 튜터의 도움과 커뮤니티를 통해 도움을 받을 수 있다. 개별의 학습자가 심화·보충학습을 마치면 'SCO6'으로 이동하여 지금까지 배운 내용에 대해 스스로 점검 하고, 내용을 정리한다.

다. 스토리보드의 실제 예시

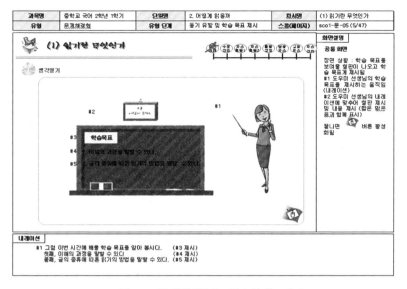

과목명	중학교 국어 2학년 1학기	단원명	2. 어떻게 읽을까	차시명	(1) 읽기란 무엇인가
유형	문제해결형	유형 단계	동기 유발 및 학습 목표 제시	수록(페이지)	sco1-문-05 (5/47)

〈그림 12〉 문제해결형의 〈학습안내〉 예시

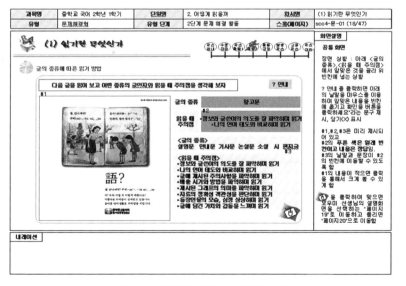

과목명	중학교 국어 2학년 1학기	단원명	2. 어떻게 읽을까	차시명	(1) 읽기란 무엇인가
유형	문제해결형	유형 단계	2단계 문제 해결 활동	수록(페이지)	sco4-문-01 (18/47)

〈그림 13〉 문제해결형의 〈학습활동〉 예시

2.3.4. 직접교수학습형 설계 및 스토리보드

2.2.4.1. 유형 개요

직접교수학습모형은 Beriner와 Rosenshine이 개발한 기능 중심 학습모형이다. 국어과에 적용할 경우, 듣기·말하기·읽기·쓰기 등 언어 수행에 필요한 원리 및 전략을 학습 할 때 교사(캐릭터로 구체화된 가상의 인물)가 내용을 체계적으로 설명한 뒤 시범을 보이고, 이어 학습자의 질문을 받은 다음 학습자 스스로 연습을 하도록 하는 유형으로 활용된다.

이 유형은 '설명하기 → 시범 보이기 → 질문하기 → 활동하기'의 네 단계 학습으로 이루어지게 되는데, 설명하기와 시범 보이기 단계에서 교사(캐릭터로 구체화된 가상의 인물)는 설명 강의를 탑재하거나 참고 자료를 제공하고 사례를 직접 보여주고 시연하는 모습을 보여 주게 된다. 이는 모범적인 언어수행 자료나 활동의 재료가 되는 언어자료 등을 손쉽게 활용할 수 있으므로 언어 습득과 관련된 기능을 지도하는 데에는 효과적이지만, 자칫 일방적인 지식의 전달에 머물 가능성이 있다.

따라서 활동 단계(질문하기, 활동하기)에 학습자가 능동적인 활동이 될 수 있도록 콘텐츠 설계가 이루어져야 하며, 자기 점검의 과정까지 도달할 수 있도록 하는 것이 중요하다.

〈적용 주제 예시〉
- 내용의 짜임을 파악하며 들을 수 있다.(듣기)
- 반언어와 비언어적 소통방법을 적극적으로 활용하면서 대화할 수

있다.(듣기/말하기)

- 상황에 따라 적절한 내용을 생성하여 말할 수 있다.(말하기)
- 내용조직의 일반원리에 따라 효과적으로 내용을 조직하여 말할 수 있다.(말하기)
- 글의 주요내용을 메모하며 읽을 수 있다.(읽기)
- 사실과 의견, 주장과 근거를 판단하며 읽을 수 있다.(읽기)
- 내용의 통일성을 판단하며 읽을 수 있다.(읽기)
- 상황에 따라 적절한 내용을 생성하여 말하거나 글을 쓸 수 있다.(쓰기)
- 고쳐 쓰기의 원리를 이용하여, 글을 바르게 쓸 수 있다.(쓰기)
- 문학적 표현의 효과와 방법을 안다.(문학)
- 문법에 맞는 문장을 쓸 수 있다.(국어지식)

2.2.4.2. 유형 구조 및 학습 절차

이 연구에서 제시하는 직접교수학습형의 구조는 〈그림 14〉와 같다.

직접교수학습형의 콘텐츠는 설명하기 단계에서 학습자에게 캐릭터로 구체화된 가상의 인물인 교사가 설명 또는 강의 자료를 제시하거나 탑재하며, 학습 주제를 해결하기 위한 참고 자료를 제공하여 학습 내용에 대한 개념, 원리, 절차를 알 수 있게 한다.

시범보이기 단계에서는 직접적인 사례 제시나 시범을 캐릭터로 구체화된 가상의 인물인 교사가 제시함으로써 학습자가 쉽게 학습 내용을 스스로 이해하고 습득하게 된다.

질문하기 단계에서는 게시판을 활용한 커뮤니티 활동이 이루어지게 되는데, 학습문제에 대한 이해 정도를 확인하게 된다. 이

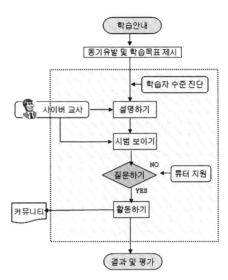

〈그림 14〉 직접교수학습형의 학습 단계

때 외부 튜터(교사)의 지원을 제공받을 수 있으며, 메신저 프로그램, 전자우편, 게시판(Q/A, FAQ) 등을 활용할 수 있다.

활동하기 단계에서는 학습 내용의 반복적인 연습이 이루어지게 되는데, 학습자가 스스로 비슷한 사례를 검색해 보고 원리를 적용하며, 활동의 결과를 발표하는데 사용하게 된다. 이 때 필요시 외부 튜터의 지원을 제공받아 결과에 대한 피드백을 받을 수 있다.

마지막 결과 평가 및 정리 단계에서는 학습자가 학습 내용을 제출하거나 게시판에 결과물을 공유한다. 이때 학습자로 하여금 학습 활동에 대해 자기 점검의 과정까지 도달할 수 있도록 유도한다.

2.2.4.3. 설계내용 및 전략

직접교수학습형 콘텐츠의 단계별 활동 및 구체적인 구성 전략을 살펴보면 〈표 11〉과 같다.

〈표 11〉 직접교수학습형 단계별 설계내용 및 전략

단계	설계 내용 및 전략
학습자 학습 수준 진단 (선택)	• 학습자 학습수준은 간단한 설문 문항을 통해 진단하고, 그 결과에 따라 각기 다른 방식의 콘텐츠를 제공할 수 있음 • 학습수준은 점검은 학습주제의 성격에 따라 선택적으로 적용 가능하다.
설명하기	• 교사(캐릭터로 구체화된 가상의 인물)가 학습에 필요한 지식에 대해 구체적으로 설명하기 위하여 설명 강의 동영상을 탑재하거나 참고자료를 제공하며, 사례를 직접 보여 주거나 시연해 보여주기 등의 다양한 활동을 제공할 수 있음 • 언어 기능 학습에 주로 활용되며 전 학년에 두루 활용이 가능함 • 목표에 효과적으로 도달할 수 있는 전략을 설정할 수 있게 구성
시범 보이기	• 교사(캐릭터로 구체화된 가상의 인물)가 다양한 사례를 제시해가며 모범적인 시범을 보여주는데 단순한 기능습득의 행동시범 뿐만 아니라 사고과정을 시범보이는 활동이 이루어지도록 구성해야 함 • 동영상, 소리 자료 등을 이용하여 모범적인 시범자료와 잘못된 시범자료를 비교하여 제시할 수 있음
질문하기	• 학습문제에 대한 이해 정도를 확인하는 단계로서 학습자가 학습문제에 대해 완전히 이해하고 다음 단계인 활동하기 단계로 넘어가도록 간단한 질문을 제시함 • 질문제시 및 응답활동이 교사와 학생 간의 면대면 상황에서 이루어지는 것이 학생들의 국어사용능력신장에 효과적이지만, 커뮤니티 활동을 통하여 게시판에 질문을, 올리거나 외부 튜터(교사)에게 질문할 수 있음
활동하기	• 다양한 커뮤니티 활동이 이루어진다. 커뮤니티를 이용한 소집단 활동이나 협동학습이 가능하다. 이 유형의 성패는 활동하기에 달려 있다고 해고 과언이 아니므로 학습자들의 활동 연구 결과물들이 서로 잘 공유할 수 있게 지원시스템이 마련되어야 한다. • 이 부분은 Blended-learning을 통해 교실수업과 연계할 수도 있다.

2.2.4.4. 학습활동 지원 기능

직접교수학습형 콘텐츠 설계 및 개발시 필요한 학습활동 지원 기능들을 살펴보면 〈표 12〉와 같다.

〈표 12〉 직접교수학습형 학습활동 지원 기능

기능	활용 방법
커뮤니티	• 학습자들이 게시판에 자료를 공유하고 결과를 탑재
자료실	• 설명 또는 강의 동영상, 참고자료, 사례 직접 보여 주기, 시연해 보여 주기 등 문제 해결에 도움이 될 수 있는 자료를 제공함
질의/응답방	• 질문하기 과정에서 생기는 의문을 제시하여 교사나 전문가 또는 다른 학습자와 공유함
과제방	• 학습자의 과제(문제에 대한 해결안 도출)를 공유할 수 있으며, 다른 학습자의 과제에 대한 의견을 제시할 수 있음
채팅방	• 과제 수행에 필요한 의견을 교환하기 위해 학습자 간 동시적 상호작용이 이루어짐
튜터지원	• 튜터와 대화채널을 위한 이메일, 메신저 활용

2.2.4.5. 유형 적용시 유의점

직접교수학습유형을 실제 콘텐츠 개발에 적용하기 위해서는 다음의 사항에 유의해야 한다.

첫째, 이 유형은 교사 주도적인 모형으로 교사(캐릭터로 구체화된 가상의 인물)는 정보 안내를 하고, 학생들은 정보 안내에 따라 반복적인 연습이 되므로 학습자에게 단순히 교사가 하는 것을 모방하게 하는 것이 아니라 교사가 학습 방법을 안내해 주어 학습자 스스로 학습문제를 해결하도록 해야 한다.

둘째, 교사(캐릭터로 구체화된 가상의 인물)는 설명하기, 시범 보이기 등의 활동을 강조하기보다는 교사의 안내에 의한 활동(질문)과 학생이 독립적으로 하는 활동에 역점을 두어 진행한다.

셋째, 언어 자료(텍스트 자료)에 한정하지 말고, 각종 영상 자료나 미디어 자료를 적극적으로 활용한다.

넷째, 동영상이나 소리자료 등 멀티미디어 자료를 이용하여 모범적인 시범자료와 잘못된 시범자료를 비교하여 제시하도록 한다.

다섯째, 음성언어 교정 학습 시 정확한 발음이 들어있는 멀티미디어 자료를 제시하거나 녹음 자료를 이용하여 교사의 음성언어 교정 시범을 이용할 수 있다.

여섯째, 질문하기 단계에서 학습자에게 새로운 정보를 요구하는 질문을 하는 것이 아니라 앞 단계에서 설명하고 시범을 보인 과정에 대하여 학생들의 이해수준을 점검하는 단계로 학습자가 응답 가능한 질문을 하기도 하고, 학습자 또한 외부 튜터(교사)에게 질문할 수 있도록 설계한다.

일곱째, 활동하기 단계에서는 학습자가 모둠 또는 개별 활동을 통하여 학습활동의 결과물을 공유하거나 발표하며, 학습지나 참고자료를 가지고 학습 내용을 정리할 수도 있다.

여덟째, 활동 단계(질문하기, 활동하기)에서 학습자가 능동적인 활동이 되도록 해야 하며, 활동 후에도 자기 점검의 과정까지 도달할 수 있도록 하는 것이 중요하다.

2.2.4.6. 유형의 적용 예시

학년	초등 4학년	학기	1학기
단원	첫째 마당. 새로운 시작을 위하여 2. 뜻 모아 하나 되어 (읽기)		
학습 주제	주장하는 글을 읽을 때에 주의할 점 알기		

〈표 13〉 초등 국어교과 단계별 구성내용

학습 단계	구성 내용	학습 유형	시량
학습안내	• 본 수업의 전체적인 구조 및 간단한 안내 제공	공통	1분
학습목표	• 독서퀴즈대회 관련 애니메이션(동기유발)을 통하여 자연스럽게 학습 목표를 제시	공통	1분
학습자 수준진단	• '미리 알아보기'의 퀴즈 문항을 통한 학습 수준 진단	공통	3분
설명하기	• 학습 캐릭터를 활용하여 학습 내용에 대하여 설명하고 참고 자료를 제시(주장하는 글의 전체적인 구성을 강의식 설명을 통해 알아보는 활동)	공통	2분
시범보이기	• 학습 캐릭터를 활용하여 사례 직접 보여주기(주장하는 글의 전체적인 구성에 대한 예시를 강의식 설명하기)	공통	2분
질문하기	• 글의 내용 알기 -'독서의 필요성' 읽기 -글의 내용 파악하기	공통	6분
활동하기	• 글의 내용 정리하기 -'독서의 필요성' 내용 정리하기	공통	5분
결과평가 및 정리	• 형성 평가를 통해 학습 내용 정리 • 자기 평가를 통해 학습활동 수행결과 확인	공통	5분

2.2.4.7. 직접교수학습 설계 포인트 및 스토리보드

가. 학습주제 목록 및 포인트 적용예시

단원	소단원	학습주제	학습 내용	콘텐츠 유형	적용 포인트
1. 감상하며 읽기	(1) 문학 작품의 감상	문학 작품을 다양하게 감상할 수 있음을 안다.	• 문학 작품의 특성 알기 • 문학 작품 감상 방법 알기 • 감상문의 감상 방법 비교하기 • 감상문 써 보기	직접교수학습형	• 이 주제의 요점은 문학 작품이 가지는 특징을 통해 문학 작품 감상 방법을 아는 것이다. 문학 작품이 가지는 특징과 작품 감상 방법을 소개한 후 개미와 베짱이라는 이야기를 작품의 기본 내용 파악, 깊고 넓은 이해, 비판적인 생각, 자유로운 상상의 방식으로 이해하는 예시를 보여준다. 비슷한 두 작품을 비교, 대조의 방식 및 비판의 방식도 보여준다. 학습자가 1학년 때 배운 작품 하나를 선정하여 앞에서 제시한 방법들 중 하나를 선택하여 같은 방법으로 감상하는 글을 쓰게 한다. 질문은 게시판을 이용 및 예상 질문을 만들어 답을 구할 수 있도록 설계할 수 있다.

나. 스토리보드 흐름도

위의 학습 주제 목록을 바탕으로 작성된 샘플 스토리보드는 〈그림 15〉와 같다.

〈그림 15〉의 샘플 스토리보드는 초등학교 4학년 1학기 읽기 대단원 '첫째 마당-새로운 시작을 위하여'의 소단원 '2. 뜻 모아 하

나 되어' 중에서 3차시 '주장하는 글을 읽을 때에 유의할 점을 알아봅시다'의 학습과정을 보여준다.

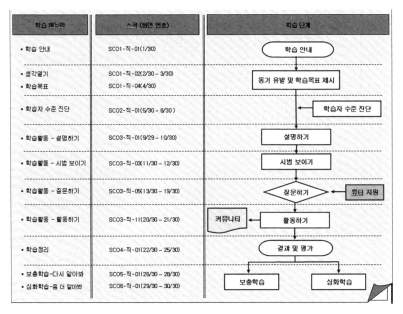

학습 메뉴명	스콕 (화면 번호)	학습 단계

• 학습 안내
SCO1-직-01(1/30)
학습 안내

• 생각열기
• 학습목표
SCO1-직-02(2/30 – 3/30)
SCO1-직-04(4/30)
동기 유발 및 학습목표 제시

• 학습자 수준 진단
SCO2-직-01(5/30 – 8/30)
학습자 수준 진단

• 학습활동 – 설명하기
SCO3-직-01(9/29 – 10/30)
설명하기

• 학습활동 – 시범 보이기
SCO3-직-03(11/30 – 12/30)
시범 보이기

• 학습활동 – 질문하기
SCO3-직-05(13/30 – 19/30)
질문하기 ── 튜터 지원

• 학습활동 – 활동하기
SCO3-직-11(20/30 – 21/30)
커뮤니티 ── 활동하기

• 학습정리
SCO4-직-01(22/30 – 25/30)
결과 및 평가

• 보충학습-다시 알아봐
• 심화학습-좀 더 알아봐
SCO5-직-01(26/30 – 28/30)
SCO6-직-01(29/30 – 30/30)
보충학습 │ 심화학습

〈그림 15〉 직접교수학습형의 스토리보드 흐름도

총 6개의 SCO로 구성된 학습의 흐름은 먼저 현재 학습자가 무엇을 배우고 있는지를 알리는 '학습 안내'와 가상의 독서퀴즈대회를 통하여 학습자의 흥미를 유발하고 학습 목표를 제시하는 것이 'SCO1'이다.

본시 학습을 하기 전에 학습자의 수준을 진단하고 학습 관련 사전 정보를 제공함으로써 학습에 대한 이해도를 높일 수 있는 'SCO2'를 시작으로 학습의 준비를 마친다.

본 학습 내용인 'SCO3'은 사이버교사(가상 캐릭터)를 통하여 주장하는 글의 짜임에 대해 학습하는 '설명하기'와 주장하는 글의 전체적인 구성에 대한 예시를 학습하는 '시범 보이기'로 구성되어 있다.

'질문하기'에서는 본문 내용인 '독서의 필요성'을 읽고 글의 내용을 확인하며, 학습한 내용에 대한 의문점에 대하여 외부 튜터의 도움을 받고 출력을 하도록 구성되어 있다. '활동하기'에서는 '독서의 필요성'에 대한 글 읽기 및 예시글을 제공하며, 커뮤니티 활동을 통하여 글의 내용을 정리하고, 출력을 하도록 구성되어 있다.

'SCO4'는 형성평가를 통해 본시학습 내용에 대한 이해도를 확인하며, 스스로 학습 내용을 점검하도록 구성되어 있다.

수준별 학습을 위해 'SCO5'에서는 본시학습내용에 대한 보충학습으로 주장하는 문장, 이유를 나타내는 문장, 주장이나 이유를 나타낸 것이 아닌 문장을 구분하기와 선 잇기를 통해 주장하는 글을 읽을 때의 유의할 점을 학습하도록 재구성되어 있다.

'SCO6'에서는 본시학습내용에 대한 심화학습으로 '교통질서를 잘 지키자'라는 주제로 주장하는 글을 작성하여 게시판에 탑재하고 출력을 하도록 구성하였다.

다. 스토리보드의 실제

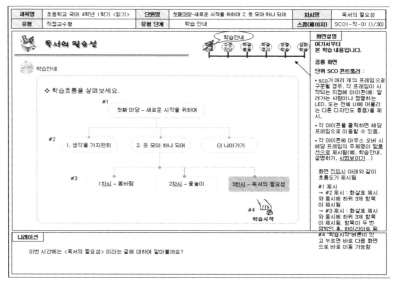

〈그림 16〉 직접교수학습형의 〈학습안내〉 예시

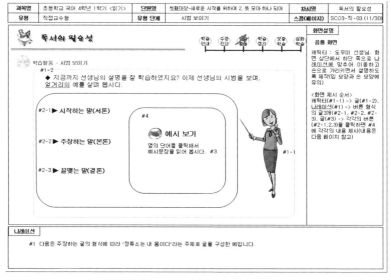

〈그림 17〉 직접교수학습형의 〈시범보이기〉 예시

3. 인터넷 쓰기 지도의 수업모형 구안과 적용

3.1. 매체 환경과 쓰기 도구와의 함수

언어는 인간의 존재와 사유 세계를 구성하고 전달하는 가장 정교화된 기호이다. 인간은 언어라는 기호를 통해서 듣고 말하고 읽고 쓰는 상호 소통을 하며, 그 결과 나와 세계 사이에 놓인 다양한 현상들을 의미화한다. 즉 언어는 물상에 대한 표상이기에, 언어에 대한 이해는 세계를 인식하는 독도법을 얻는 것과 같은 것이다. 언어의 상호소통에는 반드시 전달 매개 수단이 존재하는데 이를 매체라 한다. 가장 원초적인 것이 듣고 말하는 과정에 관여하는 몸이다. 모국어를 공유하는 기호공동체 간에는 몸이라는 매체가 제공하는 음성언어만으로 모든 의사소통을 이룰 수가 있다. 음성언어가 휘발성이라면, 이를 고착시키고 보존하며 전승 가능하게 하는 것은 문자언어이다. 문자언어는 읽고 쓰는 과정에 관여하며 이는 흔히 종이(혹은 진흙, 나무 등 그와 유사한 재질)라는 매체를 통해 구현된다.

여기서 매개수단으로서의 도구의 성격, 즉 매체의 전언성과 형상성에 주목할 필요가 있다. 동일한 메시지가 몸을 통해 구현되느냐, 아니면 종이를 통해 구현되느냐에 따라 상호소통의 절차와 방법에는 큰 차이가 나타난다. 그러나 어느 것이든 사고의 재현이라는 점에서는 같은 의미를 지닌다. 다만, 그 재현의 정도와 방법의 차이가 매체 본래의 속성에 따라 다르게 나타날 뿐이다. 이런 점에서 볼 때, 언어가 어떤 매체를 통해 형상화되었느냐 하는 것은 어떤 의미체계로서 전언이 구성되었냐와 직결되는 문제이다.

디지털 매체의 등장은 그 속성이 기존의 아날로그의 그것과는 다른 것인 관계로 커뮤니케이션에 있어서도 다른 방식의 소통체계를 갖추고 있다. 가령 인터넷을 통한 읽기의 경우를 보자. 모니터 상에 보이는 문자는 종이 위에 씌어져 있는 그것과 별반 다름없어 보이지만 이해를 통한 의미화의 과정에는 많은 차이가 있다. 종이책 읽기에 쓰이는 SQ3R보다는 적독(摘讀)이나 발췌독, 혹은 발췌의 발췌독이 더 효과적이고 일반적으로 행해지고 있다. 이는 종이가 모니터로 대체되면서 읽기의 가독상황이 달라졌기 때문에 매체의 변화가 읽기 방법과 인지과정에 영향을 주는 것이다.

이러한 현상은 쓰기에도 나타난다. 가령, 종이 위에 글을 써 내려가는 아날로그 방식은 매체의 속성상 서론, 본론, 결론과 같은 단계적 과정중심으로 이루어진다. 반면 디지털 전자 글쓰기에서는 이런 절차적 과정이 느슨해진 채 서론과 본론, 그리고 결론의 단계를 넘나드는 회귀적 쓰기가 더 용이하게 행해진다. 삭제, 복사, 수정이 용이하기 때문에 내용 조직과 표현이 속도감을 갖게 되는 것도 매체 변화의 단면을 보여주는 예가 된다. 현재 쓰기 도구는 종이와 펜에서 온라인상의 키보더와 모니터로 전이되고 있다. 뿐만 아니라 개별 컴퓨터가 네트워크로 연결되면서부터는 컴퓨터가 종이를 대체하는 서판으로서의 기능뿐만 아니라 의사소통 채널의 중심에 서 있다.

최근 IT의 급격한 발달로 인해 ICT교육이 일상화되고 있다. ICT교육이 통합교과적 성격을 띠고 있지만, '언어와 언어현상, 의사소통'을 교육내용의 중핵으로 다루고 있는 국어교과의 입장에서 보면 ICT교육을 음성언어, 문자언어와 같이 다루어야 할 매체언어로 이해하고 그 매체적 기제에 대한 안목과 ICT를 활용한 의사소통 능력 제고 및 방법 개발에 관심을 두어야 한다. 이런 점에서 온라인 전자 글쓰기와 관련된 교수학습의 모형의 구안과 그것의 활용이 작문 능력과 태도에 어떤 영향을 미칠 것인지를 따져보는 것은 ICT 교육을 학교 작문 교육의 장에 끌어들이는 유의미한 시도가 될 것이다.

지금까지 쓰기와 관련해서 제안되어 온 여러 이론(인지주의, 사회인지주의)들은 오프라인 아날로그 쓰기 상황을 전제하고서 제안된 것이 대부분이다. 이들 이론들은 과정중심의 작문교육을 강조함으로써 학습자 스스로가 발문, 자문하도록 유도하는 이상적 성격을 띠고 있으나, 교육현장에서 이를 실천할 수 있게 하는 물리적 여건이나 작문 도구의 개발에는 어려움이 많았다. 오프라인상에서 학습지나 워크시트(worksheet)를 구안해서 활용하는 것이 전부인 실정이다. 그러나 이미 대부분의 학교가 네트워크로 구축되어 있고 멀티미디를 이용할 수 있는 교실이 갖추어져 있으며 유비쿼터스 환경이 잘 갖추어진 상황이다.

따라서 본 연구는 이러한 유비쿼터스 환경 하에, 사회인지주의 매체관의 입장에서 인터넷 활용 작문수업의 쓰기지도 모형을 마련하고 이를 실제 교육현장에 투입해 봄으로써 온라인 상호작용 쓰기 수업이 학습자의 쓰기 능력과 태도에 미치는 효과가 어떤지를 탐색해 보고자 한다. 아울러 쓰기 도구가 쓰기 능력과 태도에 어떤 영향을 미치는 지도 살펴볼 것이다(이하 내용은 이채연의 2002년 연구를 수정 보완한 것임).

3.1.1. 매체에 대한 국어교육적 관점

언어사용에 있어 매체 환경은 듣기와 말하기보다는 읽기와 쓰기에 더 큰 영향을 미친다. 듣기와 말하기는 몸이라는 일차 매체와 직결되어 있는 반면에 읽기와 쓰기는 표상되는 그 어떤 것(이차 매체)을 거친 뒤에야 비로소 몸으로 환류된다. 읽기와 쓰기가 이차 매체를 통해 의미화된다는 것은 그것의 형질이 무엇이냐에 따라 서로 다른 이해와 표현의 방식을 갖게 된다는 것을 의미한다.

매체는 정보를 전달하는 과정 속에서 전달을 위해 사용되는 모든 형태의 채널(channel)을 의미하는 것으로 도구(tool)적, 전언(message)적, 상호소통(communication)적인 속성을 가지고 있다. 이때 도구는 물리적 실체를, 전언은 그 속에 담겨져 있는 언어 형상물을, 상호소통은 생산자와 수용자가 도구에 담겨져 있는 전언을 통해서 상호 교감하는 행위를 말한다(최병우·이채연·최지현, 2000: 8). 이런 점에서 매체에 담겨져 있거나 매체를 통해 표상화되는 언어를 매체언어라고 칭할 수 있으며, 이는 도구로서의 매체가 표현하고 있는 기호적(문자·비문자)·행위적 형상체라 할 수 있다 (이채연, 2001ㄱ: 86). 따라서 매체를 통해 구현되는 언어의 표상성 (전언성, 형상성)은 매체의 도구적 기제에 의해 좌우되기 때문에 도구의 속성을 파악하는 것이 넓게는 언어교육, 좁게는 쓰기교육 의 효율성 제고를 위해서 필요하다고 할 수 있다.

이런 점에서 볼 때 언어에 대한 두 가지 관점, 즉 음성언어와 문자언어라는 이분법적 언어관에서 탈피하여 매체언어라는 것을 새로이 정립시킬 필요가 있는 것이다. 왜냐하면 디지털 시대의 언어는 매체의 도구성에 지배되지 않을 수 없고, 그것은 혼성적 (hybird)이고 융합적(fusion)인 언어 형상성을 갖고 있기 때문에 비 록 시각적으로 표상되는 것이 문자처럼 보인다 할지라도 종이 위 에 구현되는 그것과는 다른 것이다(이채연, 2001ㄱ: 89). 즉 음성과 문자가 분리될 수 없는 상황에서의 멀티테스킹(multitasking)이 디 지털 매체언어의 기본 속성이기 때문이다.

매체언어에 대한 국어교육적 수용과 활용이 이루어지기 위해 서는 매체언어에 대한 국어교육적 관점이 설정되어야 한다. 매체 언어는 음성언어와 문자언어에 비해 훨씬 복잡하고 기제적(機制 的)이다. 그런 까닭으로 매체에 대한 이해와 소양이 필수적인 조 건으로 따라와야 한다. 국어교육의 관점에서 볼 때, 매체에 대한 교육적 관점은 매체교육, 매체언어교육, 매체언어 활용 교육으로 나누어 볼 수 있고 이는 교육대상, 교육내용, 교육수준의 층위에 따라 보다 구체적으로 구분될 수 있다.

매체교육은 물리적 형상체로서의 매체의 특성과 기능, 그리고 조작적 행위에 관한 교육을 말한다. 매체는 매체언어교육을 수행하는 데 필요한 도구(tool)나 수단으로서의 의미를 지닌다. 따라서 매체는 매체언어교육 혹은 매체언어 활용 교육의 기초적 수준과 조건으로 교육에 선행하는 요소가 되며, 매체를 활용한 교육이 되기 위해서는 매체의 특성에 대한 소양교육이 먼저 이루어져야 한다. 이미 일상화되어 버린 매체라면 소양교육의 필요성이 낮겠으나 새로운 매체의 경우는 메커니즘적 특성과 조작방법에 대한 교육이 필요하다. 점차 언어정보 획득과 표현이 매체활용의 수월성에 좌우된다고 볼 때 매체교육은 매체 문식성(Media Literacy)을 획득하게 하는 것이며, 이는 모든 교과에서 갖추어야 할 기본 자질이 된다.

매체언어교육은 매체에서 표출되는 기호(언어, 비언어)를 교육 대상으로 삼아 그것의 언어성에 관한 교육을 하는 것을 말한다. 매체는 각각의 기제적 특성에 맞는 언어 표출 양식을 갖고 있으며, 그 언어성의 차이가 매체의 독자성을 결정하는 요인이 된다. 이를 매체언어성이라 할 때, 중핵적 요인은 언어의 전언성(傳言性)과 형상성(形象性)이라 할 수 있다. 전언성은 매체가 표출하는 의사소통의 내용을 말하며, 형상성은 각각의 매체가 갖고 있는 언어조직의 독특한 특성을 말한다. 동일한 전언이라 할지라도 매체의 특성에 따라 형상하는 방식에는 차이가 있다. 가령, 〈춘향전〉이라는 서사(이야기)는 연극(몸), 책(인쇄), 영화(영상)라는 각기 다른 매체로 구현될 수 있다. 이때 〈춘향전〉이 갖고 있는 서사적 줄거리는 기본적으로 유사하다 할지라도 형상되는 방식의 차이에 따라 수용자의 인지적 태도는 다를 수 있다. 이러한 현상은 표현영역에도 그대로 적용된다.

매체언어 활용 교육은 매체에 의한, 매체언어를 통한 언어 활용 교육이라고 할 수 있다. 매체언어 활용 교육에서는 지적, 정의적 정보의 표현이나 전달을 위해 선택된 매체언어의 특성이나 양상, 그리고 그것이 지닌 심리적, 사회문화적 의미를 읽고 표현하게 한다. 다시 말해 매체를 거쳐 매체 생산자를 읽고 다시 사회와 문화를 읽으면서 같은 수준에서 쓰기를 통한 담론 생산에 참여한다. 이것이 매체를 의사소통의 장으로서 보는 매체언어교육의 가장 심화적 수준이다. 여기서 매체언어 활용 교육은 실현된 매체언어뿐 아니라 실현 과정에 있는 매체언어를 함께 대상화한다.

따라서 매체언어 활용 교육은 가장 확장되고 심화적 수준으로서 정보 문식성(Infomation Literacy)을 지향하게 된다. 국어 교수학습의 장에서 볼 때, 매체에 따른 매체언어의 형상과 변용, 혹은 수용과 비판, 그리고 생성과 공유의 언어활동이 가능하게 된다(최병우·이채연·최지현, 2000: 11).

3.1.2. 매체 변화와 쓰기 양상

정보통신의 발달은 새로운 매체의 출현을 가져왔고 그것은 유무선 인터넷을 통해 구체화되었다. 국어교육의 입장에서 볼 때 인터넷은 두 가지 측면에서 대상화될 수 있다. 하나는 기존 매체언어와는 다른 전언성과 형상성을 가진 언어 혹은 언어현상을 가지고 있다는 점과, 다른 하나는 네트워크 의사소통 시스템을 통해 동기/비동기 언어사용공간을 제공한다는 것이다. 특히 후자의 경우, 네트워크를 통해 커뮤니티(담화공동체)를 형성할 수 있다는 점에서 공동체 구성원 간의 의사소통을 가능하게 하는 소통 매체로서 기능을 한다.

그 결과 긍정적이든 부정적이든 기존의 언어 혹은 언어사용에 있어 적지 않은 변화가 일어났다. 읽기는 읽기대로, 쓰기는 쓰기대로 기존의 방식과는 다른 채널과 방식으로 소통되거나 이해되고 있다.

먼저 읽기의 경우를 보자. 닐슨(Nielsen, 1997)은 인터넷 문서에 대한 학습자의 반응에 대해 다음과 같이 조사했다.

1) 학습자의 대부분(79%)은 정독이 아니라 적독(scan the page, 摘讀)을 한다.
2) 문서에서 제공하는 강조된 부분만 읽는다.
3) 의미 있는 하위제목을 기억한다.
4) 한 문장에 한 아이디어만 찾고 이후의 아이디어는 무시한다.
5) 역피라미드 구조의 글을 선호한다.
6) 인쇄물에 비해 두 배 이상의 속도로 읽는다.
7) 정보의 신뢰도를 중시하며 이는 사이트 제작 기관의 신뢰도와 연관된다.

닐슨의 연구는 웹 문서 제작에 있어 사용자의 가독성을 고려한 설계원칙을 강조하기 위해 실험연구를 한 것이지만, 인터넷 문서의 읽기 상황을 이해하는 데 있어 시사하는 바가 크다.

이러한 결과는 수용자가 기존의 인쇄 매체와는 다른 방식으로 전언을 수용하고 있음을 보여주는 것이다. 사용자는 빈번한 손놀림(클릭이나 스크롤바의 활용)을 통해서 하이퍼텍스트 문서를 취사선택하면서 읽어나가기 때문에 적독의 형태를 띨 수밖에 없고 속도 또한 빠르다. 그 결과 인터넷 매체언어의 읽기는 자신도 모르는 사이에 진정성에서 가벼움으로 변화되는 매체 환경을 직시하면서 주의(attention)에서 이해(comprehension)의 과정을 통해 이루어진다.

쓰기에 있어서도 큰 변화가 생겼다. 인터넷 매체가 인쇄 매체와 크게 다른 것 중에 하나는 생산자와 수용자가 동일한 공간 속에서 서로 입장을 바꾸어 가며 담론 형성을 할 수 있다는 것이다. 인쇄 매체의 경우 텍스트 생산자는 쓰고 수용자는 수동적인 입장에서 읽는 일방적 시스템으로 되어 있다. 매체를 통할 수밖에 없는 쓰기의 속성상 생산자와 수용자 간의 의사소통은 비면대면 구조로 이루어지며 그 과정은 시간적·공간적 제약이라는 한계 속에서 이루어지는 경우가 대부분이다. 하지만 인터넷 매체에서는 생산자에 의한 산출된 텍스트에 대해 수용자는 단순히 읽기만 하는 것이 아니라 동기/비동기적인 반응적·관계적 글쓰기를 할 수 있기 때문에 시간적 제약을 극복할 수 있다.

인터넷을 활용한 쓰기는 크게 두 가지 방식으로 이루어진다. 하나는 동기 방식이요, 또 하나는 비동기 방식이다.

동기 방식은 실시간에 동일 시간대에 타 공간에 있는 사람과 상호 반응적 글쓰기를 하는 것이다. 시각적으로는 글로 표현되지만, 실제로는 말 건넴을 하는 구어적 소통 방식을 띤다. 이런 관계로 동기식 글쓰기는 전통적인 작문체계에서 일탈되는 현상들을 보여주는데 정리하면 다음과 같다. 첫째, 문어체와 구어체가 혼효되거나, 쓰기가 말하기를 대신한다. 둘째, 탈문법적인 문장이 일상화되며 완결된 문장보다는 축약어 사용이 많다. 셋째, 통신언어에만 사용되는 은어가 빈번하게 쓰이며 빠른 속도를 요구한다. 넷째, 문자언어와 기호(Emoticon)가 혼효되어 사용된다. 다섯째, 익명성이 보장되어 있는 관계로 신중하지 못한 언어사용이 빈번하지만 심리적 안정감(김유정, 1998: 69)을 갖게 한다. 이러한 점 때문에 인터넷 매체는 읽기에서와 마찬가지로 쓰기에서도 '진지함'이 아닌 '경박함'을 제공하는 도구로 이해될 수 있다. 즉 인터넷이 전통적인 작문이론에서 제시하는 작문 구성원리와 절차를 파괴하거나 왜곡시키는 촉매제라는 시각이 그것인 바, 작문의 목적을 수사학적 완결성에 둘 경우 인터넷을 쓰기 도구로 활용하는 것은 수용하기가 힘들게 된다.

그러나 인터넷의 도구적 특성도 의사소통적 관점에서 보면 발신자와 수용자 사이의 대화를 촉발시키는 효과적인 기제로 받아들려질 수 있다.

비동기 방식은 담화공동체를 통한 상호 관계적 글쓰기에 많이 나타나는 것으로, 속도보다는 타인의 주의나 주장에 동조하거나 반박하는 글들로 채워지기 때문에 비판적 읽기와 논리적 쓰기가 요구된다. 인터넷의 도구적 활용이 쓰기 교육 측면에서 관심을 갖게 하게 하는 점이 바로 이 부분이다. 이 경우 읽기와 쓰기가 상호관련성 속에서 이해·표현되며 사회적 상호작용으로서의 협동학습에 의한 작문교육이 가능하다. 비동기적 방식에 의한 작문도구 플렛폼의 활용은 동기식 쓰기의 문제점인 빠른 경박성을 지양하고 텍스트를 통해 타인-나, 나-타인과의 조정과 의미협상을 통해 작문에 대한 메타인지를 형성할 수 있게 한다는 점에서 사회인지주의 작문이론과 맥락을 같이 한다.

3.2. 작문이론과 인터넷 활용 작문 수업모형

3.2.1. 사회인지주의 작문이론과 사회인지주의 도구관

작문이론은 논자의 관점에 따라 약간의 차이(용어)는 있을 수 있으나 크게 형식주의 작문이론, 인지주의 작문이론, 사회인지주의 작문이론으로 나눌 수 있다(Nystrand, 1993; 박영목, 2001), 이는 쓰기 현상을 둘러싸고 있는 여러 상황 속에서 어느 측면을 더 강조하느냐에 따라 달라진 것이다. 형식주의 작문이론은 규범문법과 수사론적 규칙의 강조, 전범적 텍스트의 모방, 의미구성과 관계된 텍스트의 객관적 요소를 강조하면서 쓰기를 문자를 통해 객관적인 지식을 전달하는 과정으로 이해한다. 인지주의 작문이론은 인지심리학자(Britton, Emig, Flower & Hayes)에 의해 본격화된 것으로 쓰기를 문제해결 과정으로서의 의미의 재구성 과정으로 이해하고 개인의 의미구성 행위와 인지능력을 강조하였다. 인지주의 작문이론은 쓰기에 있어 결과보다는 과정을 중시함으로써 쓰기 교육 활성화에 기여했다. 과정중심 접근은 협동학습이 가능하다는 점, 학생 간의 개인 차이를 고려할 수 있다는 점, 학생들에게 흥미를 부여하고 적극적으로 쓰기에 참여할 수 있게 한다는 점(이재승, 1999)에서 현장교육에서의 쓰기 교육 수월성 제고에 기여하였다. 그러나 쓰기 과정을 개인의 인지적인 면에만 치중한 나머지 언어의 사회성에 대한 고려가 부족한 관계로 Bizzel(1982), Faigley(1986) 등의 비판이 제기되면서 사회인지주의 작문이론이 생겨나게 되었다.

사회인지주의 작문이론은 사회적 상황을 강조하는 비고츠키

(Vygotsky)이론에 기반을 두면서 작문이 개인보다는 공동체의 담화 관습이나 규칙에 의해서 영향받는 바가 더 크다고 보는 것이다. 이는 언어가 가진 사회성과 기능성을 강조하는 것으로 작문이란 개인내의 인지보다는 개인과 개인(집단) 사이의 상호작용에 의한 의미 협상(negotiation)의 과정을 통해서 산출되는 것이라고 본 것이다. 즉, 독자의 개입 없이 필자가 글을 쓰고 독자가 글을 읽는(필자 → 텍스트 → 독자) 순으로 이어지는 것이 아니라, 글은 필자와 독자의 합의의 결과(필자 → 텍스트 ← 독자)로 보는 것이다 (Nystrand, 1989). 이 이론은 작문교육에 있어서도 소집단 학습과 같은 협동학습을 가능하게 했다는 점에서 현장교육에 활용되고 있다.

문제는 소집단 학습이든, 다른 류의 협동학습이든 간에 수업에서 활용할 수 있는 작문도구가 극히 제한되어 있다는 점이다. 현실적인 입장에서 볼 때, 교실이라는 제한된 물리적 공간에서 고작해야 학습지나 워크시트(worksheet)를 구안하여 활용하는 것이 전부이다. 이러한 상황에서 인터넷과 같은 매체의 등장은 국어교육, 좁게는 쓰기 교육의 교구 확장이라는 점에서 의미 있게 바라볼 필요가 있다. 문제는 인터넷의 도구성이 작문이론과 어떻게 부합하고, 또 작문이론의 구체적 실현을 위해 바람직한 메커니즘적 구조를 갖고 있느냐 하는 점이다.

이것은 쓰기 교육의 입장에서 인터넷을 바라보는 매체관과 연결된다. 매체를 도구 그 이상도 이하도 아닌 수단 그 자체로 볼 것인지, 아니면 사용자에 미치는 인지적인 반응이나 태도까지도 고려해서 볼 것이냐 하는 것이다. 전자의 입장은 도구주의 매체관으로, 후자의 입장은 인지주의 매체관으로 규정지을 수 있다.

도구주의 매체관(Hass, 1996: 21)은 매체를 문화나 인지와 분리시켜 단지 목적을 성취하기 위한 수단으로 취급하는 것으로 도구이용의 방법만 달라질 뿐이지 쓰기에 관한 본질은 변하지 않는다는 관점이다. 인지주의 매체관은 도구가 변함으로써 학습자들이 새로운 의사소통 방식을 경험하게 되어 도구(컴퓨터)가 입력 차원 이상의 의미를 가진다거나(Hartley, 1933: 22~31), 매체가 인지에 영향을 미치기도 하고 인간의 인지 유형에 따라 매체의 활용이 달라지기도 하기 때문에 매체의 특성을 반영하는 새로운 교육내용의 구축이 필요하다는 주장이다(강민경, 1999: 24).

여기에 컴퓨터가 네트워크로 연결되면서 개인 내의 인지과정이 개인 밖의 인지과정으로 자연스럽게 연결되면서, 타인의 다양한 소리에 대한 반응이 가능하게 되었다. 이렇게 됨으로써 인터넷은 사회적 반응에 대한 의미협상의 과정을 기본적으로 수행할 수 있도록 설계되어 있어 대화와 협상이라는 이원적인 의사소통(박영목, 2001: 1~21)을 수행할 수 있는 사회인지적 성격을 가진 도구가 되었다. 이를 사회인지주의 매체하고 칭하기로 한다.

사회인지주의 매체관에서 보면 작문은 기계의 조작(펜에서 키보드)에 국한되는 것이 아니라, 서판(종이에서 모니터)의 다름에 따른 작문구성과 절차 및 사고과정의 차이를 가져올 수 있고, 네트워크 공동체(오프라인에서 온라인)로 연결될 경우에는 의미구성을 위한 협상의 과정이 이어지면서 사회·문화적 관계로까지 발전하는 것으로 이해된다. 이러한 입장에서 보면 매체는 단순한 도구의 수준을 넘어 인간의 행위양식을 조절하는 단계에까지 작용하는 것으로 볼 수 있다. 따라서 인터넷의 등장은 학습의 주체인 교사와 학습자 모두에게 매체에 대해 반성적인 태도를 취하도록 요구하며, 궁극적으로는 매체 자체보다는 인간활동이 더 중요함을 인식시키는 데 주목하게 한다.

이런 점에서 인터넷은 도구주의나 인지주의 매체관보다는 사회인지주의 매체관의 관점에서 이해하는 것이 바람직하다. 인터넷 쓰기는 인지주의에서 주장하는 비선형적 의미구성과정, 문제해결 과정으로서의 회귀적 쓰기를 가능하게 하면서 인지주의의 문제점인 개인 내의 의미구성 문제를 네트워크를 통한 '접속-접촉-주의-이해/쓰기'의 과정을 통해 개인 밖에서 해결할 수 있는 길을 열어 놓고 있다. 이것은 사회인지주의 작문이론에서 주장하는 필자, 텍스트, 독자와의 관계(필자 → 텍스트 ← 독자)와 문화적 맥락성, 사회적 대화와 같은 협의(혹은 협상)의 과정과 맥을 같이 하는 것이다. 인터넷의 메커니즘적 구성원리가 사회인지주의의 그것과 괘를 같이 한다는 점에서 쓰기 교육에 인터넷을 활용한 방법이 적용될 수 있는 기제적 타당성이 생긴다.

3.2.2. 온라인 상호작용 쓰기 지도모형

작문 모형에 관한 것은 인지주의, 사회인지주의(혹은 대화주의) 작문이론에서 이미 정교한 모델로 제안된 바 있다. 어떤 것은 작문의 의미구성 과정에 관한 것(Flower & Hayes, 1981)으로, 어떤 것은 작문 교육의 지도모형(박태호, 2000)으로 제안된 것들이다. 이러한 모형들을 바탕으로 '인터넷 매체언어 활용 3단계 자원기반 교수학습모형'(이채연, 2001ㄴ)을 수정 보완하여 아래와 같이 온라인 상호작용 쓰기 지도 모형을 구안하였다. 이 모형은 기존의 작문구성과정에 대한 이론과 오프라인 교수학습 방법에 관한 것을 참조하여 온라인의 특성을 살려 구안한 것이다.

<표 1> 온라인 상호작용 쓰기지도 모형

교수학습 주체	교사/학생	학생/교사			교사/학생
교수학습 작용 단계	쓰기과제 제시	쓰기자료 생성			쓰기자료 공유
		쓰기전략설정	관계적 읽기/쓰기	텍스트 산출	
	• 과제범위 및 한계설정 • 활동방법 예시 및 설명 • 학습형태 결정	• 내용 생성 • 정보 탐색 • 내용 조직	• 비판하며 읽기 • 초고 쓰기 • 평가 글 달기	• 생각 정리하기 • 완성글쓰기 • 평가 받기	• 수행과제 토의 • 수행과제 반성 • 수행과제 정리
		↑↓ 협상하기		↑↓	
교수학습 공간	교실	네트워크 커뮤니티			교실
↑	피드백			↓	

3.2.2.1. 쓰기과제 제시 단계

교사는 과제의 성격이 인터넷 활용과 부합되는지를 판단하고 과제의 성격(구조화된 문제, 비구조화된 문제)에 따른 범위와 한계를 제시한다. 또한 쓰기과제의 성격에 따라 개별학습, 협동학습 중 어떤 형태에 더 적합할 것인지를 결정한다. 또한 학습과제의 양과 수행에 필요한 시간의 적절성 여부와 학습수행을 어떤 공간(교실/교실 밖)에서 할 것인지도 미리 제시한다. 그 뒤 교사는 네트워크 커뮤니티의 활용에 필요한 구조화된 학습지와 이를 탑재할 공간을 마련하고 학습자에게 사용 절차를 설명, 상호작용을 통한 쓰기 단계로 나아가게 한다.

3.2.2.2. 쓰기자료 생성 단계

쓰기자료 생성 단계는 쓰기전략 설정, 관계적 읽기/쓰기, 텍스트 산출 단계로 나누어지는데 이 과정은 모두 교사가 제작해 둔 온라인 플렛폼 상에서 이루어진다. 교사는 학생들이 참여할 수 있는 커뮤니티를 형성해주고 교사-학생, 학생-학생들 간의 비판적 읽기와 쓰기 등의 협상과정을 경험하게 한다. 쓰기전략 설정 단계에서 교사는 학습자가 내용생성, 내용 조직에 앞서 관련 정보를 탐색, 분석, 공유할 수 있도록 인터넷의 자료들을 다양하게 정리한 뒤 책임 이양(박태호, 2000: 189~190)이 이루어지도록 한다. 관계적 글 읽기/쓰기 단계에서는 먼저 초고 쓰기를 하고 난 뒤, 동료들의 글을 비판하며 읽고 평가하는 글을 달게 한다. 이때 교사는 학습자들끼리 비고츠키가 말하는 대화의 과정이 일어나도록 적절히 관여할 필요가 있으며, 자기주도 능력이 뛰어난 유능한 학습자의 활동을 독려하여 도우미로 활동하게 한다. 텍스트 산출 단계에는 생각 정리하기, 완성글쓰기를 한다. 쓰기자료 생성 단계에서 교사는 내용 생성과 조직의 단계에 인터넷의 장점이 충분히 반영되도록 학습자가 속한 지식 공동체의 수준과 범위를 벗어나지 않게 하는 것이 중요하다.

3.2.2.3. 쓰기자료 공유 단계

교수학습의 중점을 쓰기 결과의 반성과 언어자료 공유에 두고 학습자들이 생성한 언어자료를 바탕으로 충분한 토의과정을 갖는다. 학습자는 생성된 언어자료를 발표하고, 교사는 그 내용의 타당성 여부를 학습자-학습자, 교사-학습자 간의 상호작용을 통해서 의미 있는 결과로 정리한다. 교사는 이 과정을 통해 인터넷이 단순한 쓰기 매체인 도구가 아니라 풍부한 언어 자료를 가진 언어 유동적 매체라는 것을 인식시켜 언어의 사회적 맥락성을 경험하게 하고, 학습자 스스로 언어자료의 잠재적 생산자의 위치에 설 수 있음을 인지하게 한다.

3.3. 연구과제와 실험처치

3.3.1. 연구 가설

본 연구 온라인 상호작용 쓰기 지도 모형의 적용이 작문과제 종류(정보전달 글쓰기, 설득하는 글쓰기, 친교의 글쓰기, 문학적 글쓰기)와 쓰기 도구(지필, 컴퓨터)의 차이에 따라 작문능력 형성과 태도에 미치는 영향이 다를 것이라고 생각하고 그 효과를 검증하기 위해 다음과 같은 가설을 설정했다.

[가설 1] 온라인 상호작용 쓰기 지도모형 적용과 쓰기 도구에 따라서 지필쓰기에 비해 작문의 기능과 역할에 대한 이해력 정도는 차이가 있을 것이다.

[가설 2] 온라인 상호작용 쓰기 지도모형 적용과 쓰기 도구에 따라서 작문과제(정보전달 글쓰기, 설득하는 글쓰기, 친교의 글쓰기, 문학적 글쓰기)의 수행능력은 차이가 있을 것이다.

[가설 3] 온라인 상호작용 쓰기 지도모형 적용과 쓰기 도구에 따라서 지필쓰기에 비해 쓰기동기, 흥미, 문장 생성력, 글의 가치에 대한 태도 차이가 있을 것이다.

[가설 4] 온라인 상호작용 쓰기 지도모형 적용과 쓰기 도구에 따라서 지필쓰기에 비해 작문내용의 생성, 조직, 표현에 대한 태도는 차이가 있을 것이다.

3.3.2. 연구방법 및 절차

3.3.2.1. 실험 대상과 설계

본 연구는 부산광역시 소재 B 고등학교에 재학 중인 1학년 3개 학년 63명을 대상으로 직전 학기 국어 성적이 비슷한 수준의 반을 대상으로 표집하였다. 실험반(온라인 상호작용 쓰기 지도모형을 적용한 작문수업)과 통제반(지필에 의한 작문수업)으로 나누어 실시되었다. 다만, 실험반은 '온라인 상호작용 쓰기 지도 모형'을 적용한 후 효과 검증을 위하여 두 집단으로 나누었다. 이는 프로그램의 차이에 의한 작문 능력과 태도를 알아보면서 작문도구(지필, 컴퓨터)에 의한 차이도 함께 알아보기 위함이다. 실험반1은 온라인 상호작용 쓰기 지도모형을 적용한 작문수업을 한 후 지필 도구를 이용하여 사후검사를 했으며, 실험반2는 온라인 상호작용 쓰기 지도모형을 적용한 작문수업을 한 후 컴퓨터를 이용하여 사후검사를 하였다. 연구과제를 해결하기 위해 다음과 같이 실험설계를 하였다.

$$G_1 : O_1 - (X) - O_2$$
$$G_2 : O_3 - (Y) - O_4$$
$$G_3 : O_5 - (Y) - O_6$$

〈그림 1〉 실험 설계

G_1: 통제집단 G_2: 실험집단-1 G_3: 실험집단-2
O_1: 통제집단 사전검사 O_2: 통제집단 사후검사
O_3: 실험집단1 사전검사 O_4: 실험집단1 사후검사
O_5: 실험집단2 사전검사 O_6: 실험집단2 사후검사
X: 전통적인 작문수업   Y: 온라인 상호작용 쓰기지도 모형 적용

통제집단: 지필 사전검사-전통적 수업-지필 사후검사
실험집단1: 지필 사전검사-프로그램 적용-지필 사후검사
실험집단2: 지필 사전검사-프로그램 적용-컴퓨터로 사후검사

3.3.2.2. 실험 절차

실험집단은 1인 1대의 컴퓨터가 갖추어진 멀티미디어 교실에서 수업이 이루어졌고, 통제집단을 일반적인 교실에서 이루어졌다. 사전검사는 동일한 측정도구를 가지고 세 집단 모두 지필에 의한 검사를 하였다. 통제집단은 쓰기 수업 후 교실 내에서만 토론, 조정학습이 가능하게 하였고 실험집단은 온라인 플랫폼에 사전검사 결과를 올리게 하고 실험 기간 동안 교사, 학생이 자유스럽게 조정, 협상하여 상호관계적 글쓰기를 할 수 있도록 온라인상에 게시하였다. 이때 실험집단은 온라인의 특성을 살리기 위해

수업 시간 이외의 시간에도 활동이 가능하게 했다. 다만 프로그램과 작문도구에 따른 학습자의 능력과 태도 변화를 살펴보기 위해 실험반의 한 반은 지필로, 다른 반은 컴퓨터로 사후검사를 하였다. 실험은 4개월에 걸쳐서 진행되었다.

3.3.2.3. 평가 기준 및 측정 도구

작문 영역의 성취도 평가는 국어과 쓰기 영역의 네 가지 범주인 쓰기의 지식, 쓰기의 기능, 쓰기의 태도, 쓰기의 실제 중 실제 범주(정보전달 글쓰기, 설득하는 글쓰기, 정서표현 글쓰기, 친교의 글쓰기)를 중심으로 절대평가로 이루어졌다.

작문 능력을 파악하기 위한 작문 과제와 성취기준은 한국교육과정평가원의 『국가 교육과정에 근거한 성취기준 및 평가도구』(1999)에서 제안하는 문항, 성취기준, 평가기준, 평가중점, 채점기준표에 의거하여 이루어졌다. 다만 사전/사후검사는 동일한 문항으로 이루어질 수 없으므로 위 기관에서 제시하는 문항 응용범위 내에서 유사성을 가진 문항을 만들어 적용하였다. 능력에 관한 문항은 작문의 기능과 과정("의사결정 과정")에 관한 3개의 문항, 작문 종류에 따른 4개 문항으로 구성하였다.

작문의 결과물 평정은 평가의 신뢰도를 높이기 위해 고교 교사 3인에 의해 직접평가(총체적 평가)로 이루어졌으며, 평가자의 주관적 판단을 막기 위해 한국교육과정평가원에서 제시하는 채점기준표에 따르도록 하였다. 또한 평가의 기준, 절차, 방법에 관한 공통의 인식을 갖추기 위해 사전 협의 기회를 마련하였다.

작문 태도와 관련된 검사는 표준화된 검사지가 없는 관계로 다른 태도에 관한 검사지(김영환·김영진, 1996; 박영목 외, 1991)들을 참고하여 수정·제작하였다.

3.3.3. 연구결과 검증

3.3.3.1. 평가자 간 신뢰도 검정

〈표 2〉 평가 척도의 신뢰도 검정(교사 간의 차이 검정)

사전검사	사후검사
F=0.08 p〉0.1	F=0.89 p〉0.1

실험에 투입되었던 쓰기 능력에 관한 7개 문항의 사전/사후검사의 채점 결과에 대해서 교사 간의 신뢰도를 살펴보았다. 위 표에서 보는 바와 같이 교사(교사1, 교사2, 교사3) 간에는 유의한 차이가 없는 것으로 나타났다. 따라서 능력문항에 대한 검정 결과는 신뢰성이 있다고 할 수 있다.

3.3.3.2. 가설의 검증

[가설1] 온라인 상호작용 쓰기 지도모형 적용과 쓰기 도구에 따라서 지필쓰기에 비해 작문의 기능과 역할에 대한 이해력 정도는 차이가 있을 것이다.

〈표 3〉 쓰기의 기능과 과정에 대한 이해력 정도의 사전/사후검사 비교

집단	사전검사			사후검사		
	평 균	표준편차	분산분석결과	평 균	표준편차	분산분석결과
통제집단	2.2857	.7837		2.1904	.8135	
실험집단1	2.3333	.8563	$F = .28$ $p > .05$	2.3809	.5895	$F = 7.71$ $p < .01$
실험집단2	2.3809	.7684		3.3809	.5895	

[가설1]을 검증하기 위해 실험처치한 결과 위의 표와 같은 결과
가 나왔다. 사전검사의 경우는 집단(통제집단, 실험집단1, 실험집단
2) 간에 따라 쓰기의 기능과 과정에 대한 이해력 정도는 차이가
없는 것으로 나타났으나, 사후검사의 경우는 유의한 차이가 있는
것으로 나타났다. 이에 대한 추후검정(Scheffe 검정)의 결과 아래
표에서 보는 바와 같이 통제집단보다 실험집단2에서 이해력 정
도가 높은 것으로 나타났다.

〈표 4〉 쓰기 도구에 따른 집단 간 개별평균 사후비교(Scheffe)

비교		평균차	표준오차
통제집단:	실험집단1	−.4286	.2182
통제집단:	실험집단2	−.8571*	.2182
실험집단2:	실험집단1	.4286	.2182

* p < .01

실험집단1과 실험집단2는 모두 '온라인 상호작용 쓰기 지도 모
형'에 의해 수업이 실시되었으나 최종의 검사 방법(지필, 컴퓨터)만
달리했다. 결과는 통제집단에 대한 실험집단1의 평균차(−.4286)보

다 통제집단에 대한 실험집단2의 평균차(-.8571)가 배 가까이나 되었다. 이는 작문도구에 따른 작문 수월성이 영향을 받는 것으로 해석되며, 이런 결과로 미루어 볼 때, '온라인 상호작용 쓰기 지도 모형'이 확실한 성과를 거두기 위해서는 쓰기 매체도 컴퓨터로 이루어지는 것이 바람직하다.

[가설 2] 온라인 상호작용 쓰기 지도모형 적용과 쓰기 도구에 따라서 작문과제(정보전달 글쓰기, 설득하는 글쓰기, 친교의 글쓰기, 문학적 글쓰기)의 수행능력은 차이가 있을 것이다.

〈표 5〉 작문과제의 수행능력 차이에 대한 사전검사 비교

영역	집단	N	평균	표준편차	분산분석결과
정보전달 글쓰기	통제집단	21	1.0635	.6112	$F = .295$
	실험집단1	21	1.2063	.6007	$p > .05$
	실험집단2	21	1.0952	.6843	
설득하는 글쓰기	통제집단	21	1.1905	.5828	$F = .040$
	실험집단1	21	1.1746	.5927	$p > .05$
	실험집단2	21	1.1429	.4781	
친교의 글쓰기	통제집단	21	1.2381	.5179	$F = 1.076$
	실험집단1	21	1.2063	.5215	$p > .05$
	실험집단2	21	1.0159	.5525	
문학적 글쓰기	통제집단	21	.9683	.7521	$F = .545$
	실험집단1	21	.8730	.7030	$p > .05$
	실험집단2	21	.7460	.6138	

사전검사의 경우 집단(통제집단, 실험집단1, 실험집단2) 간에 따라

작문과제의 수행능력 차이를 검정한 결과 유의한 차이가 없었다.

<표 6> 작문과제의 수행능력 차이에 대한 사후검사 비교

영역	집단	N	평 균	표준편차	분산분석결과/추후검정
정보전달 글쓰기	통제집단	21	1.2698	.5833	$F=1.806$
	실험집단1	21	1.3968	.5123	$p>.05$
	실험집단2	21	1.5873	.5365	
설득하는 글쓰기	통제집단	21	1.4603	.5424	$F=.878$
	실험집단1	21	1.5397	.5215	$p>.05$
	실험집단2	21	1.6667	.4595	
친교의 글쓰기	통제집단	21	1.2540	.5154	$F=11.508\ p<.01$
	실험집단1	21	1.3016	.4334	통제집단 < 실험집단2
	실험집단2	21	1.8413	.3593	실험집단1 < 실험집단2
문학적 글쓰기	통제집단	21	1.0317	.6904	$F=.426$
	실험집단1	21	1.1746	.6800	$p>.05$
	실험집단2	21	1.2222	.7175	

사후검사의 경우 집단(통제집단, 실험집단1, 실험집단2) 간에 따라 작문과제의 수행능력 차이를 검정한 결과 친교의 글쓰기 능력에는 유의한 차이가 있었다. 이는 '온라인 상호작용 쓰기 지도 모형'의 적용이 작문과제의 성격에 따라 그 효과가 다름을 보여주는 것이다. '온라인 상호작용 쓰기 지도 모형'이 정보탐색, 정보분석, 의견조정 및 협상 능력 배양 등을 위해 구안된 것임에도 불구하고 친교의 글쓰기에만 유의미한 결과가 나타났다는 것은 설명문, 논설문, 문학작품 등에 대한 글쓰기는 단기간의 훈련에 의해서 이루어지기 힘듦을 보여주는 것이라 할 수 있다. 또한 추후검정(Scheffe 검정)을 한 결과 통제집단보다 실험집단2가 그리고 실험집단1보다 실험집단2가 친교의 글쓰기 능력이 높게 나타난 것

으로 보아 인터넷의 도구적 속성이 친교의 글쓰기에 유리하도록 시스템화된 것으로 생각된다.

그럼에도 정보전달 글쓰기나 설득하는 글쓰기, 문학적 글쓰기의 경우도 유의미하지는 않지만 사전검사에 비해 사후검사가 통제집단〈실험집단1〈실협집단2 순으로 쓰기 능력에 차이가 있는 것으로 나타나 지속적인 훈련과정에 따라서는 쓰기 능력의 향상을 꾀할 수 있을 것으로 기대된다.

[가설 3] 온라인 상호작용 쓰기 지도모형 적용과 쓰기 도구에 따라서 지필쓰기에 비해 쓰기동기, 흥미, 문장 생성력, 글의 가치에 대한 태도 차이가 있을 것이다.

〈표 7〉 쓰기 동기, 흥미, 문장 생성력, 글의 가치에 대한 태도 사전검사

영역	집단	N	평균	표준편차	분산분석결과
쓰기 동기	통제집단	21	3.52	1.03	$F = .985$
	실험집단1	21	3.48	1.08	$p \rangle .05$
	실험집단2	21	3.52	.98	
흥미	통제집단	21	3.38	1.07	$F = 1.098$
	실험집단1	21	3.43	1.03	$p \rangle .05$
	실험집단2	21	3.81	.98	
문장생성력	통제집단	21	3.14	1.24	$F = 1.081$
	실험집단1	21	3.14	1.24	$p \rangle .05$
	실험집단2	21	3.62	1.16	
글의 가치	통제집단	21	2.90	.70	$F = 2.872$
	실험집단1	21	2.90	.70	$p \rangle .05$
	실험집단2	21	2.48	.60	

사전검사의 경우 집단(통제집단, 실험집단1, 실험집단2) 간에 따

라 쓰기 동기, 쓰기에 대한 흥미, 문장 생성 능력, 글의 가치에 대한 태도는 유의한 차이가 없었다.

〈표 8〉 쓰기 동기, 흥미, 문장 생성력, 글의 가치에 대한 태도 사후검사

영 역	집 단	N	평균	표준편차	분산분석결과/추후검정
쓰기동기	통제집단	21	3.52	1.03	$F = .102 \ p \ > .05$
	실험집단1	21	3.48	1.08	
	실험집단2	21	3.62	1.02	
흥미	통제집단	21	3.38	1.07	$F = 9.557 \ p \ < .01$
	실험집단1	21	4.14	.73	통제〈실험1, 통제〈실험2
	실험집단2	21	4.43	.51	
문장생성력	통제집단	21	3.14	1.24	$F = 5.299 \ p \ < .01$
	실험집단1	21	3.86	.73	통제〈실험2
	실험집단2	21	4.05	.80	
글의 가치	통제집단	21	2.90	.70	$F = .040 \ p \ > .05$
	실험집단1	21	2.95	.59	
	실험집단2	21	2.95	.59	

사후검사의 경우 집단(통제집단, 실험집단1, 실험집단2) 간에 따라서는 쓰기 동기와 글의 가치에 대한 태도는 유의한 차이가 없었다. 그러나 글쓰기에 대한 흥미와 문장 생성력에는 유의한 차이가 있는 것으로 나타났다.

구체적 집단 간의 차이를 검정하기 위해 추후검정(Scheffe 검정)을 한 결과 흥미의 경우, 통제집단보다 실험집단1과 실험집단2가 유의하게 높은 것으로 나타났으며, 실험집단1과 실험집단2 사이에는 통계적으로는 유의한 차이가 없었다. 문장 생성력의 경우, 통제집단보다는 실험집단2가 유의도가 높은 것으로 나타났으나 실험집단1과 실험집단2에는 차이가 없었다. 작문에 대한 흥미도

와 문장 생성력에 대한 태도 변화는 쓰기 도구보다는 '온라인 상호작용 쓰기 지도 모형'에 더 많은 영향을 받는 것으로 이해된다.

[가설 4] 온라인 상호작용 쓰기 지도모형 적용과 쓰기 도구에 따라서 지필쓰기에 비해 작문내용의 생성, 조직, 표현에 대한 태도는 차이가 있을 것이다.

〈표 9〉 내용생성, 내용조직, 내용표현에 대한 태도 사전검사

내 용	집 단	N	평균	표준편차	분산분석결과
내용생성	통제집단	21	2.9047	.5389	F =0.65
	실험집단1	21	3.0952	.7003	p >.05
	실험집단2	21	3.0952	.6248	
내용조직	통제집단	21	3.0476	.8047	F =0.36
	실험집단1	21	2.9047	.7003	p >.05
	실험집단2	21	3.0952	.7684	
내용표현	통제집단	21	3.0952	.3007	F =1.19
	실험집단1	21	3.2857	.6436	p >.05
	실험집단2	21	3.3333	.5773	

사전검사의 경우 집단(통제집단, 실험집단1, 실험집단2) 간에 따라 내용생성, 내용조직, 그리고 내용표현에 대한 태도는 유의한 차이가 없었다.

사후검사의 경우 집단(통제집단, 실험집단1, 실험집단2) 간에 따라 내용조직은 유의한 차이가 없었으나, 내용생성과 내용표현에 대한 태도는 유의한 차이가 있었는데 내용생성(p<.05)보다는 내용표현(p<.01)에 더 큰 차이가 났다.

구체적 집단 간의 차이를 검정하기 위해 추후검정(Scheffe 검정)

〈표 10〉 내용생성, 내용조직, 내용표현에 대한 태도 사후검사

내 용 집 단		N	평균	표준편차	분산분석결과/추후검정
내용생성	통제집단	21	2.9047	.8890	F =12.43 p 〈.05
	실험집단1	21	3.8095	.8135	통제〈실험1
	실험집단2	21	4.1428	.7928	통제〈실험2
내용조직	통제집단	21	3.1904	.9807	F =0.11 p 〉.01
	실험집단1	21	3.2857	1.0071	
	실험집단2	21	3.3333	.9660	
내용표현	통제집단	21	2.8571	.5732	F =16.75 p 〈.01
	실험집단1	21	3.6190	.7400	통제〈실험1
	실험집단2	21	4.0952	.7684	통제〈실험2

을 한 결과 내용생성과 내용표현 모두 통제집단보다 실험집단1
과 실험집단2가 유의하게 높은 것으로 나타났다. 반면 내용조직
에서는 미미한 변화만 나타났다. 이는 학습자들이 훈련 프로그램
에 의해서 내용에 대한 생성력이 지필보다는 수월하다고 인식하
고는 있으나 내용 조직에는 연결되지 않는다고 생각하는 것이다.
이는 내용 생성과 표현이 프로그램과 쓰기 도구에 의해 수월해지
는 부분이 있다고 하더라도 여전히 실제 글을 엮는 과정은 쉽지
않다고 생각하는 것이다. 다만 본 실험에서는 학습자의 쓰기 태
도의 대한 반응이 쓰기 능력에 대한 결과로 어떻게 이어지는지의
여부를 검정하지 못하였다.

필자는 작문지도에 인터넷을 활용할 수 있는 방안을 마련하기
위해 매체 환경과 쓰기 도구와의 함수, 작문이론과 사회인지주의
매체관의 관계, 인터넷 활용 작문 수업모형 구안과 실제 적용을
통해 그 효과를 살펴보았다. 논의된 바를 요약하여 결론으로 제
시하면 다음과 같다.

첫째, 매체에 대한 국어교육의 관점을 크게 매체교육, 매체언어교육, 매체언어활용교육으로 나누고, 인터넷을 활용한 쓰기 교육은 의사소통 기능의 확대라는 점에서 매체언어활용교육의 차원에서 이루어진 것으로 보았다. 인터넷을 활용한 쓰기 양상을 동기식의 반응적 글쓰기와 비동기적인 관계적 글쓰기를 통해서 확인해 보았다.

둘째, 인터넷의 도구성을 사회인지주의 매체라는 관점에서 살펴보았다. 그 결과 작문은 기계의 조작(펜에서 키보드)에 국한되는 것이 아니라, 서판(종이에서 모니터)의 다름에 따른 작문구성과 절차 및 사고과정의 차이를 가져올 수 있고, 네트워크 공동체(오프라인에서 온라인)로 연결될 경우에는 의미구성을 위한 협상의 과정이 이어지면서 사회·문화적 관계로까지 발전하는 것으로 보았다. 이런 까닭으로 인터넷은 의사소통 과정에 관여하는 단순한 도구가 아니라, 인간의 의미형성 과정에 직간접적으로 관여하는 사회인지적 기제라 할 수 있었다.

셋째, 인터넷 활용 쓰기 지도를 위해 '온라인 상호작용 쓰기 지도 모형'을 구안하였다. 이 모형은 온라인과 오프라인의 특성을 고려하여 교수학습 주체, 교수학습 작용 단계, 교수학습 공간을 고려하여 구성되었고, 교수학습 작용 단계는 쓰기과제 제시 단계, 쓰기자료 생성 단계, 쓰기자료 공유 단계로 나뉘어져 교사–학습자, 학습자–학습자 간의 상호작용에 의해 쓰기 능력이 향상되도록 하였다.

다섯째, 온라인 상호작용 쓰기 지도 모형의 적용이 작문의 기능과 역할에 대한 이해도, 작문과제 종류, 쓰기 도구의 차이에 따라 작문능력 형성과 태도에 미치는 영향에 차이가 있을 것이라고 생각하고 그 효과를 검증해 보았다.

1) "온라인 상호작용 쓰기 지도모형 적용과 쓰기 도구에 따라서 지필쓰기에 비해 작문의 기능과 역할에 대한 이해력 정도는 차이가 있을 것이다."란 가설을 검토해본 결과 사후검정에서 유의한 차이가 있는 것으로 나타났으며, 추후검정(Scheffe 검정)의 결과 프로그램의 효과는 작문도구에 따라 작문 수월성이 영향받음을 확인할 수 있었다.

2) "온라인 상호작용 쓰기 지도모형 적용과 쓰기 도구에 따라서 작문과제(정보전달 글쓰기, 설득하는 글쓰기, 친교의 글쓰기, 문학적 글쓰기)의 수행능력은 차이가 있을 것이다."는 가설을 검토해본 결과 사후검사와 추후검정(Scheffe 검정)에서 친교의 글쓰기에서만 유의미한 차이가 나타났다. 이는 '온라인 상호작용 쓰기 지도 모형'의 적용이 작문과제의 성격에 따라 그 효과가 다름을 보여준 것으로, 모형이 정보탐색, 정보분석, 의견조정 및 협상 능력 배양 등을 위해 구안된 것임에도 불구하고 설명문, 논설문, 문학작품 등에 대한 글쓰기는 단기간의 훈련에 의해서 이루어지기 힘듦을 보여주었다.

3) "온라인 상호작용 쓰기 지도모형 적용과 쓰기 도구에 따라서 지필쓰기에 비해 쓰기동기, 흥미, 문장 생성력, 글의 가치에 대한 태도 차이가 있을 것이다."는 가설을 검토해 본 결과 글쓰기에 대한 흥미와 문장 생성력에는 유의한 차이가 나타났다. 구체적 집단 간의 차이를 검정하기 위해 추후검정(Scheffe 검정)을 한 결과 흥미의 경우, 통제집단(지필 사전검사-전통적 수업-지필 사후검사)보다 실험집단1(지필 사전검사-프로그램 적용-지필 사후검사)과 실험집단2(지필 사전검사-프로그램 적용-컴퓨터로 사후검사)가 유의

하게 높은 것으로 나타났으며, 실험집단1과 실험집단2 사이에는 통계적으로는 유의한 차이가 없었다. 문장 생성력의 경우, 통제집단보다는 실험집단2가 유의도가 높은 것으로 나타났으나 실험집단1과 실험집단2에는 차이가 없었다. 작문에 대한 흥미도와 문장 생성력에 대한 태도 변화는 쓰기 도구보다는 '온라인 상호작용 쓰기 지도 모형'에 더 많은 영향을 받는 것으로 이해된다.

4) "온라인 상호작용 쓰기 지도모형 적용과 쓰기 도구에 따라서 지필쓰기에 비해 작문내용의 생성, 조직, 표현에 대한 태도는 차이가 있을 것이다."란 가설을 검토해 본 결과 사후검사에서 내용조직에는 변화가 없었으나 내용생성과 내용표현에는 유의미한 차이가 있었다. 추후검정(Scheffe 검정)의 결과 통제집단〈실험집단1〈실험집단2의 순서로 태도에 차이가 났다.

참고문헌

1. 단행본

교육부(1997), 『국어과 교육과정』.

교육인적자원부(2001), 『정보통신기술활용지도자료』, 대한교과서주식회사.

교육인적자원부(2007), 『국어과 교육과정 해설』.

교육과학기술부(2011), 『국어과 교육과정』.

김근수·박인기·서태진·함욱·이지영·안수진(2001), 『국어과 특성을 반영한 ICT활용 교육방안 연구』, 한국교육학술정보원.

김성희(2013), 『인터넷 매체언어 교육』, 동국대학교출판부.

김유정(1998), 『컴퓨터 매개 커뮤니케이션』, 커뮤니케이션북스.

김혜숙 외(2010), 『매체언어교육의 이론과 실제』, 동국대학교출판부.

박영목·이인제·남미영(1991), 『교육의 본질 추구를 위한 국어교육평가 체제 연구』 II, 한국교육개발원.

박인기 외(2000), 『국어교육과 미디어 텍스트』, 삼지원.

박태호(2000), 『장르 중심 작문 교수 학습론』, 박이정.

변영계·김영환(1999), 『교육방법 및 교육공학』, 학지사.

서유경(2003), 『인터넷 매체와 국어교육』, 역락.

송상호(2005), 『사이버가정학습 운영지침서』, 교육학술정보원 CR2005-4.

영화진흥위원회(2002),『영상문화교육 제도화를 위한 기초 연구』, 연구
　　　보고서 2002-4.

이인제 외(1999),『국가 교육과정에 근거한 성취기준 및 평가도구』, 한
　　　국교육과정평가원.

오명환(1988),『텔레비전 영상론』, 나남출판사.

윤여탁·최미숙·김정자·정현선·송여주(2008),『매체언어와 국어교육』,
　　　서울대학교출판부.

이경화(2003),『읽기교육의 원리와 방법』, 박이정.

전국국어교사모임 매체연구부(2005),『국어시간에 매체읽기』, 나라말.

전국국어교사모임 매체연구부(2010),『국어시간에 매체 가르치기』, 나
　　　라말.

조은순 외(2005),『자율학습용 콘텐츠개발 방법 연구』, 한국교육학술정
　　　보원 연구보고 CR2005-2.

최병우(2003),『다매체 시대의 한국문학 연구』, 푸른사상.

한국교육과정평가원(2002),『초·중등 ICT 활용교육의 실태와 전망』.

한국교육과정평가원(1999),『국가 교육과정에 근거한 성취기준 및 평가
　　　도구』.

한국교육학술정보원(2004),『교과별 콘텐츠 제작 지침 개발 연구』.

한국교육학술정보원(2005),『사이버가정학습 운영모델 개발을 위한 자
　　　료조사 분석』, 연구보고 CR 2005-4-별책 1.

한국교육학술정보원(2003),『ICT활용 교수학습 방법 및 자료개발 연구』,
　　　연구보고서 PR2003-1.

2. 논문

강민경(1999),「컴퓨터 워드프로세서 프로그램을 사용한 작문과정에 대

한 연구」, 서울대 석사논문.

강옥미(2001), 「웹기반 언어학 탐구학습 개발 사례 연구」, 『교육공학연구』 17(1), 교육공학회.

강인애·김선자(1998), 「PBL에 의한 수업설계와 적용: 초등 사회과 수업 사례」, 『교육공학연구』 14, 교육공학회.

공명철(2001), 「영상만화식 WBI 프로그램을 활용한 고전소설 학습효과 연구」, 부산대 석사논문.

권성호(2003), 「사이버가정 학습체계 구축방안 연구」, 한국교육학습정보원 RR2003-12.

권순희(2003), 「하이퍼텍스트를 통한 읽기 교육 개념의 재설정」, 『국어교육학연구』 16, 국어교육학회.

김기범·김경수(2011), 「감성전달을 위한 UCC 동영상 편집 방안에 관한 연구」, 『디지털콘텐츠학회 논문지』 12(4), 디지털콘텐츠학회.

김기태(2006), 「미디어교육과 교육과정」, 커뮤니케이션북스.

김대행(1998), 「매체언어교육론 서설」, 『국어교육』 97, 한국국어교육연구회.

김대행(2007), 「매체환경의 변화와 국어교육의 방향」, 『국어교육학연구』 28, 국어교육학회.

김대희(2006), 「리터러시 개념의 신장에 관한 연구: 미디어 리터러시를 중심으로」, 『어문연구』 34, 한국어문교육연구회.

김대희(2008), 「호주의 자국어 교육과정에서의 매체언어교육에 대한 연구」, 『국어교육학연구』 33, 국어교육학회.

김동환·이도형·염은열·서유경(2000), 「매체언어와 국어교육-매체언어의 소통원리와 대상화 방법」, 서울대 국어교육연구소 연구보고서 2000-5.

김미량(2002), 「수업평가」, 『컴퓨터 교육방법 연구』, 교육과학사.

김봉순(1999), 「쓰기영역의 수행평가 방안」, 『국어교육』 100, 국어교육연구회.

김성진(1998), 「국어교육의 대중문화 수용을 위한 시론」, 『국어교육연구』 5, 서울대 국어교육연구소

김성희(2012), 「생태학의 관점에 따른 인터넷 매체언어 교육 내용의 비판적 고찰」, 『국어교육학연구』 43, 국어교육학회.

김영만(2004), 「홈페이지 중심의 국어 작문교육 방안 연구」, 『국어교육연구』 13, 서울대 국어교육연구소.

김영환·김영진(1996), 「인터넷에 대한 초등학교 교사의 인지도와 태도에 관한 조사 연구」, 『교육방송연구』 1-2, 한국교육방송학회.

김유진·이영희(2007), 「UCC 이용 동기와 참여도가 UCC 활용도에 미치는 영향」, 『소비자문제연구』 32.

김정자(2002), 「국어교육에서 미디어 교육의 수용」, 『국어교육학연구』 15, 국어교육학회.

김정자(2004), 「전자게시판 글쓰기 교육 연구」, 『국어교육연구』 13, 서울대 국어교육연구소.

김정자(2007), 「국어 교육과정의 매체언어교육 내용」, 『국어교육학연구』 28, 국어교육학회.

김창원(2008), 「문학 능력과 교육과정, 그리고 매체 문학교육학」, 『문학교육학』 26, 한국문학교육학회.

김채환(2009), 「인터넷 뉴스 댓글의 이용과 상호작용성의 만족도에 관한 연구」, 『언론과학연구』 9, 한국지역언론연합회.

김태환(2000), 「국어과 텔레비전 리터러시 교육방안 연구」, 서울대 석사논문.

김희진·이채연(2010), 「매체언어의 교과서 단원구성 방안과 실제」, 『교육과학연구』 15, 신라대 교육과학연구소

민덕기(2002), 「디지털 스토리텔링을 통한 초등영어 수업방안」, 『초등영어교육』 8(2).

박기범(2001), 「영화의 문학교육적 수용 연구」, 한국교원대 석사논문.

박기범(2008), 「국어과 영화제작 수업 방안」, 『국어교육』 127, 한국어교육학회.

박영목(1999), 「작문 능력 평가방법과 절차」, 『국어교육』 99, 한국국어교육연구회.

박영목(2001), 「쓰기교육과 읽기교육에 대한 텍스트언어학적 연구동향」, 『텍스트언어학』 10.

박인기(2002), 「문화적 문식성의 국어교육적 재개념화」, 『국어교육학연구』 15, 국어교육학회.

박인기(2003), 「국어과 국가수준 교육과정의 ICT 수용 방안」, 한국교육학술정보원.

박인기(2010), 「국어교육과 매체언어문화」, 『국어교육학연구』 37, 국어교육학회.

박인기·신헌재·이주섭(2001), 「미디어 문식성을 반영한 국어과 교육과정 개발 연구」, 한국교원대 교과교육공동연구소 보고서.

서유경(2009), 「매체언어교육의 실행 방안 연구」, 『국어교육』 128, 한국국어교육학회.

서유경(2013), 「융복합 시대의 매체언어교육 방향 탐색」, 『새국어교육』 95, 한국국어교육학회.

심상민(2003), 「국어 교과 내 미디어 교육 수용 현황 및 수용 방향 연구: 중등학교 국어 교과 중심으로」, 서강대 석사논문.

안용순(1998), 「매체를 활용한 수업방안」, 전국국어교사모임 연수자료
　　　집.

오명환(2008), 「UCC의 영상특성과 저널리즘 구조」, 『커뮤니케이션디자
　　　인학연구』 28.

우한용(1993), 「소설의 영상변용과 문학적 문화」, 『소설교육론』, 평민사.

이미향(2012), 「매체 문식력(Media Literacy)을 통한 한국어 쓰기 교수·
　　　학습 연구」, 『시학과 언어학』 23, 시학과 언어학회.

이병규(2014), 「국어과 교육대상으로서의 매체의 특성 연구」, 『한국초
　　　등국어교육』 53, 한국초등국어교육학회.

이삼형(1998), 「언어사용 교육과 사고력」, 『국어교육연구』 5, 서울대 국
　　　어교육연구소.

이재승(1999), 「과정 중심의 쓰기 교재 구성에 관한 연구」, 한국교원대
　　　박사논문.

이종철(1998), 「대중매체의 언어 메시지 교육 연구」, 『국어교육학연구』
　　　8, 국어교육학회.

이채연(1997), 「하이퍼미디어(Hypermedia)를 이용한 국어과 수업 전략」,
　　　『어문학』 60, 한국어문학회.

이채연(1998), 「WBI를 이용한 국어교과 개별화 수업설계와 활성화 방
　　　안」, 『국어교육』 96, 국어교육연구회.

이채연(2001ㄱ), 「인터넷의 매체언어성과 국어교재화 탐색」, 『국어교육』
　　　104, 국어교육연구회.

이채연(2001ㄴ), 「인터넷 매체언어 활용의 교수학습 모형과 실제」, 『새
　　　국어교육』 61, 한국국어교육학회.

이채연(2002), 「인터넷을 활용한 국어과 쓰기지도의 수업모형 구안과
　　　그 효과」, 『국어교육』 107, 한국국어교육연구학회.

이채연(2004), 「국어과 ICT활용 교수학습방법 연구전략 가이드」, 한국
　　교육학술정보원 RM 2004-34.

이채연·공명철·이상복·유동기(2006), 『사이버가정학습 학습주제별 콘
　　텐츠 유형 적용방안 연구』, 한국교육학술정보원, 연구보고서
　　CR2006-1.

이채연(2007), 「매체언어교육의 교수학습 방법」, 『국어교육학연구』 28,
　　국어교육학회.

이채연(2014), 「국어과 UCC 협동과제에서 제작 단계별 전략 추출 양상」,
　　『문법교육』 22, 한국문법교육학회.

임지룡 외(2002), 「중등학교 국어과에서 매체언교육의 실태와 과제」, 『중
　　등교육연구』 50, 경북대 중등교육연구소.

임지룡·김영순(2005), 「중등학교 미디어교육을 위한 문화기호학적 방
　　법론」, 『중등교육연구』 53, 경북대 중등교육연구소.

임천택(2001), 「국어교육을 위한 매체와 매체언어 탐구」, 『새국어교육』
　　61, 한국국어교육학회.

임천택(2002), 「작문 교육을 위한 하이퍼텍스트 기반의 작문 공간 모형
　　설계 방안」, 『국어교육학연구』 15, 국어교육학회.

임철일(1997), 「Problem-Solving Scenario 교수학습환경 설계 모형의 특
　　정 성과 가능성」, 『교육공학연구』 13(1).

임칠성·하숙자(2008), 「매체텍스트 읽기를 위한 웹페이지 분석 방법 연
　　구: 지방 자치 단체의 웹페이지를 중심으로」, 『한국언어문학』 67,
　　한국언어문학회.

전경란(2008), 「동영상 UCC의 텍스트적 특징과 문화적 함의에 관한연
　　구」, 『사이버커뮤니케이션 학보』 통권 제25권 2호.

정구향(2002), 「매체언어 교육의 내용범주와 수용양상 연구」, 『새국어

교육』 63, 한국국어교육학회.

정옥년(2000), 「읽기 교사를 위한 사례기반 하이퍼텍스트 학습 효과 분석」, 한양대 박사논문.

정현선(2002), 「성찰적 문화교육으로서의 미디어 리터러시 교육」, 『국어교육학연구』 14, 국어교육학회.

정현선(2005), 「언어, 텍스트, 매체, 문화범주와 복합문식성 개념을 통한 미디어교육의 국어교육적 수용에 관한 연구」, 『한국초등국어교육연구』 28, 한국초등국어교육학회.

정현선(2005), 「기호와 소통으로서의 언어관에 따른 매체언어교육의 목표에 관한 고찰」, 『국어교육연구』 19, 서울대학교 국어교육연구소.

조국현(2007), 「인터넷 '댓글'의 텍스트 유형학적 연구」, 『텍스트언어학』 23, 한국텍스트언어학회.

조배원(1998), 「전자수업안 학습지 활용을 통한 수업의 질향상」, 세미나 발표자료, 한국교육개발원.

최미숙(2000), 「정보화 시대의 국어 교과서 개발 방향」, 『국어교육학연구』 10, 국어교육학회.

최미숙(2007), 「매체언어 교육을 위한 교육과정 개발 방향」, 『국어교육학연구』 28, 국어교육학회.

최병우(2000), 「매체의 발달과 서사문학의 변화」, 『내러티브』 2집, 한국서사연구회.

최병우(2001), 「다매체시대의 독서」, 『독서연구』 5, 한국독서학회.

최병우·이채연·최지현(2000), 「매체언어와 국어교육-매체언어의 교수학습에 관한 연구」, 서울대 국어교육연구소 연구보고서 2000-6.

최영환(1998), 「매체변화에 대응하는 국어교육」, 『국어교육』 98, 한국국어교육연구회.

최욱·이연경·김민수(2000), 「초등학교에서의 인터넷 활용 문제중심학습모형」, 『초등교육연구』 14(1), 초등교육학회.

최인자(2002), 「다중문식성과 언어문화교육」, 『국어교육』 109호, 한국국어교육연구학회.

최정임(1999), 「문제해결과 웹 기반 교육 웹기반교육」, 교육과학사.

최지현(2001), 「매체언어이해론을 위한 근본논의」, 『독서연구』 6, 한국독서학회.

최지현(2003), 「사이버언어 공동체와 국어교육」, 『국어교육학연구』 18, 국어교육학회.

최지현(2007), 「매체언어교육을 위한 교수·학습 방법 탐구: 문화·매체문식성 개념을 중심으로」, 『국어교육학연구』 28, 국어교육학회.

최홍원(2005), 「매체 개념과 국어교육의 가능성 연구」, 『선청어문』 33, 서울대 국어교육과.

하숙자(2007), 「매체언어 교육의 내용선정 연구」, 전남대 박사논문.

한귀은(2005), 「문화적 문식력 신장을 위한 문학교육의 방법: 미니홈피와 블로그를 중심으로」, 『문학교육학』 18, 문학교육학회.

한귀은(2005), 「영화 읽기 교육의 가능성과 조건」, 『배달말』 36, 배달말학회.

한성일(2003), 「컴퓨터 대화방의 표현양상과 국어교육적 방안」, 『국어교육연구』 11, 국어교육학회.

허영주(2009), 「예비교사의 동영상 UCC 제작 및 활용 경험이 UCC활용을 위한 교사교육에 주는 시사점」, 『교원교육』 25(3), 한국교원대 교육연구원.

홍완선(2003), 「국어교사들이 펼치는 매체교육 – 초·중·고 교육 현장 속에서 미디어 교육: 미디어 교육 사례 발표와 활성화 방안을 중심으로—」, 한국언론학회 미디어교육위원회.

3. 외서

Badrul Huda Khan (1997), *Web-based Instruction(WBI): What is it and why is it*, Web–Based Instruction, Published by Educational Technology Publications.

Bizzell Patricia (1982), "Cognition, convention and certainty: what we need to know about writing", *PRE/TEXT*, 3.

Brown, B. L. (1998), *Learning style and Vocation Education Practice*, ERIC Clearinghouse Adult, Career, and Vacational Education.

Corey, S. M. (1967), "The nature of instruction", In M. D. Merrill (ed.), Instruction design: Reading, Englewood Cliffs, NJ: Prentice–Hall.

Emig J. (1971), *The composing processes of twelfth graders*, NCTE.

Faigle, L. Y. (1986), "Competing theories of process", *College English*, 48.

Flower L. & Hayes J. R. (1980), "The cognition of discovery: Defining a rhetorical problem", *College Composition and communication*, 30.

Flower L. & Hayes J. R. (1981a), "The pregnant pause: An inquiry into the nature of planning", *Research in the teaching of English*, 15.

Hartley, J. (1993), "Writing, Thinking and Computer", *British Journal of Education Technology*, 24.

Hass, C. (1996), *Writing Technology: studies on the materiality of literacy*, Lawrence Erlbaum Associates, Publishers.

Hillgard, E. R. & Bower, G. H. (1975), *Theories of learning*, Englewood Cliffs, NJ : Prentice–Hall.

Laverty, C. (1998), *Resource-Based Learning*.

(http://staufferqueensu.ca/inforef/tutorials/rbl/index.htm).for K-12 education, Alexandria, VA: Association for Subervison and Curriculum Development.

Nielsen, J. (1997), How users read on the web. http://www.useit.com/alertbox/9710a.htm

Nystrand M. (1989), A social-interactive model of writing, *Written Communication*, 6(1).

Nystrand M., Greene S. & Wiemelt J. (1993), "Where did composition studies come from?", *Written Communication*, 10/3.

Sandy Muspratt Edt (1997), *Constructing Critical Literacies: Teaching and Learning Textual Practice*, Hampton Press, Inc.

찾아보기

이채연

신라대학교 국어교육과 교수로 재직 중이며, 『임진왜란 포로실기 연구』(박이정, 1995), 『한국의 사회변동과 교육』(공저, 세종, 2001), 『톡톡 튀는 한국어』 1~6권 (공저, 박이정, 2006), 『한국의 고전을 읽는다』(공저, 2006, 휴머니스트), 『走遍韓國』 1~6권(공저, 外研社: 中國, 2007) 외 다수의 책과 논문을 지음.

매체언어 교수학습연구의 전략과 실제

© 이채연, 2015

1판 1쇄 인쇄_2015년 02월 20일
1판 1쇄 발행_2015년 02월 27일

지은이_이채연
펴낸이_양정섭
펴낸곳_도서출판 경진
　　　　등록_제2010-000004호
　　　　블로그_http://kyungjinmunhwa.tistory.com
　　　　이메일_mykorea01@naver.com

공급처_(주)글로벌콘텐츠출판그룹
　　　　대표_홍정표
　　　　편집_김현열 송은주　디자인_김미미　기획·마케팅_노경민　경영지원_안선영
　　　　주소_서울특별시 강동구 천중로 196 정일빌딩 401호
　　　　전화_02) 488-3280　팩스_02) 488-3281
　　　　홈페이지_http://www.gcbook.co.kr

값 15,000원
ISBN 978-89-5996-452-9 93370